アイヌ民族法制と憲法

中村睦男❖著

北海道大学出版会

はしがき

『アイヌ民族法制と憲法』という書名の下で本書が主に取り上げる法律は、一九世紀末に制定された北海道旧土人保護法および二〇世紀末に制定された「アイヌ文化の振興並びにアイヌの伝統等に関する知識の普及及び啓発に関する法律」(アイヌ文化振興法)である。北海道旧土人保護法は、アイヌ文化振興法の制定と同時に廃止されている。これらの法律は、アイヌを先住民族として扱うものではないが、前者は、アイヌが和人と異なった人種であること、後者は、明確に和人と異なった民族であるという立場に立って制定されている。本書は、これらの法律がどのような政治的、社会的背景の下で、関係者の活動を基礎に法律案として準備され、国会での議論を経て法律になり、さらに、法律がどのように適用されてきたか、という問題を検討するものである。

第一章「明治政府によるアイヌ政策と北海道旧土人保護法の制定」は、アイヌ民族に対する明治政府の基本方針がアイヌ民族を日本国民に編入する同化政策であり、そして、このような政策の結果、生活困窮に陥ったアイヌ民族を救済するために一八九九(明治三二)年に制定されたのが、北海道旧土人保護法であることを明らかにしている。

第二章「北海道ウタリ協会の結成と「アイヌ民族に関する法律(案)」の作成」では、第二次世界大戦後になって、アイヌの自治組織である北海道ウタリ協会が結成され、アイヌ民族の中から北海道旧土人保護法に対する批判が生まれ、北海道旧土人保護法の廃止と新しい民族法である「アイヌ新法」を要求するに至った経緯と、ウタリ問題懇話会を中心とする北海道での「アイヌ新法問題」の検討状況を扱っている。

第三章「アイヌ文化振興法の制定」は、「アイヌ新法」の制定に向けての北海道ウタリ協会と北海道の要望に対し、政府は七年近くの内部での検討を経て、内閣官房長官の諮問機関として、一九九五（平成七）年に「ウタリ対策のあり方に関する有識者懇談会」を設け、翌年に提出された報告書を基にアイヌ文化振興法が一九九七（平成九）年に制定された過程を取り上げるものである。

第四章「アイヌ文化振興法の施行とアイヌ政策の新たな展開」では、まず、アイヌ文化振興法の定めるアイヌ文化振興事業を運営する主体としての「アイヌ文化振興・研究推進機構」の設置、アイヌ文化振興法の附則で定める共有財産の返還の問題を取り上げている。次いで、アイヌ政策の新たな展開として、内閣官房長官の諮問機関として、「アイヌ政策のあり方に関する有識者懇談会」が設置され、二〇〇九（平成二一）年に提出された報告書で、先住民族であるアイヌに対する新たな政策を提言する経緯を扱っている。有識者懇談会の報告に基づいて「アイヌ政策推進会議」が設けられ、新たなアイヌ総合政策の策定が進められており、その中軸になるのが、二〇二〇（平成三二）年四月に北海道の白老町に開設が予定されている「民族共生象徴空間」である。

第五章「アイヌ民族法制をめぐる憲法問題」は、第一章から第四章までに検討したアイヌ民族法制の歴史的経緯とは別に、アイヌ民族法制をめぐる憲法問題の学説史的な検討に充てられている。まず、自由権規約のような国際人権条約が国際的な面と国内的な面において、どのような法的効力を有するかという問題を扱っている。次に、憲法上の人権の問題としては、アイヌ民族に関し、憲法一四条の法の下の平等に規定された「人種」という差別禁止事由に当たるかという問題と「積極的格差是正措置」（アファーマティヴ・アクション）がどこまで憲法上可能かという問題、さらに、集団的性格を有する「先住民族の権利」（「先住権」）がどこまで憲法上認められるかという問題を取り上げている。

本書の執筆方針として、北海道旧土人保護法およびアイヌ文化振興法制定の歴史的経緯および法的問題点を、できるだけ多角的かつ客観的に記述し、国民的な議論に際しての共通の基盤を作ることを心がけた。二〇二〇年に開設予定の「民族共生象徴空間」の名称が示す通り、民族の共生のためには民族間の相互理解および多数派国民による少数者への配慮が不可欠である。このような目的のために本書が幾分でも寄与できれば幸いと思っている。なお、筆者は、北海道知事の諮問機関であるウタリ問題懇話会およびアイヌ文化振興法の基になったウタリ対策のあり方に関する有識者懇談会には委員として関わっていたため、これらの部分では叙述が詳しくなっていることについては、ご宥恕願いたい。

本書は、今回書き下したものである。筆者は、二〇〇九年一〇月からアイヌ文化振興・研究推進機構の理事長を務めており、アイヌ民族の指導的立場にある方々、アイヌ文化伝承者、行政や文化事業の担当者などアイヌ文化に関係する多数の方々と接する機会ができるようになったことも、本書を出版する動機になっている。

最後に、本書の出版に当たりお世話になった方々に感謝の意を表したい。まず、アイヌ民族の考え方や文化のあり方を学んだのは、北海道アイヌ協会の関係者やアイヌ文化伝承に携わっている皆さまからである。ここではそのうち指導者として卓越した見識と実行力の持ち主である北海道アイヌ協会加藤忠理事長の名前を挙げさせていただきたい。同協会の佐藤幸雄事務局長には、長年にわたり基礎的な情報を教えていただいている。次に、一般財団法人アイヌ民族博物館は、アイヌ民族自身で博物館を中心にアイヌ文化伝承事業に関して四〇年以上にわたる運営実績を有し、「民族共生象徴空間」新設の土台となったともいえる組織で、アイヌ文化振興事業を運営してきたアイヌ文化振興・研究推進機構と合併し、二つの組織が一体となって新しい事業の運営を担うことになっている。これまでアイヌ民族文化を裏方で支えてきた皆さまに改めて敬意を表したい。

憲法研究者としては、特に、今村成和先生および深瀬忠一先生を源流とする北大公法研究会の研究者の皆さまに大学院生時代から大きな学恩に浴している。本書の作成に当たっては、先住民研究で学説をリードし世界の先住民法制に通暁する常本照樹教授（アイヌ・先住民研究センター長兼務）、カナダ憲法の専門家として「先住民族の権利」に説得的な理論を展開する佐々木雅寿教授、憲法学の観点から人権の国際的保障に関する先駆的な研究者である齊藤正彰教授には、ご協力をいただいている。また、アイヌ史やアイヌ文化については、佐々木利和北海道大学アイヌ・先住民研究センター客員教授から研究の現状について教えを受けている。

本書の出版については、北海道大学出版会の編集責任者である今中智佳子さんには出版のご快諾とご支援をいただき、また、編集者としての経験の深い前田次郎さんは綿密な編集作業を行ってくださり深く感謝している。

二〇一七年一二月七日

中村睦男

アイヌ民族法制と憲法——目　次

第一章　明治政府によるアイヌ政策と北海道旧土人保護法の制定

第一節　明治政府の成立とアイヌ政策

一　開拓使のアイヌ政策

1　アイヌ民族の日本国民化

幕末・維新期のアイヌ問題は、日本とロシアの外交問題としての側面を持っていたが、一八六八(明治元)年の明治維新後は基本的に国内問題に転化したといわれている[1]。その理由は、一八七五(明治八)年五月に「樺太・千島交換条約」が調印され、樺太をめぐる国境画定に終止符が打たれ、開拓使の関心は、本州から移住した和人移民と先住のアイヌ民族との格差の是正に向けられ、アイヌ民族の同化政策を実施することであった。

一八六九(明治二)年七月、政府は北海道の開拓を進めるため開拓使を設置し、同年八月に「蝦夷地」を「北海道」に改称した。蝦夷地の改称問題は、近世初期に松前藩が設けた和人地と蝦夷地の地域区分体制という政治的枠組みが廃止され、北海道全体が「和人地化」したという重要な意味を持っている[2]。

アイヌ民族の「日本国民」への編入の問題を名実ともに具現化したのは、一八七一(明治四)年四月四日公布の戸籍法(太政官布告)によって、新たに「平民」として戸籍に登録する過程においてであった[3]。一八七五～七六年(明治八～九)年頃までには、ほぼ全道のアイヌが戸籍に記載された。

一八七一(明治四)年一〇月八日の「布達[4]」の内容は、①開墾を望むアイヌに住居と農具を支給するときに、これまでのように死者が出た場合に住居を「自焼」して転住することを禁止すること、②女性の入れ墨を禁止すること、③男性の耳環を禁止すること、④日本語（文字を含む）の習得を心がけるよう求めることである。さらに、一八七六（明治九）年九月三〇日には、男性の耳環、女性の入れ墨を「陋習」として厳禁し、今後出生の者を厳重に検査し、違反する者があれば厳重に処分するという達を出している。このような達はアイヌの日本国民化にあたって、アイヌ民族固有の風俗や文化を「野蛮」なものと判断し、国家権力によって一方的に禁止し、和人への同化強制と抱き合わせで行われたことを示すものとされている[5]。他の表現によると、アイヌ民族の言語や生活習慣を和風化する方針は、「幕末から引き継いだものであるが、この時期は、アイヌ民族の「伝統的」な風習を非文明的と見て「文明化」しようとする姿勢が特に強かった」といえる[6]。

一八七六（明治九）年七月には、もともとアイヌ民族には、日本のような姓氏が存在せず、個人の名前しか存在しなかったが、アイヌを和人と同じく「日本国民」として扱うためには、日本式の姓氏が必要とされ、アイヌ民族の日本人同化政策が行われたのである。一八七八（明治一一）年一一月四日、開拓使は、支庁宛の「達」[7]でアイヌ民族を和人と区別する場合に、調査書等での呼称が「古民」「土人」「旧土人」などと区々であることは不都合であるという理由で、取扱い上「区別」するときは、以後「旧土人」と称するものとされた。以後官庁用語として定着したために、その後アイヌ民族に対する事実上の公称となり[8]、戸籍や官庁文書、法律用語、「学術」用語等で「旧土人」が使用されていくのである[9]。

2　「土地利用権」の制限

開拓使は一八七二（明治五）年九月二〇日の開拓使布達である「北海道土地売貸規則[10]」および「地所規則[11]」で、永住人に従来からの使用地の私有を認め、官に属する土地などを除く総ての土地を売り払って私有地とすることを定めた。「地所規則」第七条は、「山林川沢従来土人等漁猟伐木仕来シ地ト雖更ニ区分相立持主或ハ村請ニ改メ是又地券ヲ渡爾後十五年間除租地代上条ニ準スヘシ尤深山幽谷人跡隔絶ノ地ハ姑ク此限ニ非サル事」と規定している。すなわち、この規定は、「深山幽谷人跡隔絶ノ地」を例外として、山林や川・沢で今までアイヌ民族が漁撈や伐木に利用してきた土地であっても土地の分割私有を許す旨を明らかにするもので、「従来土人の有していた漁猟区域を全く無視した」と批判されていたものである。(12) これらの規則は、「内地人に対する土地の処分方法を規定したもので、土人に対しては土人が戸籍法の施行により平民として永住人と同様に取扱われるようになって始めて適用された」のである。(13)

これら二つの規則について、榎森進は、「歴史的には、北海道における近代的土地所有の出発点になったものであったが、それはあくまでも和人のみの私的土地所有の出発点に過ぎず、アイヌ民族にとっては、自らの生産と生活の場であるアイヌ・モシリ(アイヌの住む大地)を一方的に、しかも根こそぎ奪いさられる出発点以外のなにものでもなかった」という批判を加えている。(14) アイヌ民族が「自らの生産と生活の場であるアイヌ・モシリ」を奪いさられるという場合に、アイヌの土地に対するどのような権利が奪われたかが問題になる。高倉新一郎は、「土地所有権は土地その物の集約的永続的使用に伴って発生するものである」から、「アイヌには元来土地所有なる観念はなかった」のであり、アイヌは、「漁猟・伐木等の土地産物採取を通じて土地に関係を持つのみ」で、農業においても、経営方式が大部分焼畑式以前のもので、「彼らの属する部落に漁猟・伐木等を許された地域内で、他人の使用していない土地ならば、何処でも自由に撰択し」て、収穫に使用できるが、使用を離れると「部落共有地」に戻るという使用権に止まることを指摘している。(15)

民法学の吉田邦彦は、開拓使時代の土地政策について、「当時まだ内地人の移住地域は限られていて、土地問題はさほど深刻化していなかったが、既に対アイヌの法的枠組みはでき上がっており、その際にアイヌ各部落の猟区(イオル)の権利が無視されたことが注目に値し、アイヌ側から見れば「こんなばかな話があるだろうか」ということになる」と述べて、「アイヌ各部落の猟区(イオル)の権利が無視されたこと」を明らかにしている。[16]

そして、吉田は、アイヌ伝来の土地利用権の法的構成を試み、「今日われわれが通例想起する個人的土地所有は観念されていないが、かと言って無権限というわけではなく――個人所有権が未分化の――各地縁団体(コタン)毎の共有的・入会的な緩やかな団体所有観念(民法二六三条、地方自治法二三八条の六参照)をアイヌの土地権として肯定しても、それほど実態と隔たることはなかったであろう」[17]としているのが注目される。

一八七七(明治一〇)年一二月に制定された「北海道地券発行条例」は、「地租改正」の北海道版であるが、「山林川沢原野等」を当分すべて官有地とし、「旧土人住居ノ地所」は「其種類ヲ問ス当分総テ官有地第三種」(「官民共同」の地)に編入され、アイヌに対する所有権の付与は留保された。アイヌに対し所有権が留保されたことに関し、国が「土人に代ってこれを保管するとともに、土人の進歩を待って徐々に私有権を認めようとしたもの」という指摘がなされている。[18]

官有地化されたアイヌ民族の土地は、一八七九(明治一二)年現在、官有地第三種のうち「旧土人開墾地」として二二万四七六〇坪(七四町九反三畝歩)の土地が石狩国などあわせて六カ国・郡に分布していた。[19]

3　漁撈・狩猟の制限

「開拓使が鮭や鹿の加工品を産品として重視し、資源保護の観点から鮭漁や鹿猟を規制したことは、アイヌ民族の漁業・狩猟の範囲を急速に狭めていった」[20]。鮭漁については、開拓使は一八七三(明治六)年頃から河川を仕切る形の漁法であるウライ漁・テス網漁や夜間の漁を禁止した。これらの方法で漁をしていたのは主にアイヌ民族であり、その被った影響は大きかった。

開拓使による狩猟規制がアイヌ民族に大きな影響を与えた。その理由は、自家消費用と交換用ともに狩猟はアイヌ民族の生業で最も重要な位置を占めていたことと、毒矢猟の禁止に対してはアイヌ民族による抵抗が強かったからである。(21) 一八七三(明治六)年一月二〇日、政府は太政官布告によって近代日本における狩猟規制に関する最初の法規である「鳥獣猟規則」を制定した。「鳥獣猟規則」は、銃猟を免許制とし、課税して免許鑑札を発行する、人家のある所などを禁猟域とする、銃猟の期間を限定する、銃を限定する、違反者に罰金刑を科すなどの規制を加えていた。開拓使は、「鳥獣猟規則」の北海道への施行問題を検討するなか、一八七五(明治八)年九月に主要な生産地である胆振日高を対象に「胆振日高両州方面鹿猟仮規則」を制定し、免許鑑札制と猟期制限(一〇月から翌年四月まで)を導入した。アイヌ民族の鹿猟についても、「アマッポト唱ル機械」(仕掛け弓のこと)を用いる「矢猟」にも免許と鑑札が必要になった。狩猟行為に関し、アイヌには毒矢をもって獣類を射殺する風習があるが、毒矢の使用を禁止し、代替措置として、猟銃の貸与と矢猟従事者の「他ノ新業」への移行を定めた布達が一八七六(明治九)年九月二四日に、アイヌ民族に示された。この布達は、毒矢猟は「釐正《りせい》」「洗除」されるべき「旧習」なのだという視線と、「旧習」の「釐正」「洗除」のためには禁止の断行こそが有効なのだという考え方が強く見られ」、そのうえで二つの代替措置が提示されているものと解されている。(22) 第一の代替措置は、「猟銃の貸与であり、年間に猟獲するシカ皮の一〇分の二の納入によって償還させるもの」である。第二の代替措置は、「他ノ新業」への移行であり、従来の矢猟従事者を六〇〇名としながら貸与用の小銃を三〇〇にとどめたのは、狩猟以外の生業に移る者を見込んだことが大きく、また、「鹿猟規則」によって導入された鹿猟者数の上限は六〇〇名であるのに、三〇〇という数は和人狩猟者の数をも考慮して設定されたものである。

一八七七(明治一〇)年一一月一一日に、開拓使は鹿猟全般を対象とする「北海道鹿猟規則」の「布達」を発した。(23)「北海道鹿猟規則」は、年間の狩猟者数を六〇〇名に制限する規定を新設し(第四条)、毒矢の使用の禁止を明文化し(第五条)、違反者には罰金が科されたほか、捕獲鹿の没収という厳しい罰則があった。

開拓使の狩猟制度の制定作業は、一八七七(明治一〇)年時点で一応の枠組みが次のように確定された[24]。「シカを除く鳥獣の銃猟を対象とした「鳥獣猟規則」は免許制(課税)と猟期制限を定め、シカ猟全般を対象にした「北海道鹿猟規則」は、免許制(課税)と猟期制限に加え狩猟者数の制限を定めたのである。毒矢を用いた狩猟は、シカ猟については一八七六(明治九)年十一月の「鹿猟規則」によって全道的に、札幌本庁管内については同年九月の布達によって対象鳥獣を問わず全面禁止された」。

毒矢猟を禁止する方針に対するアイヌ民族の対応を地域ごとに検討して、山田伸一は、アイヌ民族の大きな不安感・反発は、「目前の猟期を失する懸念の高まりに襲われつつ、開拓使地方出先の「説諭」に対抗し、強硬な態度をとる開拓使本庁が容認する可能性を探るなかで、具体的行動となっていった」のであり、「沙流・千歳・勇払三郡および十勝のアイヌ民族それぞれによる禁止実施の延期を求める歎願書の提出は、そのような制約に抗しつつ、最低限の要求を貫こうとした闘いだった」というまとめを行っている[25]。

二　三県時代のアイヌ政策

1　新たなアイヌ政策

一八八二(明治一五)年二月八日に開拓使が廃止され、新たに札幌・函館・根室の三県が設置され、いわゆる三県時代が始まり、北海道庁が設置される一八八六(明治一九)年一月まで続くのである。開拓使時代のアイヌ政策は、前述のように、アイヌ民族の伝統的風習を非文明的として否定し、また、生業である狩猟・漁撈に対してさまざまな制限を加えて、アイヌ民族の同化（日本国民化）を進めるものであった。三県時代においては、札幌県や根室県では、アイヌ民族に対する農業の奨励と教育を柱とする新たなアイヌ政策が開始されるのである。[26]

根室県では、一八八二（明治一五）年一一月二一日に、根室県令はアイヌの窮状を訴え、その救済費として毎年金五千円の特別下付を内務・大蔵両省に申請し、翌年の暮れに下付金の認可を受けた。[27]根室県令が申請した「旧土人救済之義ニ付伺」は、農業を奨励する理由として、魚類、獣類の減少に加えて明治一一年の天候不順、大雪で鹿が大きな被害を受け、山中のアイヌは食料に窮し、餓死しそうになっていることなどを指摘して、農業を奨励したいことを訴えている。根室県は、「根室県旧土人救済方法」を立案し、一八八四（明治一七）年に認可を受けて、一八八八（明治二一）年までの五年計画で農業奨励政策の実施に当たった。

札幌県も一八八四（明治一七）年一二月二二日に「旧土人救済費」として、毎年七千円を一〇年計画で内務・大蔵・農商務の三省に申請し、根室県の例に倣って「札幌県旧土人救済方法」を作成し、翌一八八五（明治一八）年より「戸数最モ多ク生計最モ困難ヲ極メタル」日高沙流郡より農業奨励に着手した。

農業を奨励する方法としては、農具や種苗を給与し、農業技術員が農業の指導奨励に当たった。しかし、一八八六（明治一九）年一月に三県が廃止されて、北海道庁が設置され、これらの計画はその後一八九〇（明治二三）年に最終的に全部廃止された。このように農業奨励政策が簡単に放棄されてしまった理由について、高倉新一郎は、「北海道庁の使命は、三県分立によって――頓挫を来した北海道開拓を促進しようとするにあり、しかも当時のアイヌは従来のように北海道の経済の上に重要な意味を持たなかった」ことがあり、「北海道開拓の担い手――移民が招かれるのを待っていた」のであるから、アイヌは見捨てられ、「折角彼らに与えた技術を彼らの生活の向上のために利用するに至るまで育てる保護さえもしなかった」という批判を加えている。[28]

2　国境画定による強制移住

「開拓使・三県によるアイヌ政策の一つの帰結が、樺太アイヌと千島アイヌの北海道への強制移住である」[29]。

(1)　樺太アイヌの場合

一八七五(明治八)年五月、日露両国は「樺太・千島交換条約」を締結した。これにより、樺太は、全島がロシア領になり、逆にウルップ水道以北の千島列島は日本領に編入された。『樺太千島交換條約附録』第四条は、この地域に住む「土人」に対して、三年以内に日本とロシアどちらかの国籍選択と居住地選択の自由を保障していた(外務省外交史料館『日本外交文書デジタルアーカイブ第八巻』明治八年／一八七五年)。しかし、開拓使は一八七五年九月から一〇月にかけて、日本での居住を希望する樺太アイヌ一〇八戸・八四一人(総人口の約三分の一)を宗谷にいきなり連行し、さらに、翌一八七六年六月には宗谷から石狩国札幌郡対雁村に再移住させた。樺太で主に沿岸地域で生活し、狩猟と漁撈に従事していた樺太アイヌは、石狩平野という内陸部に移住させられたことで生活形態の大幅な変更を迫られた[30]。その上、一八七九(明治一二)年に続いて一八八六(明治一九)年にもコレラと天然痘が大流行し、多数のアイヌが命を失なった。

(2)　千島アイヌの場合

千島アイヌの場合は、樺太アイヌとは反対にロシア領から日本領への編入を背景にした強制移住であった[31]。開拓使は約百名の北千島アイヌを日本国籍に編入し、開拓使吏員が一八七八(明治一一)年、一八七九(明治一二)年、一八八二(明治一五)年と相ついで北千島を巡回し、千島アイヌに食糧・日用品などを給与する代わりに、毛皮を徴収した。遠隔地に船を派遣する負担を省くため、千島列島の南部に移住させることが構想され、「一八八四(明治一七)年七月、根室県は北千島のアイヌ民族全員九七名を色丹島に移住させた」[32]。移住は形の上では説得によるものだったが、急な移住の決定はアイヌ側に考慮の時間を与えない強引なものであった。「移住後、根室県とそれを引き継いだ北海道庁は、生活器具や漁具を給与し、土地を与えて農耕に従事させようとしたが、好漁場は得られず、農耕も定着しなかった」し、さらに、牧畜の試みも失敗し、アイヌの生活は根底から破壊された[33]。

アイヌの生活の困窮に加えて内地人との接触による結核、梅毒などの伝染性疾患の蔓延によりアイヌ人口は停滞していた。アイヌ人口は、一八七三（明治六）年に一万六二七二人、一八七八（明治一一）年に一万七〇九八人、一八八三（明治一六）年に一万七二三二人、一八八八（明治二一）年に一万七〇六二人、一八九三（明治二六）年に一万七二八〇人、一八九八（明治三一）年に一万七五七三人、一九〇三（明治三六）年に一万七七八三人、一九〇八（明治四一）年に一万八〇一七人、一九一三（大正二）年に一万八五四三人であった[34]。全道の人口に占めるアイヌ人口の割合は、一八七三年の一四・六％から北海道旧土人保護法が提案される一八九八年には二・〇六％にまで低下した。

三　北海道庁の設置と土地政策

一八八六（明治一九）年一月に設置された北海道庁は、北海道開拓事業を基本的に華族・政商・地主など内地資本に委ねることにしたことにより、植民地選定事業が実施されて、「北海道土地払下規則」が制定された[35]。植民地選定事業とは、北海道庁が内地資本の期待する開墾適地を予め調査する事業である。一八八九（明治二二）年から選定された土地を最小面積一万五〇〇〇坪の「小画」を単位とする「植民地区画」が実施され、土地処分の際に利用された。また、一八七二（明治五）年制定の「北海道土地売貸規則」および「地所規則」に代わって、一八八六年六月に公布された「北海道土地払下規則」では、北海道の国有未開地の処分面積の上限が一人一〇万坪（三三町歩）であったのに対し、例外的な場合には、一〇万坪を超える面積の土地処分が可能になり、資本家の大土地所有に道を開いた。[36] さらに、「一八九七（明治三〇）年の「北海道国有未開地処分法」は国有未開地を無償で貸し付け、開墾成功後無償で付与することを定め、上限面積も農耕地で一五〇万坪、牧畜地で二五〇万坪に拡大した」。これにより「華族や資産家が大面積の土地を取得して不在地主となっていく」のである。[37]

第二節　北海道旧土人保護法の制定

一　明治期のアイヌ問題の認識

明治二十年代になってアイヌ問題が論ぜられるようになった理由として、高倉新一郎は、アイヌの急激な窮乏があるが、アイヌ問題の認識を助けたのは、「アイヌ研究の勃興と、社会事業に対する一般観念の発達」を挙げている。[38] アイヌ研究の勃興とは、明治以後にわが国に輸入され、明治二十年代に急激に発達した、人類学、考古学および言語学等の諸科学が、その研究対象をアイヌにとり始めたのである。多くの欧米人がアイヌの調査・研究を行っていることを紹介してから、高倉は、特にジョン・バチェラーについて、次のように述べて、[39] その研究業績を紹介している。すなわち、「最もアイヌに関係深く、その研究界に多大の貢献をしたばかりでなく、アイヌの保護の必要を説き、その先鞭をつけた」。欧米人研究者の影響を受けて、日本でも一八八四（明治一七）年に人類学会が誕生し、一八九三(明治二六)年には東京帝国大学に人類学講座が新設され、研究が進められた。『人類学雑誌』を舞台として、日本の石器時代人をアイヌの伝説にあるコロポックルとみるか(坪井正五郎博士)、それともアイヌとみるか(小金井良精博士)というコロポックル論争も行われた。

また、高倉によると、アイヌ問題の先鋭化とアイヌ人種の科学的研究の発達の間にあるのが社会事業に関する関心の増大で、このことがアイヌ問題の認識を強めたというのである。社会事業については、一八九一(明治二四)年に政府はヨーロッパにおける救貧制度を模倣して「窮民救助法」を起案し議会に上程したが、不幸にして通過をみるにいたらず、一八九七(明治三〇)年、同種の法案の建議案として議会に現れたが再び握り潰された。しかし、その重要性はますます認識され、一八九九(明治三二)年には、「罹災救助基金法」の制定や「行旅病人及び行旅死亡人取扱規則」の改正など、社会事業関係法規が相前後して新たに制定される機運となった。このような社会事業の発達の過程がアイヌ問題の認識の深まりと符合するというのである。高倉の言葉によると、「アイヌ問題はこの期における日本資本主義の勃興のために必然に発生した社会問題の一つであったことを考えれば、正に当然のことであった」というのである。(40)

榎森進は、和人社会の中で、明治十年代までは和人によるアイヌの虐待や差別の実態に目を向け、それを告発する人は、松浦武四郎の例をのぞけば、ほとんど見られないことを指摘し、例外的な存在として、ジョン・バチェラー、民権家の中江兆民および久松義典の名前を挙げ、さらに、人類学への関心の問題を取り扱っている。(41)まず、バチェラーは、「アイヌの人権を尊重し、その悲惨な状態を社会に訴え、アイヌの救済活動で先駆的な役割を果たした」人として位置づけられる。アイヌ民族に関する民族学的知見をまとめた『蝦夷今昔物語』は、和人奸商の欺瞞的行為とアイヌの惨状を明らかにした。バチェラーは、宣教師として布教活動を行うとともに、学校や病院を造り教育や医療活動に力を注いだ。次に、明治二十年代になってからアイヌ差別に対して積極的な批判を加えたのは、民権家である。中江兆民は、一八九一(明治二四)年に小樽の『北門新報』の創刊に際して主筆として招かれ、その年稚内まで旅行し、アイヌ差別を批判した。久松義典は、一八九〇(明治二三)年に札幌の『北海道毎日新聞』の客員になり、一八九二(明治二五)年五月に『北海道新策』を出版し、和人の土地横領の実態に痛烈な批判を浴びせた。さらに、榎森は、人類学者の関心について、この期のアイヌの人類学的研究は、「たんに文明社会のなかに併存する未開社会の野蛮人＝アイヌ、それゆえにまたとない資料価値を有するアイヌ、という見かたでの、いわば研究材料としてのアイヌへの関心」という研究者の姿勢に対し厳しい批判を加えている。(42) しかし、このような大きな弱点があるにせよ、アイヌの民族学的研究への関心の高まりが、研究者や知識人のアイヌ問題、特に教育や医療の問題への関心を高める上で間接的とはいえ一定の役割を果たしたことは肯定されている。

二　議員提出法案

政府提案によって成立した「北海道旧土人保護法」に先だって、二つの「北海道土人保護法案」が議員提案により第五回帝国議会と第八回帝国議会に提出され、審議された。

ここで、明治憲法下の法案の議会での議事手続について説明しておく。(43) 明治憲法下の議院法第二七条では、法律案の議事手続に関し三読会制度が採られており、例外的には、政府もしくは議員一〇人以上の要求により、出席議員の三分の二以上の多数で可決されたときは三読会の順序を省略できることになっていた。三読会制度では、第一読会で法案提出者の趣旨弁明と質疑応答、討論ののち委員会に付託され、委員会審査結果の報告を受けて、第一読会の続会を開き、議案の骨子について第二読会を開くかどうかを決める。第二読会を開くべきでないと議決されたときは、廃案とみなされる。第二読会では、逐条朗読・審議がなされ、第三読会では、第二読会の議決に対し、全体としての賛否が決定される。

1　加藤政之助議員による「北海道土人保護法案」の提出

(1)　法案の内容

帝国議会においてアイヌの問題が正面から取り上げられたのは、一八九三(明治二六)年一二月四日に、第五回帝国議会衆議院本会議において、加藤政之助議員(立憲改進党)の提案による「北海道土人保護法案」が審議されたことによってである。[44]加藤政之助は、函館の新聞『北海』の主幹をつとめたことがあり、「アイヌ問題」に一定の見識を有していることは確かとされ、また、「同時に「北海道議会法案」も提出しており、当時の政党勢力の北海道経営への関心もその背景にあった」ことが指摘されている。[45]この法案は、九カ条により構成され、次のような内容になっている。[46]

まず、農業への従事について、北海道庁長官に対し、管内在住の「土人」に土地を開墾し、農業に従事するように努めるべし(第一条)と規定して、「土人」に土地を開墾して、農業に従事するよう努める義務を課している。そして、「土人」にして農業に従事することを希望する者があるときは、北海道庁長官は、なるべくその在住の地において、一戸あたり六千坪なし一万五千坪の未墾地を付与しなければならない(第二条)。土地開墾に従事する「土人」には、一戸について農具料二〇円を支給し、成墾地一段歩ごとに、その初年に限り種穀料二円を給与しなければならない(第三条)。第二条および第三条で開墾した土地は、正当の相続人に譲りまたは子弟に分与する場合を除いて、三〇年間売買が禁止される(第四条)。土地の付与を受けた者が一五年間開墾しない土地があるときは、国により没収される(第五条)。

次に、教育に関し、北海道庁長官に対して、学齢児童を有する「土人」を訓諭し、その子弟を就学させるべきと規定し（第六条）、親が子供を就学させる国の義務を定めている。また、「土人」の子弟で就学する者は、授業料を免除し、教科書および要具料として、半年ごとに金一円を給与する（第七条）。

さらに、医療面の保護に関し、北海道庁長官は、「土人」を訓戒して、衛生上の注意を促すべしと規定する（第八条）。また、北海道庁長官は、区戸長に対し、その区町村在住の「土人」で、重病に罹る者を発見したときは、接近地の医師に嘱託して治療を施すべし（九条）としている。

(2)　衆議院本会議における法案の趣旨説明

加藤政之助は、衆議院本会議で、法案の内容を次のように説明している[47]。

・日本国は、「上ニ　叡聖慈仁ナル御歴代ノ皇帝在シマシテ、下ニハ仁義ノ教ヲ以テ本ト致シタル所ノ国民ヲ以テ組織シテ居リマス」ところの義の国で、強きを挫き、弱きを助ける義に依ってこの義に勇むということに努めなければならない、という前提から出発する。

・北海道には二度ほど実地見聞し、日本国民が保護しなければならない義務を怠っていることを発見した。これが何かというと、北海道に住んでおる「土人あいの」人種であり、弱者を保護しなければならないという地位にある「あいの」人種は、少なくとも「近古迄ハ北海道即チ日本ノ殆ト四分ノ一ニ当ル所ノ面積ヲ彼等自ラ占領致シテ、此北海道ノ大地ヲ以テ己レノ衣食ノ料ニ供シテ、己レノ生活ノ資ニ充テ、居ッタモノニ、疑ハゴザリマセヌ」と述べて、アイヌが少なくとも「近古」まで北海道を自ら占領していた事実を認めている。然るに、内地の人々が北海道に来て、彼らと生存競争があり、競争というよりは、内地の人々が「彼等ノ弱ニ乗シ、彼等ノ無智ナルニ乗ジテ之ヲ虐待シタト云フ事実ハ、今日マデ歴々現レテ居ルノデゴザイマス」と述べて、移住民がアイヌを虐待した事実を認めて、その結果、アイヌで、土地所有者はほとんど皆無であり、山海に猟を求めて生活するか、他人の下に労役に伏して生活するという境遇に置かれている。

・北海道庁の役人がアイヌを「虐遇」した例として、十勝の国大津川沿岸のアイヌが漁場を貸与ないし売却したため明治七(一八七四)年に三万有余円を得て、北海道庁に保護を依頼したところ、郵船会社の株券を購入したといわれているが、分配も受けておらず、アイヌの「共有金」はどうなっているのかという疑問を出している。

・学齢児童の就学率も、内地では、百分の四八であるのに対して、「土人」の子弟は六分の一弱である。加えて、彼らは、衛生の仕方を知らず、また、医者の治療を受けることも、服薬することも知らない状況である。

・「優勝劣敗ハ世ノ中ノ自然ノ勢デアル、彼等あいの人種ハ劣等ナ人種デアル、我内地人種ハ優等ナ人種デアル、此優等ノ人種ガ劣等ナル所ノあいの人種ニ対スルトキニハ、彼等ガ自然消滅スルト云フコトハ是ハ勢ノ然ラシムル所デ、如何トモスベカラザルモノデアル、夫ガ故ニ到底此前途ニ絶滅スル人種デアルトスルナラバ、是等ハ保護ヲ加フル必要ハナイ」ということを申す人々がいるかもしれないが、「是ハ如何ニモ残酷ナ議論デアル」。

・内地の人々に次第に土地を奪われていく中で、アイヌは、「内地ノ人々ニ向ッテハ、実ニ温和ナル人種」であり、「前途彼等ハ其人種スラ滅セントスル今日」、日本人の義侠心によって彼らを保護したいということである。

このような議会での法案の提案理由の特に終わりに近い部分において、アイヌは劣等な人種であるというのは、「残酷ナ議論」であると述べられている。このように、加藤政之助のアイヌ認識は、富田虎男が指摘するように、アイヌは劣った人種であるという差別的議論に与するものではなかった(48)。

(3) 議会における審議

この法案は、一八九三(明治二六)年一二月四日の衆議院本会議の第一読会で審議され、九名の委員で構成される特別委員会に付託された(49)。一二月一五日の衆議院本会議で、加藤政之助特別委員長より、特別委員会の審査結果の報告がなされた(50)。特別委員会は、三回開催され、第一回(一二月六日)では、委員長および理事の選挙を行い、

第二回(一二月八日)では、政府委員に対して本案に対する意見および政府の意向を質問し、第三回(一二月一一日)で本案を修正可決した。

委員会で修正された第一点は、一条、六条および八条の三カ条を削除することで、その理由は、これらのことは法律に規定されなくとも政府が責任として必ずなすべきことであるというのである。第二点は、提出原案では、地租を賦すということの明文の規定がないので、第二条に三十箇年の後に地価を定めて地租を課すことを加えた。第三点は、第三条の農具料を二十円支給するのを十円に修正し、種穀料二円を、一段に二円を限り種穀という現品を給与することにした。第四点は、第七条の授業料の免除について、授業料は町村の経済に属することで、法律で規定するのを止めて、教科書および要具料として半年ごとに一円を給与することに修正した。

加藤委員長によると、特別委員会での政府委員の意向は、法案を出すということは精神上において誠に結構で、法案に絶対的に反対するものではないが、その施行については法律に規定せずに、総て行政権内に任せてくれないか、ということであった(52)。しかし、特別委員会は、政府に任しておけないと考え本案を可決したのであるが、その理由は、「実ニ重大ナル問題デアル」からで、「本案ハ此内地ノ人種ト異ッタル所ノ北海道ノ土人ト云フ一種ノ種族ニ向ッテ今日ノ境遇ヲ憫ンデ彼等ヲ保護シヤウト云フ」のであり、日本人民というものはたとえ種族が異なっていても、「一視同仁ノ心」を以て保護すべきであるというのである。

これに対して、特別委員会の理事である角利助議員(同盟倶楽部)は、委員会の少数意見として、本案に反対した旨を述べ、その理由は、北海道土人は内地人とは性質が異なって農業者、漁業者以外は、山間に散在して住居を定めることもなく、農業を勧めても難しい人種であるから、今急いで法律を制定する必要はないということである(53)。さらに、立川雲平議員(弥生倶楽部)が角議員に賛成し、「土人」では、漁業に従事する者が多いのは先祖伝来の業であるから保護しなくても良く、これに対して強いて農業に従事させることは保護ではなく、かえって彼らを苦しませることになることなどを指摘して、法案に反対の意見を述べた[54]。その後、第二読会を開くかどうかが採決に付され、起立者少数で本法案は否決された[55]。否決の理由について、高倉新一郎は、「全く党派関係ではなく、提案者の力の足りなかったことに原因するといえそう」であり、しかし、「アイヌ困窮の事実は歴然として存し、保護の必要は痛切に感ぜられていたが、反対理由には問題解決の積極的態度を欠いていたから」、問題が先送りになっただけのことであると述べている[56]。

2　鈴木充美議員ほか五名による「北海道土人保護法案」の提出

(1)　法案の内容

次いで、加藤議員の法案提出の二年後である一八九五(明治二八)年二月に、第八回帝国議会において自由党の鈴木充美外五名の議員によって、「北海道土人ニ関スル質問主意書」四カ条と二月二三日「北海道土人保護法案」が提出された。この法案は、七カ条からなり、次のような内容の規定を有している[57]。「北海道土人」にして、既に土地を開墾した者は、土地の所有権を取得し(第一条)、土地は一戸につき一万五千坪で、さらに開墾する土地を有したいものに対しては、一戸につき一万五千坪まで近傍の地に付与することになっている(第二条)。また、「土人」は前二条により取得する土地のほか、「普通土地貸下規則」によって、貸下を出願できる(第三条)。第一条、第二条で取得した土地は、五〇年間「売買譲与質入書入抵当」が禁止される(第四条)。第二条で付与された土地は、一五年以内に開墾を終えないときは没収される(第五条)。北海道庁長官は、「土人ノ土地開墾共有金保存ノ方法教育ノ保護奨励及衛生等ニ関スル特別取締規則」を設けて、内務大臣の認可を受けることとなっている(第六条)。この法律の施行日は、明治二八年四月一日である(第七条)。

(2)　議会における審議

この法案は、一八九五（明治二八）年三月一四日に、衆議院本会議第一読会で審議されたが、主な議論を紹介したい(58)。提案者の一人である千葉胤昌議員（国民協会）より法案の趣旨説明がなされた。千葉議員は、第六条の「内務大臣」とあるのは「主務大臣」の筆耕の誤りとする。「土人」は「矢張種類コソ吾々同胞ト変リマスケレドモ、同ジク王化ノ民デゴザイマス」ところ、保護を受ける段階になると、「吾々同胞トハ実ニ雲泥ノ差ガアリマス」と述べて、その例として、漁場を開いていると、本国から北海道に来ている人により奪われ、農業に従事していると、それを奪われ、共有金を北海道庁に託すると、その経過が分からず、文部省より教育の保護のために与えられた金や御手許金も行方が分からないことなどを挙げている。そこで、「土人」に己の開拓した土地は己の所有に帰するという法律を用意し、また、教育を北海道庁が保護する道を作ると、「土人」も我々の同胞と同じくわが国の利益を計る民となるに違いないので、本案の速やかな可決を望むというのである。

草刈親明議員からの「土人」とは何を指すのかという質問に対して、千葉議員は、「土人ト言ヒマシタノハ成程あいのト言ッタ方ガ宜カッタカモ知レマセヌガ、通常土人ト申シテ居リマスカラ、土人ト言ッタノデアリマス、別ニ悪意アッテ言ッタ訳デモナイ」と答えて、「土人」という用語を使ったのは、通常言われていることで、悪意があるわけでないという発言が、注目される。また、吉本榮吉議員から政府委員に対する、「土人ト云フ名称」は北海道においては、戸籍その他公務上使う名称か、「申サバ方言ニテ」ありますか、という質問について、都筑馨六内務省参事官兼土木局長は、土人については、「其意味判然致シテ居リマセヌ、其血統デ論ズルカ、随分混ッテ居リマスノデ」、「此法律ヲ行ヒマスル上ニ於テハ、是モ一ツノ困難デアリマセウカト思ヒマス」と答えて、政府委員は、土人という用語が血統で論ずるのか、混血にもなっているので、判然としていなく、これが法律の一つの問題点であることを指摘している。

最後に、草刈議員から、法案の提出者は、北海道人を「土人」と言い、人種が違っているというが、千葉議員の説明では要領を得ないことを指摘して、この法案の精神に至っては同意するが、なお、特別委員に付託して十分審議を尽くすべきことを主張した。楠木正隆議長から、草刈議員の動議に異議ないかどうかが、本会議に諮られ、異議なしとされた。しかし、本法案は特別委員会に付託されたところ、審議中に議会が閉会になり、廃案になった(59)。

このように帝国議会でのアイヌ問題の取り上げ方は散発的であり、十分な用意をもってなされたものといえないものがあったが、しかし、議会の話題に上ったことは、個々の思想家や運動家が取り上げた場合以上に世論を喚起し、当局の施策に刺激を与えたであろうことが推測できる(60)。なお、明治憲法下の議員の立法活動として、特に、第一回帝国議会から第八回帝国議会までは、衆議院議員提出の議員立法が内閣提出より圧倒的に多かった。このように帝国議会の初期において議員立法の数が多いのは、「いわゆる藩閥・官僚内閣に対する「民党」の激しい闘争の結果として、反政府的な法律案が衆議院提出の議員立法として提案されたものと考えられて」いる(61)。第五回および第八回帝国議会に提出された二つの「北海道土人保護法案」も、最初の法案の提出者である加藤政之助は立憲改進党に属し、次の法案の提出者の一人である鈴木充美は自由党に属するように、改進党と自由党という政党は人的な面で自由民権運動の流れをひいて「民党」と呼ばれているので(62)、「北海道土人保護法案」についても、このような位置付けをすることが可能であろう。

三　政府法案の提出と議会における審議

1　政府法案の提出

北海道庁は、一八九四(明治二七)年ないし九五年に「北海道旧土人保護規則」の案を作成し、勅令として制定するよう内務省に上申しているが、内務省はこれを採用しなかった(63)。この規則案の内容は、アイヌに土地を下付し農耕に従事させることを中心に教育や救療について定めており、アイヌ「保護」の骨子に関する限り、前記議員提出法案と同じであり、異なっているのは、共有財産管理を道庁長官に一任することを明示した点と国費によるアイヌ学校の設置を明記したことである。「規則案」を内務省が却下した具体的理由は、内容に大きな不備があるというより、この時点で政府段階では立法化の必要を痛切には感じておらず、引き続き検討するという程度の措置をとったのが実際ではないかと指摘されている(64)。

一八九八(明治三一)年一二月三日、第一三回帝国議会に「北海道旧土人保護法案」が政府によって提出された。高倉新一郎によると、この法案は、北海道庁が、すでに勅令案として作成していた「北海道旧土人保護規則」を骨子とし、議員立法として提案されていた二つの法案も参考にして練り上げたうえ、政府案として提出されたと、この法案の作成過程を説明している(65)。小川正人は、「「旧土人保護法」の立案・制定過程の詳細は今のところほとんどわからない」としながら、「道庁による規則案とは柱立てには大差がないから、道庁ないし内務省内ではこの頃から断続的に検討を重ねていた可能性はある」とする(66)。また、「一八九七年一〇月一〇日付『北海道毎日新聞』は、道庁が「数年前」に、道庁参事官だった白仁武や農学士の新渡戸稲造らに巡視・調査を行なわせ「遂に土人保護法を設けんとするに至りたる」との記事、および「北海道未開地開拓及び土人保護に関する処の法律案は次期第十一議会に提出せらるゝ由」との電信記事を掲載しており、この頃にはすでに道庁が作成していたろうことが推測できる(67)」としている。

そして、実際にも、議会で政府委員として答弁に立ったのは、内務大臣官房北海道課長の白仁武で、この人物が北海道旧土人保護法の立案・制定に重要な役割を果たしたことは明らかである(68)。

2　議会における審議の概要

(1)　審議の経過

議会での審議の経過は、次のようである。一八九八(明治三一)年一二月六日の衆議院第一読会で特別の質疑もなく特別委員会に法案が付託された[69]。次いで、翌一八九九(明治三二)年一月一八日の本会議で、字句の修正に関する委員会修正と本法案に賛成する旨の委員長報告がなされ、若干の質疑の後、本法案は読会を省略して可決された[70]。貴族院では、一八九九(明治三二)年一月二一日の第一読会でかなり詳細な審議がなされた後、特別委員に法案が付託された[71]。次いで、二月一四日の本会議で、特別委員会より字句の修正と原案に賛成する旨の報告がなされた後、読会を省略して賛成多数で本法案を可決した[72]。貴族院より回付を受けた衆議院は、貴族院の修正通り本法案を二月一五日に可決したのである[73]。

(2)　法案の趣旨説明

本法案の提案理由について、政府委員である内務次官松平正直は、衆議院本会議で次のように説明している[74]。「北海道ノ土人即チアイヌト称ヘマス人種、固ヨリ此日本帝国内ノ、矢張人民ノ一部デアリマスルガ、先ヅ優勝劣敗ノ結果トシテ、追ゝ人種モ減ジ、生活ノ途、財産ヲ保護スル途モナク大イニ其生ヲ保ツト云フコトニ於テハ、甚ダ窮境ニ陥リツヽアル傾デアリマスルカラ、之ヲ何トカシテ其生ヲ全クシ、其家ヲ保チ得ラルヽヤウニシテヤル、其保護スルト云フコトハ、政府ノ義務デアルト云フ所カラシテ、此法案ヲ提出ニナリマシタ次第デ、ドウゾ北海道土人保護法案ハ、即チ右等ノ理由ノ土人ヲ保護スル、一視同仁ノ趣旨ニ出デマシタ次第デアリマスルカラ、御協賛アラレテ、行レマスルコトヲ希望致シマス」ということである。

貴族院本会議での松平正直内務次官の説明も表現が一部異なっているが同様の内容で、次のように述べている[75]。

すなわち、「本案提出ノ理由ハ理由書ニ詳ニ書イテゴザイマスカラ御承知デゴザイマセウガ御承知ノ通北海道ノ旧土人即チ「アイノ」ハ同ジク帝国ノ臣民デアリナガラ北海道ノ開クルニ従ッテ内地ノ営業者ガ北海道ノ土地ニ向ッテ事業ヲ進ムルニ従ヒ旧土人ハ優勝劣敗ノ結果段々局促シテ生活ノ途ヲ失フト云フ情勢ハ皆サン御推測デアラウト考ヘマス、同ジク帝国臣民タル者ガ斯ノ如キ困難ニ陥ラシムルノハ即チ一視同仁ノ聖旨ニ副ハナイ次第ト云フ所ヨリシテ此法律ヲ制定シテ旧土人「アイノ」モ其所ヲ得ルヤウニ致シタイト云フニ外ナラヌコトデゴザイマス、ドウゾ御協賛ヲ願ヒマス」というのである。

両院本会議での法案の趣旨説明を要約すると、アイヌは、日本帝国の人民の一部(臣民)であるが、北海道開拓の中で内地人との間で「優勝劣敗」により敗れ、生活の困窮に陥っているところ、アイヌを保護することは政府の義務であるので、北海道旧土人保護法の制定は、「一視同仁ノ趣旨」(ないし「一視同仁ノ聖旨」)に適うということである。

3　衆議院本会議における質疑

一八九九(明治三二)年一月一八日の衆議院本会議では、杉田定一議員より特別委員会の委員長報告があり、第六条に修正を加えたほかは、全員一致で可決した旨の報告があった(76)。法案に賛成の理由として、「均シク「アイノ」土人ト申シマシテモ即チ我　皇ノ下ニ一視同仁ノ下ニ棲息スル所ノ赤児」であるので、「吾々同胞ニ於テモ其困窮ヲ傍観スルニ忍ビナイ」ことから、適当なる保護を加えなければならないと述べている。特別委員会の賛成理由は、政府の提案を支持するものである。修正された第六条は、当初「明治七年第百六十二号達恤救規則」であったのを「明治九年開拓使札幌本庁丙第百七十六号達開拓管内窮民賑恤規則」に変更されている。修正の理由は、貴族院本会議における政府委員白仁武の答弁によると、原案にあるのは、府県に有効な達であって北海道では施行になっていないので、修正案にあるのは、今日府県の賑恤規則と同様に北海道においても施行になっているからである[77]。これに対して、同じく、貴族院本会議において、水野遵議員は、衆議院の修正通りになると地方庁の達を法律の中に認めることは法律の編制上先例がないのではないか、と政府委員の説明を求めた。政府委員白仁武は、北海道の諸規則は往々このようなことがあり、「不都合ノ嫌ハアリマスケレドモ何分此達ガ今日法律同様ニ北海道ニ施行ニナッテ居リマスカラ之ヲ其不都合ヲ忍ンデ上ゲタ次第デアリマス」と答えている[78]。

衆議院の本会議で質問した議員は一人だけであった[79]。鮫島相政議員から政府委員に対して、第一条で無償下付する戸数はどの位か、第八条の共有財産の種類とその収益について質問があった。政府委員白仁武は、まず、土人の総人口が一万七千人なので、総高は分からないが、それを超えることはないと答えた。次に、共有財産については、三種類あり、第一は、教育費として、宮内省より御下付金千円と文部省からの下付金二千円に利息を加えて六千円ばかりになっているもの、第二に、開拓使の時代に十勝の国に不動産あるいは動産を与えた共有財産が三万何千円、第三に、日高の国にある共有財産が三百何十円であり、収益については、第一の場合には利息が三千円ついており、第二、第三の場合には、使い果たしてしまっている旨答えている。

4　貴族院本会議における質疑

貴族院本会議の質疑では、衆議院に比べて発言が多く、次のような議論が行われた[80]。

(1)　無償下付の精神

田中芳男議員から、「北海道土人」は従来内地人同様の所有ができないが、今回も同じかという質問がなされた。政府委員白仁武は、内地人と同様の手続によれば土人に対しても同様の取扱いをするが、本法案の一条の精神は内地人と同様の手続を要することなく、これだけの土地を無償で付与するということであると答えている。

(2)「旧土人」という用語の使用

同じく田中議員からの北海道土人に「旧」の文字を付けたことの質問について、政府委員白仁武は、「旧土人ノ此「旧」ト云フ文字ハ開拓使ノ頃ニ「アイヌ」ヲ称シテ旧土人ト称ヘタガ宜カラウト云フ達ガアリマスル、デ其達ハ唯今ニ於キマシテモ至極尤ナ達ト認メマシタニ依ッテ此旧ト云フ文字ヲ加エマシテ法律ニ旧土人保護法ト云フ名目ニ致シマシタ」と答弁している。(81) ここで、開拓使の「達」というのは、前記一八七八(明治一一)年一一月四日の開拓使「達」のことで、この達で「旧土人」という用語が使われたので、本法案でも「旧土人」を使っているというのである。

(3) 教育の援助

男爵船越衛議員が、第七条の貧困者の子弟に対する授業料の給付、第九条の国費による小学校の設置に関し、旧土人にはどうしても教育が出来ないという話も聞くが、教育の効果はあるのかという質問をした。政府委員白仁武は、土人の教育のことは当局もよほど注意して奨励しているが、「何分ニモ劣等ノ人種デアリマスルカラ十分ノ結果ヲ見ルコトハ出来マセヌ」が、教えますと読書なり、習字なり或いは手仕事なりを可なりにやりますと答弁している。(82) ここで、政府委員がアイヌを「劣等ノ人種」であるという認識を持っていたことが明らかにされている。さらに、第九条の国費による小学校の設置に関し、次のような質疑が行われている。(83) まず、船越議員から、国費で学校を建てることは宜しいが、来る子供がいるのかという質問がなされた。政府委員白仁武は、内地の児童が入っている学校に入った土人の子供は学校においても「優勝劣敗」の結果十分に修業できなかったり、あるいは誹謗されるとか、圧迫されるとか、種々に内地の児童のために苦しみを感じていることから十分修業できない状況にある。そこでこの法律によって土人が部落をなしている所に土人のために学校を開き、また、学校の教科のやり方は実地生活に必要な簡易な教育方法により教育すると答えている。次に、伊澤修二議員より、尋常小学校の程度では、成績は内地人の子弟と土人の子弟ではあまり変わらないということを自分も見たことがあるし、聞いたこともあるが、内地人の小学校に土人は適しないのかという質問がなされた。政府委員白仁武は、「成ル程尋常小学ニ於キマシテ読書習字等ノ如キハ内地人ト少モ変リマセヌ、唯土人ノ児童ニ於キマシテハドウシテモ内地人ヨリ劣リマスル一点ハ此計算ノ点デアリマス、即チ算術デアリマス」と答えて、土人の児童が劣るのは算術だけであるとしている。

(4)　土地所有権の制限

同じく船越議員から、土人も今日までも内地人と同様であるため、土地の開墾に力を入れた人もいるところ、内地の人に随分欺かれたり、あるいは脅迫されて開墾された土地を捨てて山奥に逃げたということも聞くが、保護が必要ではないかという質問がなされた。政府委員白仁武は、「土人ガ開墾致シマシタ所或ハ土人ニ当テガヒマシタ土地ヲバ内地人ニ唯今マデ奪ハレルト云フ例シハ往々ゴザイマスル」と述べて、土人が内地人によって土地を奪われた例を認めてから、「ソレデソレヲ防ギマスルタメニ第二条ノ制限ヲ置イタ次第デアリマスル」と答え、第二条の土地所有権の制限はアイヌの土地所有権を保護するためであると説明している(84)。そして、この制限が効を奏するように、道庁長官、支庁長、戸長および裁判所それぞれの機関が十分気を付けて取り扱うほかないと指摘している。

さらに、鳥越貞敏議員は、第二条第三項で旧土人が従前から所有している土地にも北海道長官の許可を必要とするのは酷ではないかという質問を行った。政府委員白仁武は、このような制限は少しく所有権の侵害に当たるようであるが、これだけの制限をしなければ、彼らの所有権を十分に保護することはできないと答弁している(85)。

(5)　貧困者数

高橋喜惣次議員による第四条の「旧土人ニシテ貧困ナル者」は、どの位いるかという質問に対して、政府委員白仁武は、アイヌの人口一万七千人、戸数四千戸のうち、四分の一を超えない積りであると答えている。[86]

⑹　共有財産

衆議院においても質問が出された、第一〇条の共有財産について、どのようなものがあり、どう管理されているかという田中芳男議員の質問に対して政府委員白仁武は、共有財産には、第一に、宮内省より千円の御下賜金、文部省より二千円の下付金および銀行への預け入れ利子三千円の合計六千円、第二に、十勝の漁場の売払い預け料三万円、第三に、日高に開拓使時代からの三百円前後の共有金があると答弁している。[87] また、子爵曾我祐準議員は、第一〇条で北海道庁長官が行う共有財産の管理について、従来北海道の管理が株券を買って失敗したとか、あるいは種々の不都合なことがあったと、北海道土人もしくは土人の関係者から訴えを受けたことがあるが、管理がどうなっているか、という質問を行った。[88] 政府委員白仁武は、第一の下賜金の方は銀行に預け、預かり証文を物品会計官吏が取り扱い、今日はこれを軍事公債にして証書を金庫に保管していること、第二に、十勝の財産については、「唯今御話ノ通ニ頗ル中途ニシテ乱雑ニ渉リマシテ」と述べて、管理に問題があることを認め、最初は北海道庁長官が管理していたが、明治二三年から、規則上、北海道庁の理事官が一個人の名義で行い、これには不都合なことがあり、十勝の部落を三つに分け部落に道庁が管理させていること、第三に、日高については、十勝と同様に一個人に最初から管理させている旨答えている。

四　北海道旧土人保護法の内容

1　土地の無償下付による農業の奨励と土地所有権の制限

北海道旧土人保護法は、一八九九（明治三二）年三月二日に法律第二七号として公布され、四月一日に施行された。全部で一三条であるが、一二条と一三条は附則であるので、実質的には一一カ条である。

第一条　北海道旧土人ニシテ農業ニ従事スル者又ハ従事セムト欲スル者ニハ一戸ニ付土地一万五千坪以内ヲ限リ無償下付スルコトヲ得

第一条は、北海道に居住するアイヌで既に農業に従事している者またはこれから従事したい者は、一戸当たり一万五千坪を限度に無償で土地を給与できることになっている。ただし、一五年を経ても開墾しない部分については、没収されることになっている（三条）。狩猟民族であるアイヌに土地を無償で下付して、農業を奨励するという本法律の中心になる条項の一つである。

第二条　前条ニ依リ下付シタル土地ノ所有権ハ左ノ制限ニ従フヘキモノトス
一　相続ニ因ルノ外譲渡スルコトヲ得ス
二　質権抵当権地上権又ハ永小作権ヲ設定スルコトヲ得ス
三　北海道庁長官ノ許可ヲ得ルニ非サレハ地役権ヲ設定スルコトヲ得ス
四　留置権先取特権ノ目的トナルコトナシ
前条ニヨリ下付シタル土地ハ下付ノ年ヨリ起算シテ三十箇年ノ後ニ非サレハ地租及地方税ヲ課セス又登録税

ヲ徴収セス
旧土人ニ於テ従前ヨリ所有シタル土地ハ北海道庁長官ノ許可ヲ得ルニ非サレハ相続ニ因ルノ外之ヲ譲渡シ又ハ第一項第二及第三ニ掲ケタル物権ヲ設定スルコトヲ得ス

第二条では、給与された土地の所有権に対する大幅な制限を定めている。無償下付された土地所有権は、相続によるほか譲渡できず（一項一）、質権、抵当権、地上権、永小作権の設定が禁止され（一項二）、北海道長官の許可によらない地役権の設定が禁止され（一項三）、留置権、先取特権の目的とすることが禁じられた（一項四）。また、三項では、旧土人が従前より所有している土地についても、北海道長官の許可を得るのでなければ、相続によるほか譲渡できず、第一項二および三に掲げる物権を設定できないことが規定されている。

第二条一項でアイヌの土地所有権を制限している趣旨は、貴族院本会議で政府委員白仁武の説明によると、内地人にアイヌが土地を奪われるのを防ぎ、アイヌの土地所有権を保護するためである。この点について、民法学の吉田邦彦は、その背後にある考え方としては、「開拓使時代以降個人主義・自由主義思想が基調をなし、不当な暴利的取引に晒されたアイヌ民族の生活の悲惨な窮状に鑑みて、アイヌの土地所有権保護のためのパターナリスティックな介入の趣旨で、所有権の譲渡性制限が設けられたとのことであり、当時はそれなりの意義もなくはない」としつつ、「移住民による新天地の大量蚕食と併行してなされた、対アイヌの土地政策におけるパターナリズムは、裏を返せば、物質面における画一的同化主義の表われであり、画一的中央集権主義でもあって、勧農主義（農業強制）的な新たな所有権思想による、アイヌの従来型土地利用の排除ともなった」という批判を加えている(89)。また、抵当権の制限について、井上勝生は、「当時、自作小農業でも、事前の「仕込み」という金融が必要なのが通例であった」ので、「開拓事業や自然災害時（当時、洪水などが多発）にも、土地を抵当にしての金融は必須であった」と述べている(90)。

また、土地所有権の制限について、賃貸借契約には何らの制限も付されていない点も問題である。高倉新一郎によると、「賃貸契約に際して何らの指導干渉をも試みなかったために、拙劣な技術と相俟って、自ら進んで、あるいは止むなく、その多くを移住農民に賃貸することとなり、しかもその契約は、法律観念に乏しい弱者と狡猾な強者との自由に放任されていたために、その条件は極めて不利で、僅かな代償によってその利用権を奪われ、全く世襲財産の意味を持たないことになってしまった」のである。(91) アイヌが移住農民との間で不利な条件での賃貸借契約（小作契約）を結び、通常の小作事例に比べると、和人の小作人側が優位に立つという、当事者の形成が逆転していたことも指摘されている。(92)

第二条三項によるアイヌの土地所有権の制限を問題にするのが、山田伸一である。山田は、第二条一項は「第一条が定めた農耕に目的を限定した五町歩以内の下付地について、所有権の制限を規定したものである」のに対して、第三項は、「同じくアイヌ民族の土地所有権に制限を加えるものであるが、対象とする土地が「保護法」以前の所有地である点が異なる」ことをまず指摘する。(93) そして、結論として、「「保護法」第二条第三項は、優勝劣敗の社会観に立ち、アイヌ民族の財産管理能力に強い疑問を呈する思想的基盤に深く根ざし」、「財産権への過度な侵害の疑いという基本的な問題に加え、すでに所有権の確定した土地所有に後から制限を加えた点、および同一法令に基づく所有権に対し所属民族のみを基準にした制限の有無の違いという点において、本来的に大きな問題を含む条項であった」という批判を加えている。(94) また、第二条三項の適用事例は多くはなかったが、適用事例の検討により、主には生活の窮乏に原因をもつ所有権の譲渡・抵当権の設定に対しては、把握できる範囲では、出願を追認するだけの結果に終わるものがほとんどであり、不許可事例では私有財産の処分に対する行政の過度の介入が明らかであったことが指摘されている。(95)

第三条　第一条ニ依リ下付シタル土地ニシテ其ノ下付ノ年ヨリ起算シ十五箇年ヲ経ルモ尚開墾セサル部分ハ之

ヲ没収ス

２　貧困救済

第四条　北海道旧土人ニシテ貧困ナル者ニハ農具及種子ヲ給スルコトヲ得
第五条　北海道旧土人ニシテ疾病ニ罹リ自費治療スルコト能ハサル者ニハ薬価ヲ給スルコトヲ得
第六条　北海道旧土人ニシテ疾病、不具、老衰又ハ幼少ノ為自活スルコト能ハサル者ハ従来ノ成規ニ依リ救助スルノ外仍之ヲ救助シ救助中死亡シタルトキハ埋葬料ヲ給スルコトヲ得
第七条　北海道旧土人ノ貧困ナル者ノ子弟ニシテ就学スル者ニハ授業料ヲ給スルコトヲ得
第八条　第四条乃至第七条ニ要スル費用ハ北海道旧土人共有財産ノ収益ヲ以テ之ニ充ツ若シ不足アルトキハ国庫依リ之ヲ支出ス

貧困者に対し、農具および種子を支給し（四条）、病気にかかり自費治療できない者には薬価を支給し（五条）、病気、障害、老衰または幼少のため自活できない者には、救助を行い、埋葬料を支給し（六条）、貧困者の子弟に授業料を支給する（七条）ことにしている。ただし、これらに要する費用は全額国が負担するのではなく、共有財産の収益を充てることにし、不足あるときに国庫が支出することになっている（八条）。

第七条の授業料の支給について、竹ヶ原幸朗の研究によると、第九条のアイヌ小学校をではなく、一般の尋常小学校に就学するアイヌ民族の子ども達を念頭においた規定と考えられ、実際に支給を受けた子ども達も、桂恋尋常小学校（釧路郡）、留別尋常小学校（千島・留別郡）、石狩尋常小学校（石狩郡）などへの就学者であったことからも明らかであるとしている。[96]

3　小学校の設置

第九条　北海道旧土人ノ部落ヲ為シタル場所ニハ国庫ノ費用ヲ以テ小学校ヲ設クルコトヲ得

北海道旧土人の部落をなした場所に国庫の費用で小学校を設置する(九条)。貧困救済の場合と異なり、小学校の設置は国庫の費用が支出されることになっている。

4　共有財産

第十条　北海道庁長官ハ北海道旧土人共有財産ヲ管理スルコトヲ得
北海道庁長官ハ内務大臣ノ認可ヲ経テ共有者ノ利益ノ為ニ共有財産ノ処分ヲ為シ又必要ト認ムルトキハ其分割ヲ拒ムコトヲ得
北海道庁長官ノ管理スル共有財産ハ北海道庁長官之ヲ指定ス

北海道庁長官は共有財産を管理し(十条一項)、内務大臣の認可を経て共有者の利益のために共有財産の処分をなし、また、必要と認めるときには処分を拒否できる(十条二項)。

5　罰　則

第十一条　北海道庁長官ハ北海道旧土人保護ニ関シテ警察令ヲ発シ之ニ二円以上二十五円以下ノ罰金若ハ十一日以上二十五日以下ノ禁固ノ罰則ヲ附スルコトヲ得

このような内容の北海道旧土人保護法の立法趣旨の骨子は、アイヌに農業を奨励して「自活の途を講ぜしめると共に、教育を施して同化向上を図らしむる」ところにあった(97)。

五　北海道旧土人保護法に対する反応

1　アイヌ史研究者の評価

北海道旧土人保護法がいかなる性格の法律であったか、という問題について、小川正人によるこれまでの研究のまとめによると、同法が従来のアイヌ政策の「集大成」であること、およびその骨子が勧農と教育にあること、の認識においては多くの研究の一致するところであるが、同法の評価に関しては、積極的な評価と否定的な評価に分かれる(98)。

まず、積極的評価を行っているのが、高倉新一郎である。すなわち、北海道旧土人保護法は、「アイヌに関して当時大問題と考えられていた授産・救済・医療・教育・共有財産管理の各項を網羅し、おのおのその方針を明記し」、それぞれの政策を実施するもので、「ほぼ当時の要求に応じたもの」という積極的な評価である(99)。このような評価を行う理由として、北海道旧土人保護法の制定に当たって画一的同化政策に対する批判が存在し、「開拓使以来顕著に現われて来つつあったアイヌに対する画一的同化政策を以てアイヌの困窮の一大原因なりと看做し、アイヌと一般移民との文化程度・性質・風俗・習慣等の差異を強く認識し、いわゆる順応主義的文化政策を一部に採入れようとする要求があったが、これらの要求に対しては北海道旧土人保護法は何ら答える点のなかったこと(100)」を指摘している。そして、画一的同化主義政策の立場から、いわゆる順応主義的文化主義政策を採用しなかったのは、このような政策が、「アイヌ政策の根本的方向転換を意味し、アイヌのようにその数極めてすくなく、すでに民族としての独立の要素を失い、最早内地人の築いた社会に包摂されようとしつつあった者に対しては、かかる改革の必要をみず」という考え方によるものである[101]。

ここで、アイヌを和人と異なった民族という立場に立たなかった理由として、アイヌの数が少なく、民族としての独立の要素を失っていることを挙げているのが、特に注目される。その結果として、北海道旧土人保護法は、「最早植民政策中の異民族＝土人政策ではなく、その結果母国社会に吸収した原住民がそれに不慣れなために被った打撃から如何にして守り、有力な一員に育てて行くかを問題とし、その解決を図る社会政策」であるという位置付けがなされている[102]。

これに対して近年の研究は否定的評価ないしその問題点を指摘するものが多い。榎森進によると、「同法の柱となった給与地の下付やアイヌ小学校の新設が、結局のところ、アイヌを強制的に農耕民化したうえで、一方でアイヌの差別問題になんら手をふれないばかりか、むしろ差別体制をより補強する形をとりながら、かれらへの皇民化教育・臣民化教育をおしすすめるための重要な役割を果たした」のであり、北海道旧土人保護法は、「アイヌの生活基盤の破壊と生活の極端な窮乏化、アイヌ問題への関心の高まりという状況のなかで、アイヌに対する生活・生産の場の一定限度内での「保障」という側面を内包せざるをえなかったものの、より本質的には、アイヌの民族的個性を全面的に否定し、人権を無視して、ただひたすらに和人社会への同化と天皇制国家への忠誠を強要する以外のなにものでもなかった」と述べている[103]。

小川正人は、北海道旧土人保護法は「政策自体が引き起こしたアイヌの窮乏を政府は放置ないしはいっそう推進していたなかで、新たな拓殖政策の展開と政府批判への対応から制定されたというべきであり、そこにアイヌの生活・生産の確保を図る意図はうかがえない」とし、同法について、「先住民族に対する抑圧と排除がその本質的機能だということを確認しておきたい」とする[104]。

アイヌ史の先駆的な研究者である海保洋子は、アイヌ史の問題点として、「アイヌ民族への権力側の政策の羅列（政策史）をアイヌ史そのものとする傾向が強い」ことを指摘し、北海道旧土人保護法については、「単なる社会福祉法とみなす見方が支配的である」という研究史のまとめを行っている[105]。その上に立って、北海道旧土人保護法に対する評価は、この法律が、「「保護」という形でのアイヌ民族の農耕民化と日本式教育の徹底を通して「皇国臣民化」の完成を意図したものであり」、「アイヌ民族の物（農業民化）心（教育）両面よりの「皇国臣民化」を意図したもの＝幕末以来の「同化政策」の集大成である」というのである[106]。このような評価は前述した榎森の評価と共通している。

桑原真人によると、北海道旧土人保護法は、「アイヌ民族に対する農業の強制を目的とした法律」であり、それに関連して、医療・衛生・教育の面で経済的補助を行おうというものであるが、問題点として、アイヌの保護をうたいながら、農業以外の選択肢をまったく考慮していないことがあり、さらに大きな問題は経済的補助の基本的財源を「北海道旧土人共有財産」の収益に依拠しようとしていたことを指摘している[107]。

山田伸一は、北海道旧土人保護法が「主に、アイヌ民族の農耕民化と教育による同化を内容」とし、「法律制定を支えたのは、生存競争に必然的に敗れた弱者を恩恵的に「保護」するという考え方であり、民族の権利といった観点はもちろんのこと、アイヌ民族の困窮が開拓政策そのものの結果であるという認識は欠けていた」という批判を行っている[108]。

２　社会的反応

北海道旧土人保護法に対する世論の反応は、「ようやくアイヌ「保護」が立法化をみたという点でおおむねこれを評価し歓迎するものであった[109]」。しかし、北海道旧土人保護法に対する批判は、すでに帝国議会での審議中にも出されていた。その代表的なものは、新聞『北門新報』に掲載されたとされる伊東山華（正三）の「北海道旧土人保護論」である。(110)伊東は同紙の主筆を務めたジャーナリストである。伊東の論文は、一八九八(明治三一)年末から一八九九(明治三二)年初頭の同紙に一四回にわたって掲載された。その一三回目で、伊東は、貴族院の特別委員会で審議中の法案について疑問点を挙げている。(111)例えば、「農業に従事する土地の所有権を制限するに止め漁業に従事するもの丶漁場等の所有権を制限せざる理由如何」とし、また、「土地の所有権に制限を加へたるや可、而して賃貸借に制限を置かざりし理由如何」として、農地の所有権を大幅に制限しているにも関わらず、賃貸借権を制限していないことに疑問を投げかけている。さらに、本案は「絶対的の規定少なく」施行に関する細則が内務大臣の命令に委任していることも問題にしている。

江別の対雁に強制移住させられた樺太アイヌで組織された対雁移民共済組合総理の上野正は、北海道旧土人保護法が制定される直前の一八九九(明治三二)年二月三日付『北海道毎日新聞』に談話を載せ、「政府は旧土人を以て治産の能力を有せざる者となし総て之を和人の監督の下に生活せしめんとするか如し」と批判し、そして、この法律を「其侭直ちに実施せは旧土人保護法は変じて旧土人全滅法たるの奇観を呈する」であろうと述べている。(112)

『北海道毎日新聞』は、北海道旧土人保護法の関連施行規則などが制定された直後に、「土人保護法実施の要件」と題する記事を六月二五日、二八日、三〇日の三回にわたって連載し、次のように述べている。(113)「「土人保護法を見るに其保護の方法は救恤に出づるもの丶如し、然るに救恤的に流る丶の保護は徹頭徹尾其効なきのみならず土人をしてますます遊惰に導くものと云はざるを得」ない。アイヌ民族に対する「救恤」的保護政策は開拓使時代から行なわれてきたが、アイヌ民族の自立にはマイナスだったので、アイヌ保護政策では、「慈善的救恤法と矯正的感化法とを併用」することが必要である」。

第三節　北海道旧土人保護法の実施

一　実施体制

北海道旧土人保護法は、一八九九(明治三二)年四月一日より施行され、同法施行規則(明治三二年四月八日内務省令第五号)、同法施行細則(明治三二年六月一三日北海道庁令第五一号)、同法施行細則取扱手続(明治三二年六月一三日北海道庁訓令第三七号)および北海道旧土人共有財産管理規程(明治三二年一〇月三一日北海道庁令第九四号)が定められた。その実施に当たっては、教育を除いて特別に期間を設けることなく、北海道庁・支庁・戸長役場の吏員などは、特にアイヌの実情に通じていたわけではなく、一般行政の合間に当たっていたに過ぎないその態度は事務的・機械的であり、法の趣旨を活用しようと努める者は少なかったといわれている。(114)

北海道旧土人保護法制定後のアイヌ民族の実態については、北海道庁による『北海道旧土人』(一九一一年七月)をはじめ、『旧土人に関する調査』(一九一九年六月、一九二二年一一月)、『北海道旧土人概況』(一九二五年一〇月)など、報告書が相次いで刊行されている。(115)

二　給与地

アイヌに土地を下付して、農耕に従事させるということは、北海道旧土人保護法の主たる目的の一つである。

北海道旧土人保護法施行規則および同施行細則で定められた土地下付の具体的手続によると、出願者は、一定の書式の願書に願地の位置・面積・現在の貸付地および所有地などを記入し、出願地の書面と「家族調」を添えて所轄戸長役場を経て北海道庁長官に提出するのである。

給与地は原則として未開地であることを必要としたが、従来旧土人開墾予定地として官有地のまま無償使用を許した土地をそのまま下付出願した場合には、既墾地であっても下付することは妨げなかった[116]。給与地の下付については、申請手続過程に戸長役場吏員の無理解や差別意識による障害など大きな問題があったという指摘もある[117]。

アイヌ民族に下付される土地は一戸当たり一万五〇〇〇坪を上限とすることが定められているが、実際には一戸当たり平均約七五〇〇坪で、定められた上限の半分余りに過ぎなかった[118]。給与地が農耕に適した土地であったかどうかは議論のあるところである。「北海道土地払下規則」および「北海道国有未開地処分法」で和人への土地の大規模な払い下げが行われつつある時期の給与地であるので、「肥沃な土地の多くは、すでに和人の手に渡っており、またそうした土地が残っていたにしても、和人への払い下げを最優先させたから、結局、給与地の多くは、地味のわるい土地にならざるをえなかった[119]」という見解が出されている。

山田伸一は、この見解は「明解な歴史像を描くが、具体的検証は乏しい仮説にとどまり、従来の存置地との位置的な連続性（あるいは断続性）といった問題については十分に注意が払われていない」という重要な指摘を行っている[120]。山田によると、「私が北海道立文書館所蔵の土地処分関係文書を閲覧した印象では、下付地の位置が決定される過程や下付後の農業の状況には、拓殖政策の展開の進度の差異などと関連して、かなり地域的な多様性があると思われる」とする[121]。

給与地の実際は、地域によって違いがあり、「比較的早い時期に和人への土地処分が進んだ日高や胆振では十分な面積の農耕適地の下付が受けられないことが特に多く、下付面積の一戸当たりの平均もそれぞれ七、〇〇〇坪余と三、八〇〇坪余にとどまった。日高では住居から遠い地や農耕不適な土地が追加で下付されたものも多かった[122]」。

『北海道旧土人概況』（一九二六年）によると、「下付地の総面積二、四七三万四九四九坪のうち、自作地が九二七万六八五〇坪（三七・五％）、賃貸地が七五六万五七六〇坪（三〇・六％）、未開墾地が五四四万八〇五七坪（二二・〇％）、開墾不能地が二四四万四二八二坪（九・九％）である[123]」。「賃貸地といっても、借金がかさむなどして事実上土地を手放したものが多く、不正な手段で和人にだまし取られたものも少なくなかった[124]」。開墾不能な土地が約一割というのも、生活に深刻な打撃を与えるものであった。

北海道旧土人保護法第三条は、下付後一五年経過して未開墾の土地を没収することを定めており、下付地の約二割がこの規定により没収されている。

北海道旧土人保護法の立法目的の一つが、狩猟民であるアイヌ民族の農民化である。桑原真人は、北海道庁の一九一六（大正五）年の調査に基づき「アイヌ民族の職業別戸数（一九一六年）」を作成し、アイヌ民族の農業従事戸数は自作と小作を併せて五七・五％に達していることを明らかにしている[125]。そして、桑原は、給与地によってアイヌ民族を狩猟民から農耕民に再編するという北海道旧土人保護法の目的は、ある程度達成したが、これに対して、独立自営ができず、他に雇われて農業や漁業の労働に従事するものが約三〇％にもなり、アイヌ社会の両極分解が進んだという興味深い議論を提示している[126]。

三　教　育

1　アイヌ児童の就学率の向上

教育は、給与地問題と並んで北海道旧土人保護法の柱の一つである。同法は、貧困な者の子弟で就学する者には授業料を支給し(第七条)、アイヌが部落をなしている場所には国費で小学校を設立すること(第九条)が規定されている。

アイヌ学校は、一八七七(明治一〇)年に開拓使が樺太アイヌの強制移住地である対雁に設置した教育所(翌年対雁学校と改称)に始まり、その後、北海道開拓政策が大規模に展開する一八九〇年代以降、その設置が北海道の内陸部にも及び、それに北海道旧土人保護法九条によるアイヌ小学校の設置が加わり、アイヌ児童を対象とした独自の学校教育制度が成立するのである。(127) アイヌ小学校の設置計画は、一九〇一(明治三四)年から実施した拓殖計画(北海道十年計画)に組み込まれ、一九〇七(明治四〇)年までの七年間に二一カ所に設置することを示した。一九〇四(明治三七)年まではほぼ計画通りに実施されたが、その後財政上の理由から建設のテンポがやや遅れ、一九一二(明治四五・大正元)年度にようやく二一校の設立が実現した。(128) 北海道庁は、一九〇四(明治三七)年に「旧土人教育施設ニ関スル手続」を制定し、アイヌ小学校を新設する場所は、学齢児童三〇名以上という条件を明確にし、同時に、最寄に公私立小学校がある場合には、町村または私立学校設置者に教育事務を委託する「委託教育」の制度を定めて、アイヌに対する学校教育の普及を図った。その結果、アイヌ児童の就学率は急激に上昇し、一九〇一(明治三四)年にはわずかに四四・六%(全道平均七七%)に過ぎなかったものが、「北海道十年計画」の最終年度にあたる一九一〇(明治四三)年には、アイヌ児童の就学率は九二・二%、就学者数は二〇七二名に及んだが、このうちアイヌ学校のアイヌ児童が六八八名、「委託教育」による就学児童が五七三名であった。[129]就学率の増加の点から見ると、北海道旧土人保護法によるアイヌ小学校の設置は、アイヌの初等教育の普及という面では積極的な役割を果たしたといえる。

2　教育内容および教育年限の問題点

問題は、教育内容および修業年限がどうなっていたかである。北海道庁は、北海道旧土人保護法の制定と並行して、アイヌ教育の施設・方法の制度化に着手した。[130]その結果、一九〇一(明治三四)年三月三一日に「旧土人児童教育規程」[131]、同年五月七日に「旧土人児童教育規程施行上注意要項」[132]が制定された。

小川正人によると、まず、アイヌ児童と和人児童との「別学」を原則にし、「一学級を編制し得る数のアイヌ児童がいる学校ではアイヌ児童の学級を別にすること、別学級の編制が困難な場合でも生徒をシャモとアイヌで二部に分けて半日授業を実施して「別学」させること、とした」のである。[133]「「別学」原則とは、言語・生活習慣といったアイヌの文化は教育上の「障害」でありまずこれを「改め」ることからアイヌ教育は始まる、との考えに基づいていた」というのである。[134]

次に、教育内容と修業年限について、旧土人児童教育規程において、修業年限を四年とすること、教科目は修身、国語、算術、体操、裁縫(女子のみ)、農業(男子のみ)と定められ、これらはおおむね第三次小学校令(一九〇〇(明治三三)年)に準拠したものである。しかし、各教科目の内容は、「普通ノ尋常小学校ノ凡第三学年迄ノ程度ヲ四学年間ニ修了セシムル」(旧土人児童教育規程施行上注意要項)というように、旧土人児童の教育の程度が低いことが想定されていた。その後、旧土人児童教育規程は一九〇八(明治四一)年の小学校令の改正により廃止され、旧土人児童は、小学校令の適用により、修業年齢が六年になり、教科目に日本歴史、地理、理科が加えられた。しかし、一九一六（大正五）年には、旧土人児童の教育の実情を考慮して、第二次「旧土人児童教育規程」（北海道庁令第八六号）が新たに定められた。[135] これによって、旧土人児童の修業年限が一年繰り下げて、満七歳とし、また、修業年限も四年に短縮した。その理由は、一九一六年の旧土人児童教育規程施行上注意要項によると、修業年限については、「従来ノ修業年限六箇年ハ旧土人ノ状況ニ鑑ミ長キニ失スル嫌アリ」ということであり、また、修業年齢については、「心性ノ発達和人ノ如クナラサル旧土人ニ対シ等シク就学ノ始期ヲ満六歳トセルハ多少早キニ過クルノ嫌アリ」ということで、アイヌ児童の学習上の発達の程度が和人児童より劣っていることが理由とされた。

教育内容について、一九一六（大正五）年の「旧土人児童教育規程施行上注意要項」[136] は、修身と国語に関し、「修身ト国語トハ国民的性格養成上特殊ノ地位ヲ占ムヘク」として、重要な位置づけを与えている。榎森進は、このような修身と国語の位置づけにも触れつつ、旧土人児童教育は、「アイヌ語やアイヌ風俗を禁止し、もっぱら日本語と和風化を強制したうえで、徹底的な「忠君愛国」「臣民」化教育をおしすすめた」ものという批判を加えている。[137]

四　共有財産

北海道旧土人保護法第一〇条は、アイヌの共有財産に関し、次の三点について規定している。第一に、北海道庁長官は、北海道旧土人共有財産を管理することができる。第二に、北海道庁長官は、内務大臣の認可を経て、共有者の利益のために共有財産の処分をなし、また、必要と認めるときはその分割を拒むことができる。第三に、北海道庁長官の管理する共有財産は、北海道庁長官が指定する。さらに、同法八条は、共有財産による収益の利用について規定し、それによると、貧困者への農具・種子の給与(第四条)、疾病者への薬価給与(第五条)、疾病等のため自活不能者への救助と救助中死亡者の埋葬料(第六条)、貧困者の子弟への授業料給与(第七条)の費用は、共有財産の収益が当てられ、不足がある場合には国庫より支出することになっている。

共有財産に関する議会での議論は、まず、一八九三(明治二六)年一二月に第五回帝国議会に加藤政之助議員より提出された「北海道土人保護法案」に始まり、一八九五(明治二八)年二月に第八回帝国議会に提出された鈴木充美議員ほか五名による「北海道土人ニ関スル質問主意書」および「北海道土人保護法案」がこれに続く。

北海道庁のアイヌ保護策に疑惑を懐かせたのは、その有する共有財産の管理方法の欠陥であったといわれている[138]。法案とともに提出された「北海道土人ニ関スル質問主意書」は、共有財産に関する四項目にわたる質問によって構成されている。そのうち重要と思われる第一項目は、「北海道土人ハ先ニ教育資金其他ノ奨励資金トシテ宮内省文部省農商務省ヨリ若干ノ金員ヲ下付セラレタリシト云フ然ルニ北海道土人ニ於テハ右金員ニヨリ何タル恩沢ヲ受ケタルコトナク該金員ノ処分ハ勿論其下付ノ事実スラ知ルモノ絶テナシト云フ故ニ果シテ金員ノ下付アリタリトセハ其額ハ幾千ニシテ如何ナル方法ヲ以テ処分セラレタルヤ明白ナル答弁アランコトヲ乞フ[139]」となっており、宮内省、文部省、農商務省からアイヌ民族へ教育資金その他の奨励資金の下付があったかどうか、下付があったとするとその金額はどの位であるのか、それをどのような方法で処分したのかに関し、答弁を求めているのである。

北海道旧土人保護法に関する帝国議会衆議院および貴族院本会議での審議においても、共有財産としてどのようなものがあるか、収益はどのくらいあるか、管理はどうなっているか、という質疑がなされた。政府委員白仁武の衆議院本会議での答弁によると、共有財産は、①宮内省より千円の御下賜金、文部省より二千円の下付金および銀行預け入れ利子三千円の合計六千円、②十勝の国に不動産あるいは動産を与えた共有財産が三万円、③日高の国にある三百円前後の共有財産であり、収益については、①の場合には利息が三千円ついているが、②と③の場合には使い果たしてしまっている旨答えている。[140] 貴族院本会議における白仁武の答弁は、共有財産として三種類あることのみ答えている。ただ、貴族院での質疑のなかで、管理について種々の不都合なことがあったのではないかという質問に対して、政府委員白仁武は、十勝の共有財産については、管理に問題があったことを認めている。[141]

共有財産の規定が設けられた理由について、「それまでの共有財産管理のあり方に不透明な点が多々あり、それ以前の帝国議会における野党議員の質問や新聞記事が、道庁・政府への批判を強めていたことへの対応策という目的があったことは確かだろう」といわれている。[142] また、一八八九（明治二二）年の会計法により、政府機関は法律・勅令の規定するもの以外の資金を保有することが禁止されたために、北海道庁が共有財産を管理するには立法措置が必要になっていたという事情もあった。[143] いずれにしろ、北海道旧土人保護法第一〇条によって、北海道庁長官が共有財産を管理することになったが、「この管理が適正に行われたか否かについては、未だ十分に検証されていない」といわれている。[144]

第四節　旭川市旧土人保護地処分法の制定

一　一九一九年の北海道旧土人保護法改正

疾病により救助を受ける者の範囲を広げる改正が一九一九(大正八)年三月二五日の法律第六号によって行われた。第五条については、「北海道旧土人ニシテ疾病ニ罹リ」を「北海道旧土人ニシテ傷痍ヲ受ケ又ハ疾病ニ罹リ……之ヲ給療シ又ハ之ニ……」と改正し、第六条については、「疾病」を「傷痍、疾病」と改正した。(145)

二　旭川市旧土人保護地処分法の制定

1　旭川の特殊性

現在の旭川市を中心とする上川地方は、明治二十年代になって和人入植者や屯田兵の入植が進む一方、河川に沿ってコタン(集落)を営んでいたアイヌは、生活環境の激変に直面した。(146) 旭川近文のアイヌは、北海道旧土人保護法成立後も、第一条による給与地の無償下付を適用されることがなく、北海道庁は、一八九一(明治二四)年、近文原野一五〇万坪(約五〇〇町歩)を「旧土人保護地」に指定し、さらに、一八九四(明治二七)年、保護地のうち四五万八〇〇〇坪(約一五〇町歩)をアイヌの居住地に割り当てた。一九〇六(明治三九)年、北海道庁がこの土地を官有地としたまま旭川町に貸し付けた。旭川町はアイヌ一戸に対して一町歩を無償で貸し付け、残りを和人農民に賃貸とし、賃貸料はアイヌの保護費にあてられた。一九三二(昭和七)年一〇月三一日が旭川市に対する貸与期間満了に向けて、近文アイヌは給与予定地の無償下付を要求する運動を展開した。(147) 政府および北海道庁も、アイヌ民族の正当な要求を無視できなくなり、旭川だけを対象とする旭川市旧土人保護地処分法が、一九三四（昭和九）年三月に制定された。

2　議会における審議

(1)　審議の経緯

衆議院本会議では、一九三四（昭和九）年二月一七日に法案の提出がなされ、国務大臣山本達雄が提案理由を説明し、(148)「五大都市ニ特別市制実施ニ関スル法律案外一件委員会」に付議された。(149)同委員会は二月二一日、三月一日の二回にわたって審議、可決し、本会議では、三月五日に委員会報告がなされた後、第二読会を終え、さらに第三読会を省略して法案が可決された。(150)次いで、貴族院では、同年三月五日の本会議で、山本達雄国務大臣の提案理由の説明があり、特別委員会が構成され、そこに付議された。(151)三月七日(152)と一六日(153)の二日間に渡って「旭川市旧土人保護地処分法案特別委員会」が開催され、その結果は三月一七日の本会議で報告され、第二読会、第三読会が開かれ法案が可決された。(154)

(2)　審議の内容

衆議院および貴族院における山本国務大臣の提案理由の説明によると、旭川ではアイヌ民族に土地の無償下付を行ってこなかったことは、「旧土人保護ノ趣旨ヨリ見マスルモ、又国有地処理ノ上ヨリ致シマスルモ、今後永ク本地ヲ斯ル取扱ノ儘ニ置キマスルコトハ適当デゴザリマセヌ」という理由、(155)すなわち、旧土人保護の趣旨から見ても、また、国有地処理の上からも、適当ではないという理由からであった。

法案の提案理由の説明に続いて、立憲民政党で北海道選出の手代木隆吉議員より、北海道旧土人保護法の眼目は、①勧農、②教育、③救助、④救療（疾病の治療）の四つにあり、保護法が今日の時勢には合わない法律であるのに、なぜ早く改正しないのかという質問があり、政府委員佐上信一北海道庁長官は、北海道旧土人保護法の改正は必要で今日まで調査しているが、まだ成案が得られず、提案に至っていない旨答弁している(156)。

二月二一日および三月一日に開かれた衆議院「五大都市ニ特別市制実施ニ関スル法律案外一件委員会」では、手代木議員が本会議での質問に加えて詳しい質疑を行っている。

新しい問題として、アイヌの風俗、習慣や古来使用した道具などアイヌに関係あるところの資料を蒐集しておくことが必要であると主張して、当局の意見を聞いたところ、佐上信一北海道庁長官の答弁は、「至極御尤ナ御希望デアリマシテ、私モ其点ハ同感デアリマス、ソレデ北海道デハ現在北海道大学ノ植物園内ノ博物館ニ、若干ノ物ヲ集メテアリマス」と述べているのが注目される(157)。

(3)　貴族院特別委員会における議論の特徴

アイヌ博物館の論議はアイヌの人材養成の問題とともに、貴族院の特別委員会でより詳しく議論されているので、次にそれを紹介する。

貴族院旭川市旧土人保護地処分法案特別委員会の野村益三委員長の本会議での報告は、法案が正当であるという内容であったが、報告の最後で、「延イテハ所謂先住民族、「アイヌ」民族ノ文化保存ト云フヤウナ点ニモ触レテ当局ノ意見ヲ叩イタノデアリマス」と述べていた(158)。ここで、アイヌ民族に「先住民族」という用語が使われていることは注目すべきである。今日的に見ても関心の持たれるアイヌ民族の文化保存に関わる議論を取り出すと、次のようである。

第一には、教育によるアイヌの人材養成に関する議論である(159)。松平外與麿議員のアイヌの生活状態と国の保護の状態に関する質問に対し、政府委員佐上信一北海道庁長官は、アイヌの人口が増えない中で、アイヌの子弟で「非常ニ頭ノ良イ者ガ居リマシテ、現ニ小樽ノ高等商業ヲ優等ヲ以テ卒業シタ者モアリマスルシ、ソレカラ第一高等學校ノ文科ヲ非常ナ良イ成績デ以テ卒業イタシマシテ、現ニサウ云フ者ハ東京ノ文学部ニ入ッテ金田一サンアタリノ指導ヲ受ケテ居リマスルガ、非常ニ立派ナ者ガ居リマス」と述べて、普通のアイヌには実用的教育が必要であるが、北海道庁の奨学資金を使い学問的に伸びようとする者を伸ばす必要があることを指摘してから、一番困ることは、アイヌ人の就職が容易でないこと、殊に高等の職を得ることが容易でないので、行政庁の世話が必要であることを指摘している。

第二に、アイヌ博物館を設置する必要性である。議論のきっかけは、柳原義光議員が、「小サナ問題カモ知レマセヌガ、私ハ旭川ノ部落ニモ参リマシタシ、室蘭ニ行ク道ノ苫小牧ノ白老ト云フ所ノ部落ヲ見マシタガ、頻ニ和人ニ迎合シテ金ヲ取ッテ中ノ生活ノ模様ヲ見セタリ、或ハ土産物ナド高ク売ッテ、彼等自ラ彼等ノ自尊心ヲ傷ケテ居ルヤウデアリマスガ、一方ニ於テ保護サレテ一方ニ於テ或程度取締ルト云フコトモドウカト思ヒマスケレドモ、モウ少シ彼等ノ自尊心ヲ自ラ傷ケナイヤウニスルト云フコトガ、保護ト相俟ッテドウデゴザイマセウカ、見物ニ参ルコトハ差支アリマセヌガ」という発言である(160)。政府委員佐上信一北海道庁長官の答弁は、「私ハ全ク伯爵ト考ヲ同ジクシテ居ルノデアリマシテ、実ハ北海道ニ完全ナル「アイヌ」博物館ト云フヤウナモノガゴザイマセヌシ、其為ニアア云フ所ニ如何ハシイ物ヲ並ベテ街頭ノ客ヲ引イテ行クト云フヤウナコトハ、部落ノ改善保存上面白クアリマセヌ、厳重ナル取締ヲシタイ」と答えている。

ここまでの議論の中心は、アイヌの見世物の取締りの問題であるが、アイヌ博物館の問題に関する北海道庁長官の意見を改めて求めたのは、特別委員会委員長の野村益三である。野村委員長は、アイヌの人口の減少に伴ってアイヌ文化が段々無くなってきており、バチェラー博士のような篤志家が、アイヌの指導教養と文化の保護に尽力されているけれど、「矢張リ国家トシテモ「アイヌ」文化ヲ残スト云フコトガ最モ必要ナコトト思フノデアリマス、幸ニシマシテソレ等ノ施設ガアレバ結構デアリマスガ、博物館モナシ、或ハ個人ニサウ云フモノヲ蒐集シテ陳列シテ持ッテ居ルヤウナ人ガアルカモ知レマセヌガ、国家トシテモ其辺ニハ留意サレルノガ適当ダト思フノデスガ、其辺ノ現在ノ状態並ニ長官トシテノ御考ハドンナモノデセウカ」[161]と述べて、国家として博物館を設置することに関する状況の説明を求めた。

佐上信一北海道庁長官は、「全ク只今ノ御意見通リデアリマシテ」という言葉に始まり二つの点について答えている。ひとつは、アイヌの人種的調査とアイヌ民族の適応についてで、今回学術振興会の事業により北大、道庁と協力して数年間にわたって「アイヌ」の根本的調査をすることの議論が大体まとまったということである。もうひとつは、アイヌ民族博物館について、「所謂此東北、北海道ノ先住民族トシテノ「アイヌ」」という言葉を使い、道庁が持っている「拓殖館」に全道的な「アイヌ」の生活様式、「アイヌ」が制作した器具器物などを縮図的に集めて、「ソレヲ将来北海道ノ旧土人博物館ノヤウナモノニ転化シテ行キタイ」という考えを持っていて、本年北海道の道会が若干の経費を決議し、今年から専門家に委託し、「ソレカラ「アイヌ」ノ部落トモ協議シテ保存スル、「アイヌ」人ヲ偲ブコトノ出来ルヤウナモノニ付テ、丁度欧羅巴ノ民族博物館見タヤウナモノヲ」造ることを昭和九年から始めるように今計画を進めていることを明らかにしている。[162]アイヌ博物館に関連して、野村益三委員長は、「北海道大学ノ博物館ト申シマスカ、兎ニ角「サイエンス」ノ方ノ蒐集館ガアルノデ」、各方面、各地方で重複しないように、大学の人たちとも協力されることを要望した。[163]さらに、佐上北海道庁長官は、「実ハ札幌ノ大学ノ博物館ノ改善ニ付キマシテモ色々ト大学ト話シテ見タノデアリマスガ、アレヲ拡張スルノニ余程経費ヲ取ルノニ困難ラシイノデス」ということから、当面は道庁の拓殖館に歴史を物語る遺物を陳列しているので、将来博物館でもできれば大学の方のものも移してよろしいが、今は見込がなく、要は経費の問題があることを述べている。[164]

いずれにしろ、第二次大戦前に旭川市旧土人保護地処分法という個別の法律の制定に当たって、貴族院特別委員会の委員長がアイヌ民族に先住民族という用語を使用していること、さらに、アイヌ博物館設置を国家の責務とすべきか否かの意見交換が貴族院議員と北海道庁長官の間で行われたことは注目すべきことである。

3　旭川市旧土人保護地処分法の内容

旭川市旧土人保護地処分法は、全三カ条から成っている。

第一条　北海道庁長官ハ旧土人保護ノ目的以テ旭川市ニ貸付シタル同市所在ノ土地ヲ内務大臣及大蔵大臣ノ認可ヲ経テ特別ノ縁故アル旧土人ニ単独有財産又ハ共有財産トシテ無償下付スルコトヲ得

第一条は、貸付土地の無償下付について、北海道庁長官は旧土人保護の目的を持って、旭川市に貸与した同市所在の土地を内務大臣および大蔵大臣の認可を経て、特別の縁故ある旧土人に単独所有または共有財産として無償で与えることができることを定めている。

第二条　北海道旧土人保護法第二条第一項ノ規定ハ前条ノ規定ニ依リ下付シタル土地ニ付之ヲ準用ス

第二条は、無償下付された土地の所有権の制限について、北海道旧土人保護法第二条第一項の規定を準用することを定めている。すなわち、相続によるほか譲渡できず、質権、抵当権、地上権、永小作権の設定が禁止され、北海道庁長官の許可に依らない地役権の設定が禁止され、留置権、先取特権の目的とすることが禁止されるのである。

第三条　第一条ノ規定ニ依ル土地所有権ノ取得ニ関シテハ登録税ヲ課セズ又地方税ヲ課スルコトヲ得ズ

第五節　一九三七年の北海道旧土人保護法改正

一　一九三七年改正の前史

1　北海道アイヌ協会の設立

旭川市旧土人保護地処分法の制定と併行して、北海道旧土人保護法の改正も問題とされていた。一九三〇年代の世界恐慌と凶作に見舞われた北海道の農業は深刻な打撃を受け、特に経営基盤の弱体なアイヌの農業は深刻な打撃を受けた。一九三五(昭和一〇)年に集計された北海道庁の調査では、「『保護法第一条に依り下付したる土地の不在地主調』を掲げ、下付を受けた戸数二七一四戸のうち、八三八戸が「不在地主」であるとしている」。不在地主の中には、狭隘な給与地では営農が困難なため、これを賃貸して他の土地に出稼ぎするものが多く、このことは、アイヌの農民化を主軸とする北海道旧土人保護法の有効性が失われていることを意味した[165]。

アイヌ民族の全道的な組織である「北海道アイヌ協会」は、一九三〇(昭和五)年に北海道庁社会課の担当官である喜多章明の主導により設立され、初代会長には喜多章明が就任した[166]。「北海道アイヌ協会」は、機関誌『蝦夷の光』を第一号(一九三〇年一一月発行)より第三号(一九三一年八月発行)、第四号附録(一九三三年一月発行)まで公刊している[167]。「北海道アイヌ協会」は、アイヌ自身の自主的な教化・生活改善活動を全道的な規模で展開することを主眼としていたが、同時に北海道旧土人保護法の批判、差別反対、人権尊重など訴える論稿も『蝦夷の光』に掲載されている(168)。

まず、第二号に掲載された貝澤正「土人保護施設改正に就いて」は、次のような理由を具体的に挙げて、北海道旧土人保護法の廃止を要求している(169)。①アイヌ民族の地位は実に悲惨で、一口にアイヌと軽蔑され、同族全体が下等民であり、同族全体が国家に養われているかのごとく思われています。②本年度の予算を見ても、救済費、救療費、勧農費は貰わなくて良いものです。③特に問題なのは、保護費の中で最大である教育費で、アイヌ学校が必要でしょうか。市街地に和人と土人の学校とを門戸を並べて建てているところがあり、また土人小学校中に和人児童を収容し、教室を仕切って教授しているところがあります。本当に人種差別も甚だしいものではないかと思います。④保護法の根幹ともなっている給与地の問題について、保護法第一条によれば、農業に従事せざる者は何らの保護がないのみならず、和人には一〇町歩を給与しながら、保護民たる土人に対して五町歩しか給与しない理由はいかなるものであるのか。殊に適農地であるべき給与地が往々山岳湖沼であって、如何に人工を加えるも開墾できず、そのままにしている間に成功期間が満了して没収処分に付されつつあるのを見るときに、私は余りの不合理を叫ばざるを得ません。そして再下付を出願すると、お前達は農事に不熱心であるからやらぬ、と言って一蹴され、一般規定に依って出願すれば、お前達には保護法があるから一般規定に依って土地をやる事はならぬと言って一蹴されます。強いて求めれば保護民に理屈を言う権利はなしと言う権幕、本当に私共は保護法がある為に非常に迷惑をこうむる事があります。

この論考は二〇歳の青年が書いた短い文章であるが、アイヌ民族の立場から北海道旧土人保護法の問題点を指摘している。

次に、アイヌが学者の研究材料になることを拒否する論考である。『蝦夷の光』第二号に掲載された貝澤久之助の論稿は、「社会的の存在は日々に衰退し、アイヌよ、保護民よと、動物にも等しい待遇を受けてゐるのみならず近来は其影すらも漸次薄らいで行く。夫れに伴つて、骨董品と穿き違へて、人類学の標本として保存するとか、或は血液検査をするとか、兎も角学者の研究材料になつてゐる事は、苟も人格を有する人間として慨嘆に堪えぬ」と述べている[170]。同じく、小信小太郎の「いつまでも学者の研究材料たる勿れ」と題する論稿は、「或学者は多年に亘つて、吾々を材料として人類学を研究し、又学者は吾々を人類学の標本として保存したい等と言ふ事を白昼公然と高言してゐる。人類学術の研究固よりよし。吾々は研究其ものに対して異存を有するものではないが、識者の脳裡に潜在する一種の研究材料的、動物的心象に対して満腔の遺憾を表するものである。吾々は僭越乍ら人間であって物的研究材料ではない」ことを主張している[171]。

「北海道アイヌ協会」が設立された翌年の一九三一(昭和六)年八月に、札幌で、バチェラー等の支援により「全道アイヌ青年大会」が開かれた。この大会で、陳情書を北海道庁長官に提出することが決議された[172]。その内容は、旧土人保護法第一条の無償下付する土地「一万五千坪以内」を「三万坪以内」に改正すること、第二条第一項の給与地所有権は相続以外は譲渡できない点を、「長官の許可を得て相続以外にも同族に譲渡し得」と改正すること、アイヌ小学校の廃止と教育資金の充実、旧土人保護法を農業のみに限らず漁業権許可・海産干場の強化・採取権の確保を規定することなど、北海道旧土人保護法の改正を求めることを主としていた。

2　北海道庁における検討

一九三四(昭和九)年の旭川市旧土人保護地処分法の制定と併行して、北海道旧土人保護法の改正も問題として取り上げられ、北海道庁では喜多章明がその任に当たっていた。北海道旧土人保護法改正の問題は、一九三三(昭和八)年九月に至ってようやく大綱がまとめられた。喜多によると、その内容は次のようになっている[173]。

改正の骨子は「従来の勧農一辺倒の助成政策」から、「文化経済的助成」に重点を移すものである。要約すると、①給与地の絶対的譲渡制限を緩和し、道庁長官の許可により譲渡の途を開くこと、②従来の農耕一辺倒の保護助成政策から、さらに間口を拡げて一般の職業に従う者に対しても助成の途を開くこと、③貧困な子弟に対する初等教育の授業料の給与から、上級学校への学資金を給与して英才教育の途を開くこと、④全道内の不良住宅を除去し、改築することにし、建築費に八割の補助を与えること、⑤旧土人のために施設を為し、また施設する者に対し補助金給付の途を開くこと、⑥予算財源の問題、の六項目にわたっている。その後、一九三三（昭和八）年一〇月に北海道庁長官より内務大臣に改正案が提出された[174]。

二　一九三七年改正法の制定

1　衆議院本会議における審議

北海道旧土人保護法の改正案は、一九三四（昭和九）年に衆議院に提出されたが審議未了になった。「北海道旧土人保護法中改正法律案」は、一九三七（昭和一二）年の第七〇回帝国議会に提出され、三月四日に衆議院本会議で可決され[175]、三月一一日に貴族院本会議で可決された[176]。

同年二月二三日の衆議院本会議で、国務大臣河原田稼吉より説明のあった提案理由をここで取り上げたい[177]。提案理由として、「旧土人ノ生活状態ハ、本法ノ制定当時ニ比較致シマスルト云フト、相当改善セラレマシタバカリデナク、一方拓殖事業ノ進捗ト共ニ、四囲ノ情勢モ著シイ変遷ヲ見マシタ結果、本法中旧土人ノ生活ノ実際ニ適応シナイモノガアルニ至リマシタノデ、今回法律ノ改正ヲ行ヒマシテ、旧土人保護ノ完璧ヲ期シタイト存ズル次第デゴザイマス」と述べている。要するに、提案理由の骨子は、アイヌの生活状態は相当改善されたが、拓殖事業の進捗とともに、四囲の情勢の変化で適応しないところが生じているので、法律の改正を行い旧土人保護に完璧を期すということである。

改正の主なる内容として、三つの点が挙げられている。第一点は、下付された土地に対する譲渡または物権の設定の禁止は、旧土人の生活状況の進歩に伴い制限を緩和する必要が認められるので、北海道庁長官の許可により譲渡または物権の設定ができるようにした。第二点は、旧土人の住宅の中には保健衛生の面から不良なものが少なくないので、改良資金を補給する途を開いた。第三点は、旧土人の経済的保護について、従来の勧農以外に漁業、商工業等に関する経済保護施設を講ずることに改めた。

衆議院本会議での質疑のうち注目されるのは、東條貞議員の質問で、旧土人保護の根本の方針として、「一体旧土人ヲ保護致シマスル根本ノ方針ト致シマシテ、之ヲ同化スルト云フ方針ヲ立テマスルカ、又是ト反対ニ、種族ハ種族トシテ保存ヲスルト云フ方針デ保護ヲ致シマスルカ」として、同化という方針なのか、それともこれと反対に、種族は種族として保存するという方針で保護を行うのか、それによって保護の施設も異なってくるという内容であった[178]。これに対して、河原田稼吉国務大臣の答弁は、「大体ニ於キマシテハ、ヤハリ一視同仁ノ御叡旨ヲ体シマシテ、大体ニ於テ同化ノ方針ヲ採ルノガ適当ト考ヘテ居ル」ので、改正によって、「段々所謂内地ノ人ト同ジヤウナ状態ニ進マセヨウト思フノデアリマス」という内容で、アイヌを同化し、生活状態の改善を図る方針を明らかにしている[179]。

2　貴族院特別委員会における審議

一九三七(昭和一二)年三月五日に開催された貴族院本会議では、北海道旧土人保護法改正案の提案理由が行われたのち、特別委員会が設置された[180]。特別委員会は、三月六日、三月九日の二日間開かれた。第一回会議では、まず、政府委員篠原英太郎内務次官より、提案理由と改正内容の説明があった[181]。改正の趣旨については、本会議での説明と同様であったが、改正の主なる点として、本会議で述べられた①土地の制限緩和、②農業以外の生業に従事する者にも助成の途を開くこと、③住宅改良資金の補給、に加えて④三月五日の本会議で、国務大臣河原田稼吉より衆議院でなされたものと同様小学校の設置に代えて、中等以上の学校に就学する者への学資支給が挙げられている。

委員の質疑では、松平外與麿議員より、同化主義でいきますと従来の「アイヌ」民族というものは全然なくなってしまうのではないか、どういうようになるのか、道庁の執る方針を、差し支えない程度にお話し願いたいという質問に対して、北海道庁長官池田清の答弁は、「将来同化主義ガ進ムカドウカト云フ御話デアリマスガ、是ハ従来ノ政府ノ政策トシマシテ、彼等ヲ同化セシメ、以テ其ノ向上ヲ図リ、一般ノ和人ト同様ナ状態ニ致シタイ、斯様ナル方針デ参ッテ居リマシテ、将来モ尚之ヲ強化シテ行キタイ」と述べて、同化主義の方針を強調している[182]。

川村鉄太郎議員からの住宅の実情に関する質問に対し、池田清北海道庁長官の答弁は、現在三七一三戸ありますが、このうち千戸ばかりは全くの茅葺の小さい、殆ど土間になっているような家で、衛生上は固より風俗、教化の上から見ても、まことに良くない建物であるので、之を普通の建物に改善したいというのが、改正の趣旨であると述べている[183]。

前述のように、旭川市旧土人保護地処分法制定の審議に当たって、貴族院特別委員会で、アイヌの人材養成について議論がなされた。今回の貴族院特別委員会でも、この問題が次のように取り上げられている[184]。特別委員会の委員長である徳川義親は、「現在「アイヌ」人デモ相当ニ教育ヲ受ケタ者ガ居ルノデ、私ノ知ッテ居ル限リデモ高等商業学校ヲ出タヨウナノガ居リマスルシ、現在大学ニ入学シテ居ルノモアリマス、是ハ偶然デアリマスガ、此処ニ本ヲ持ッテ居リマスガ、「アイヌ」語概説、之ヲ書イタノハ「アイヌ」デアリマス、是ハ私多少世話ヲシテ居リマス知里ト云フ者デスガ、此ノ「アイヌ」ノ兄デシタカ弟デシタカ高等商業ヲ卒業致シマシタガ、「アイヌ」人ノ為ニ就職ガナカ〳〵ムヅカシカッタノデス、此ノ問題ハ此ノ保護ノ上カラ言フト、相当ニ大切ナ問題ヂヤナイカト思フノデアリマス、（中略）保護ヲサレルノナラバ、相当ニ教育ヲ受ケテ社会ニ独立シテ立チ得ル者ノ保護ト云フモノモ、亦極メテ必要ノモノヂヤナイカト思ヒマス」と述べて、北海道庁の方針を尋ねた。池田清北海道庁長官の答弁は、特に北海道庁の方針を示すような内容ではなく、中等・高等教育を受ける者が増えてきて、就職に多少の困難があるところ、北海道内では身許が分かるので、就職に困難があるが、道外では道内ほどの困難がないので、道外に進出する者にできるだけ尽力する旨述べている(185)。

三　一九三七年改正法の内容と評価

1　一九三七年改正法の要点

(1)　下付地所有権の制限の緩和

アイヌの教育の普及と生活状況の進歩に伴って、下付地の所有権を制限する必要が認められず、かえってその経済活動を阻害する傾向があるので、下付地の所有権の制限を緩和したことである。第二条を改正して、下付時より一五年を経て没収されなかった土地は、北海道道庁長官の許可を得れば譲渡もしくは物権の設定ができるようになった。

(2)　**農業奨励中心の拡大**

第四条の貧困者に対する「農具及種子」を「生業ニ要スル器具、資料又ハ資金」と改正したことで、従来の農業中心の保護方針から一般の職業(生業)従事者への助成の道を開いたことである。

(3)　**育英資金の給与**

第七条の「授業料」を「必要ナル学資」に改正し、単なる授業料補助から中等学校以上に就学する者に対する育英資金の給与の方針に切り替えたことである。

(4)　**住宅改善資金の給与**

貴族院の特別委員会での質疑で、池田清北海道庁長官の答弁では、アイヌの住宅三七一三戸のうち、千戸ばかりは全くの茅葺の小さい、殆ど土間になっているような家で、衛生上は固より風俗、教化の上から良くない建物があると述べているが、第七条ノ二を新設して、不良住宅の改良資金の給与を定めたのである。

(5)　**保護関係施設の補助**

第七条ノ三を新設して、アイヌ保護関係の「施設ヲ為シ又ハ施設ヲ為ス者ニ対シ」補助を与えることにしている。

(6)　**アイヌ小学校の廃止**

第九条を削除して、国庫によるアイヌ小学校の設置条項を廃止している。

2　一九三七年改正法の評価

一九三七年改正法は、一九三一(昭和六)年八月に開かれた「全道アイヌ青年大会」で見られたようなアイヌの要求や識者の批判を取り入れた内容で、北海道旧土人保護法が同化政策の立場に立つという根本的問題を除外して考えると、アイヌの生活状態や教育の向上に関しては特に異論のあるものではなかった[186]。「新聞はこの改正を讃え、「文化の波に乗りアイヌ部落面目一新」、「解放の喜び」などの見出しで報じた」ことが指摘されている[187]。榎森進も、この時点で、政府が北海道旧土人保護法の改正に踏み切ったのも、同法に対する識者の批判やアイヌ民族自身による粘り強い改廃運動があったからであるが、「しかし同時に、国側がアイヌ民族の農耕民化と忠良な臣民化という明治以来の二つの課題がほぼ達成されたと判断したからであったとみられる」という評価を与えている[188]。

一九三〇(昭和五)年の「北海道アイヌ協会」の設立に関わり初代会長になり、一九三七年の改正法案の作成を北海道庁内で担当した喜多章明は、もともとの北海道旧土人保護法は「幕末維新の激変期に於て異人種、アイヌ民族を危急存亡の境涯より、救恤せんとする応急対策的立法たるに対し、改正法は彼我の同化すでに成り、只只松前藩政の五百年の非同化政策により文化に立遅れている同族に対し、経済的助成を与えんとするにある」と述べている[189]。ここで喜多が述べていることは、同化政策の完了とアイヌへの経済的助成という一九三七年改正法の性格を明らかにするものである[190]。

(1) 関口明・田端宏・桑原真人・瀧澤正『アイヌ民族の歴史』(山川出版社・二〇一五年)一四〇頁〔桑原真人〕。
(2) 関口ほか・同右書一四四頁〔桑原真人〕。
(3) 榎森進『アイヌ民族の歴史』(草風館・二〇一五年〔第四刷〕)三八八～三八九頁。
(4) 明治十八年大蔵省編『開拓使事業報告附録 布令集上編Ⅱ』(一八八五年)四四八～四四九頁(復刻版『明治前期産業発達史資料 別冊(25)Ⅱ』(明治文献資料刊行会・一九六七年))。
なお、明治維新から一八八五(明治一八)年内閣制度が設けられるまでの最高中央行政機関である太政官が発した法形式のうち、一八七三(明治六)年以後は、各庁だけが心得なければならないものを「達」または「布達」と呼んでいる。

(5) 榎森・前掲書(注3)三九〇頁。
(6) 財団法人アイヌ文化振興・研究推進機構『アイヌ民族に関する指導資料』〈改訂三版〉(二〇〇六年)六二頁(山田伸一)。
(7) 大蔵省編・前掲書(注4)四五〇頁。
(8) 榎森・前掲書(注3)三九二頁。
(9) 海保洋子『近代北方史』(三一書房・一九九二年)二一頁。
(10) 大蔵省・前掲書(注4)上編Ⅰ(復刻版・別冊(25)Ⅰ)二五八～二六〇頁。
(11) 同右書二六〇～二六三頁。
(12) 高倉新一郎『新版アイヌ政策史』(三一書房・一九七二年)四〇四頁。
(13) 同右書四〇三～四〇四頁。
(14) 榎森・前掲書(注3)三九四頁。
(15) 高倉・前掲書(注12)四〇一頁。
(16) 吉田邦彦『多文化時代と所有・居住福祉・補償問題』(有斐閣・二〇〇六年)三一〇頁。
(17) 同右書三一六頁。
(18) 高倉・前掲書(注12)四〇四頁。榎森・前掲書(注3)三九五頁も、「留意しておきたいことは、本条例の主たる目的が土地の種類とその所有の性格を決めたうえで、地租を徴収することにあったことを考慮すると、アイヌ民族の居住地を「官有地第三種」に編入したことは、消極的ながらアイヌ民族の「保護」という意味も含まれていたと見てよい」と述べている。
(19) 大蔵省編『開拓使事業報告』第1編(一八八五年)地理、一二七～一九九頁(復刻版・前掲(注4)別冊(24)Ⅰ)。
(20) アイヌ文化振興・研究推進機構、前掲書(注6)六二～六三頁(山田伸一)。
(21) 狩猟規制法規の制定については、特に、山田伸一『近代北海道とアイヌ民族—狩猟規制と土地問題』(北海道大学出版会・二〇一一年)一九頁以下参照。
(22) 同右書三七～三八頁。
(23) 大蔵省編・前掲書(注4)七九八～八〇〇頁。
(24) 山田・前掲書(注21)五二頁。
(25) 同右書五四頁。

(26)関口ほか・前掲書(注1)一五一頁〔桑原真人〕。高倉新一郎は、開拓使時代と三県時代を比較して、「アイヌ政策の方面では、開拓使の跡を踏襲し、むしろその整理に努力した時代であり、開拓使を旧政策の破壊時代とするならば、この時代はむしろその破壊によって生じた諸弊害を除き、新制度の下におけるアイヌ政策の緒をつけた時期といい得る」と述べている(高倉・前掲書(注12)四四二頁)。
(27)以下、高倉・前掲書(注12)四四二頁以下、関口ほか・前掲書(注1)一五〇頁以下〔桑原真人〕参照。
(28)高倉・前掲書(注12)四六七頁。
(29)関口ほか・前掲書(注1)一五五頁〔桑原真人〕。また、樺太アイヌと千島アイヌの強制移住については、榎森・前掲書(注3)四〇二頁以下が詳しい。
(30)海保・前掲書(注9)一〇四〜一〇五頁。
(31)関口ほか・前掲書(注1)一五八頁以下〔桑原真人〕。
(32)アイヌ文化振興・研究推進機構、前掲書(注6)六四頁〔山田伸一〕。
(33)同右書六四頁。
(34)アイヌ人口数は、北海道編『新北海道史第九巻史料三』(一九八〇年)七六九頁による。榎森・前掲書(注3)四三一頁。
(35)関口ほか・前掲書(注1)一六四〜一六五頁〔桑原真人〕。
(36)同右書一六五頁。
(37)アイヌ文化振興・研究推進機構、前掲書(注6)六四頁〔山田伸一〕。
(38)高倉・前掲書(注12)五三四頁以下。
(39)同右書五三六頁。
(40)同右書五四〇頁。
(41)榎森・前掲書(注3)四三三頁以下。
(42)同右書四三七頁。
(43)原田一明『議会制度』(信山社・一九九七年)一五一〜一五三頁参照。
(44)『第五回帝国議会衆議院議事速記録』第五号(明治二六年一二月四日)五〇頁。経過について詳しくは、後述(本章第二節二2)の「北海道土人保護法案」と合わせて小川正人「第5、8回帝国議会『北海道土人法案』審査特別委員会会議録」『北海道立アイヌ民族文化研究センター研究紀要』八号（二〇〇二年）一二九頁以下参照。
(45) 小川正人『近代アイヌ教育制度史研究』（北海道大学図書刊行会・一九九七年）一二四頁。
(46) 前掲『第五回帝国議会衆議院議事速記録』（注44）五〇頁。
(47) 同右速記録五〇～五二頁。
(48) 富田虎男「北海道旧土人保護法とドーズ法―比較史的研究の試み」『札幌学院大学人文学会紀要』四五号（一九八九年）一〇頁。
(49) 前掲『第五回帝国議会衆議院議事速記録』（注44）五二頁。
(50) 『第五回帝国議会衆議院議事速記録』第一五号（明治二六年一二月一五日）二〇三～二〇四頁。
(51) 明治憲法では、政府委員は、憲法上「国務大臣及政府委員ハ何時タリトモ各議院ニ出席シ及発言スルコトヲ得」（五四条）と規定され、国務大臣の命を受けて政府の意見を陳述する任に当たる者で、毎会期に政府の官吏の中から任命される。この規定は、政府が法律案その他の議案を提出できることと、国務大臣が議会に責任を負うことより生ずる当然の必要であると解されていた（美濃部達吉『憲法撮要〈改訂第五版〉』（有斐閣・一九三二年）（一九九九年復刻版）四三九頁）。なお、日本国憲法では、政府委員の規定はなくなったが、国会法は政府委員の存在を当然視していた（国会法旧六九～七二条）。一九九九（平成一一）年に「国会審議の活性化及び政府主導の政策決定システムの確立に関する法律」が制定され、国会における審議を活性化し、政治主導の政策決定システムを確立しようとする観点から、政府委員の制度を廃止し、それに代えて、内閣官房副長官、副大臣及び大臣政務官の出席を認め、政府特別補佐人を設けている（国会法六九条）。
(52) 特別委員会で、政府委員渡辺千秋内務次官は、「本案ニ対シテハ内務大臣モ施政上絶対的ニ不同意ヲ表セサルノミナラス若シ施行上好結果ヲ見ルコトヲ得ヘクンハ賛同スルノ意ナリ」と述べて、法案の主旨には、賛成であるが、実施に関し少なからずの困難がある旨の発言を行っている（小川・前掲論文（注44）一四五頁）。アイヌが農業に向かないことについては、「元来土人ノ状態ハ諸君モ知ラル丶如ク水草ヲ逐フテ各所ニ移転シ専ラ漁猟ヲ業トスルノ他ニ生活ノ途ヲ知ラサルヲ以テ今日彼等天然固有ノ業務ヲ変セシメ農事ニ従事セシムルモ決シテ其好果ヲ期スル能ハス」と述べている。
(53) 前掲『第五回帝国議会衆議院議事速記録』（注50）二〇五～二〇六頁。
(54) 同右速記録二〇六～二〇七頁。
(55) 同右速記録二〇七頁。

(56) 高倉・前掲書(注12)五四三頁。
(57) 『第八回帝国議会衆議院議事速記録』第四七号(明治二八年三月一四日)八五〇頁以下。
(58) 同右速記録八五一～八五二頁。
(59) 小川・前掲論文(注44)一二九頁。
(60) 北海道編『新北海道史第四巻通説三』(一九七三年)一九二頁。
(61) 浅野一郎編『現代の議会政』(信山社・二〇〇〇年)一一一頁(浅野善治)。
(62) 岡義武『近代日本政治史』(創文社・一九六二年)三一〇～三一一頁。
(63) 小川・前掲書(注45)一二六頁。
(64) 同右。
(65) 高倉・前掲書(注12)五四六頁。
(66) 小川・前掲書(注45)一二七頁。
(67) 同右。
(68) 竹ヶ原幸朗『教育のなかのアイヌ民族』(社会評論社・二〇一〇年)七六～七七頁は、一八九九年一〇月四日付『北海道毎日新聞』の記事を挙げて、「その起草者は拓殖務省時代から一貫して北海道旧土人保護法の制定実務を担当してきた内務書記官・白仁武(一八六三～一九四一)であると断定してよい」と述べている。白仁武は、北海道行政とアイヌ問題との関連が深く内務省入省の翌年の一八九一年には北海道庁参事官として着任後、内務省郡治課長兼庶務課長、地理課長兼殖民課長などを歴任している。この間、白仁は、北海道教育会会長を兼務し、「旧土人教育取調委員」を委嘱され、アイヌ教育の調査・研究に着手した。一八九八年以降は内務省北海道課長として、北海道旧土人保護法の起草に関与していくのである。
　富田虎男「北海道旧土人保護法とドーズ法―ジョン・バチェラー、白仁武、パラピタ、サンロッテー」『札幌学院大学人文学会紀要』四八号(一九九〇年)四頁以下も、北海道旧土人保護法制定に当たっての白仁武の果たした役割を明らかにし、その立場は、「個人的善意からアイヌ救助に尽力しながら、当時の国民主義的感情の高揚のなかで、「アイヌの強制的同化＝皇民化」政策にすすんで加担していった」ものと位置づけている。
(69) 『第一三回帝国議会衆議院議事速記録』第三号(明治三一年一二月六日)八頁。
(70) 同右速記録第一七号(明治三二年一月一八日)一九七～一九八頁。

(71) 『第一三回帝国議会貴族院議事速記録』第一四号(明治三二年一月二一日)一六七～一七二頁。
(72) 同右速記録第二五号(明治三二年二月一四日)三六八頁。
(73) 前掲『第一三回帝国議会衆議院議事速記録』第二九号(明治三二年二月一五日)四一四頁。
(74) 同右速記録第三号(注69)八頁。
(75) 前掲『第一三回帝国議会貴族院議事速記録』(注71)一六八頁。
(76) 前掲『第一三回帝国議会衆議院議事速記録』(注70)一九七頁。
(77) 前掲『第一三回帝国議会貴族院議事速記録』(注71)一七〇頁。
(78) 同右。
(79) 前掲『第一三回帝国議会衆議院議事速記録』(注70)一九七頁。
(80) 前掲『第一三回帝国議会貴族院議事速記録』(注71)一六八～一七二頁。
(81) 同右速記録一六九頁。
(82) 同右。
(83) 同右。
(84) 同右。
(85) 同右速記録一七〇頁。
(86) 同右速記録一六九～一七〇頁。
(87) 同右速記録一六八～一六九頁。
(88) 同右速記録一七一～一七二頁。
(89) 吉田・前掲書(注16)三一一～三一二頁。
(90) 井上勝生「解説」「十勝アイヌ民族の十勝共有漁場自営・共有財産取り戻し運動史料」『北海道大学大学文書館年報』一一号(二〇一六年)一一六頁。
(91) 高倉・前掲書(注12)五五二頁。
(92) 吉田・前掲書(注16)三一二頁。
(93) 山田・前掲書(注21)三一〇頁。

(94) 同右書三二四頁。
(95) 同右。
(96) 竹ヶ原・前掲書(注68)七七～七八頁。
(97) 北海道庁『北海道舊土人保護沿革史』(一九三四年)二二五頁、復刻版・第一書房(一九八一年)。榎森・前掲書(注3)四四一～四四二頁は、北海道旧土人保護法は、本来的なアイヌ救済策というものからほど遠いものであったが、「同法の柱として残るのは、(1)限られた面積の土地の下付とアイヌへの農業の強制、(2)アイヌ小学校の新設とアイヌ教育の、二つのみであった。ところが、この二つにもこれまた大きな矛盾と問題点が含まれていた」というまとめをしている。
(98) 小川・前掲書(注45)一二九頁以下。
(99) 高倉・前掲書(注12)五四八頁。
(100) 同右書五四八～五四九頁。
(101) 同右書五五〇頁。
(102) 同右。
(103) 榎森・前掲書(注3)四四七頁。同じく、榎森進『アイヌの歴史』(三省堂、一九八七年)一四〇頁。
(104) 小川・前掲書(注45)一三二頁。
(105) 海保・前掲書(注9)二頁。
(106) 同右書一二三～一二四頁。
(107) 関口ほか・前掲書(注1)一九一頁(桑原真人)。
(108) アイヌ文化振興・研究推進機構、前掲書(注6)六五頁(山田伸一)。
(109) 小川・前掲書(注45)一二九頁。
(110) 同右書一五二頁[注16]。
(111) 伊東正三「北海道旧土人保護論」小川正人・山田伸一編『アイヌ民族　近代の記録』(草風館・一九九八年)四七三～四七四頁。
(112) 関口ほか・前掲書(注1)一九四頁(桑原真人)より引用。なお、上野正の談話は、山川力『明治期アイヌ民族政策論』(未来社・一九九六年)一六五～一六七頁に掲載されている。

(113) 同右書一九四頁より引用。
(114) 高倉・前掲書(注12)五五一頁、北海道編・前掲書(注60)一九八〜二〇一頁。
(115) 関口ほか・前掲書(注1)一九六頁〔桑原真人〕。
(116) 高倉・前掲書(注12)五五一頁。
(117) 榎森・前掲書(注3)四四二頁。
(118) 北海道庁『旧土人に関する調査』(一九二二年)。
(119) 榎森・前掲書(注3)四四二頁。
(120) 山田・前掲書(注21)二一〇頁。
(121) 同右。
(122) アイヌ文化振興・研究推進機構、前掲書(注6)六五頁〔山田伸一〕。
(123) 同右書六五頁、北海道庁『北海道旧土人概況』(北海道庁学務部社会課、一九二六年)。
(124) アイヌ文化振興・研究推進機構、前掲書(注6)六五頁〔山田伸一〕。
(125) 関口ほか・前掲書(注1)一九九〜二〇一頁〔桑原真人〕。
(126) 同右書二〇一頁〔桑原真人〕。
(127) 小川・前掲書(注45)七頁。
(128) 榎森・前掲書(注3)四四四〜四四五頁。
(129) 小川・前掲書(注45)一六三頁。
(130) 同右書一三八頁以下参照。
(131) 同右書四一六〜四一八頁。
(132) 同右書四一八〜四一九頁。
(133) 同右書一四〇〜一四一頁。
(134) 同右書一四一頁。
(135) 竹ヶ原・前掲書(注68)八一頁は、一九一六年の「旧土人児童教育規程」の復活について、「一九一六年にはアイヌ民族は「心性の発達和人の如くならざる」という差別的理由」によるものとしている。

(136) 小川・前掲書(注45)四二五～四二六頁。
(137) 榎森・前掲書(注3)四四六頁。
(138) 高倉・前掲書(注12)五〇〇頁。
(139) 『第八回帝国議会衆議院議事速記録』第三九号(明治二八年三月二日)六五五頁。
(140) 『第一三回帝国議会衆議院議事速記録』第一七号(明治三二年一月一八日)一九七頁。
(141) 前掲『第一三回帝国議会貴族院議事速記録』(注71)一七一～一七二頁。
(142) 山田・前掲書(注21)三三三頁。なお、共有財産の問題については、高倉・前掲書(注12)五〇〇頁以下、関口ほか・前掲書(注1)一七八頁以下〔桑原真人〕、井上勝生「「北海道土人陳述書」解題」『北海道立アイヌ民族文化研究センター研究紀要』第五号(一九九九年)二二六～二二八頁、富田虎男・前掲論文(注68)一〇頁以下。
(143) 山田・前掲書(注21)三三三頁。
(144) アイヌ文化振興・研究推進機構、前掲書(注6)六六頁〔山田伸一〕。
(145) 小川・山田編、前掲書(注111)四一二頁。
(146) 榎森・前掲書(注3)四八三頁以下、関口ほか・前掲書(注1)二一一頁以下〔瀧澤正〕参照。
(147) 榎森・同右書(注3)五〇〇頁は、「これは、たんに土地の返還運動にとどまらず、「北海道旧土人保護法」の撤廃をふくむアイヌ民族の自立運動・差別反対運動という性格をも有していたため、明治期とはちがった意味で世の注目するところになった」と述べている。
(148) 『第六五回帝国議会衆議院議事速記録』第一四号(昭和九年二月一八日)二九七～二九八頁。
(149) 同右速記録二九九頁。
(150) 同右速記録第一八号(昭和九年三月四日)三八六～三八七頁。
(151) 『第六五回帝国議会貴族院議事速記録』第二三号(昭和九年三月六日)二五九～二六〇頁。
(152) 『第六五回帝国議会貴族院旭川市旧土人保護地処分法案特別委員会議事速記録』第一号(昭和九年三月七日)一～一〇頁。
(153) 同右速記録第二号(昭和九年三月一六日)一～四頁。
(154) 前掲貴族院速記録(注151)第二八号(昭和九年三月一八日)三六六～三六七頁。
(155) 前掲衆議院速記録(注148)二九七頁、同貴族院速記録(注151)二六〇頁。

(156) 同右衆議院速記録二九八～二九九頁。
(157) 『第六五回帝国議会衆議院五大都市ニ特別市制実施ニ関スル法律案外一件委員会議録(速記)』第五回(昭和九年二月二一日)一〇～一一頁。
(158) 前掲貴族院速記録(注154)三六七頁。
(159) 前掲貴族院速記録(注152)三頁。
(160) 同右速記録七～八頁。
(161) 同右速記録九～一〇頁。
(162) 同右速記録九頁。
(163) 同右。
(164) 同右速記録九～一〇頁。
(165) 関口ほか・前掲書(注1)二一三～二一四頁(瀧澤正)。
(166) 榎森・前掲書(注3)四七五頁。喜多章明『アイヌ沿革誌』(北海道出版企画センター・一九八七年)一三五～一三七頁は、一九三〇(昭和五)年七月一八日に旭明社主催の下に札幌市で全道旧土人を召集して「旧土人大会」を開催し、改正法律案を掲げて当局に要請することを決議するとともに、今後の運動を促進するために運動母体として「北海道アイヌ協会」を結成すべく議題に供し、万場拍手のうちに本協会は誕生したことを述べ、喜多会長以下の役員名簿を掲載している。山田・前掲書(注21)四三二頁は、「喜多とその周辺のごく一部で「アイヌ協会」結成について合意を見たくらいのことはあったかも知れないが、全道規模の組織を連想させる「北海」ないし「北海道」という語を冠するにふさわしい程度の広い範囲の合意を経て、「アイヌ協会」の創立が決定されたとは考えられない」とし、「「アイヌ協会」には、喜多個人が主宰する私的な組織という性格が最初からつきまとっていた」ことを指摘している。
(167) 北海道ウタリ協会編『アイヌ史―北海道アイヌ協会・北海道ウタリ協会活動史編』(北海道ウタリ協会・一九九四年)一九頁以下に、第一号より第四号まで復刻されている。
(168) 榎森・前掲書(注3)四七六～四七八頁。
(169) 貝澤正「土人保護施設改正に就いて」北海道ウタリ協会編・前掲書(注167)九〇～九一頁。
(170) 貝澤久之助「和人よ、往昔の蝦夷を忘る勿れ　ウタリーよ、知識の向上を図れ」北海道ウタリ協会編・前掲書(注167)九二

～九三頁。
(171) 小信小太郎「いつまでも学者の研究材料たる勿れ」北海道ウタリ協会編・前掲書（注167）九五～九六頁。
(172) 榎森・前掲書（注3）四七九～四八一頁、関口ほか・前掲書（注1）二一五頁（瀧澤正）、山田・前掲書（注21）四三二～四四六頁。
(173) 喜多・前掲書（注166）二〇三～二〇四頁。
(174) 北海道編『新北海道史五巻通説四』（北海道・一九七五年）六二八頁。
(175) 『第七〇回帝国議会衆議院議事速記録』第一六号（昭和一二年三月五日）三五一～三五二頁。
(176) 『第七〇回帝国議会貴族院議事速記録』第一五号（昭和一二年三月一二日）二〇七頁。
(177) 前掲衆議院速記録（注175）第一一号（昭和一二年二月二四日）二一五～二一六頁。三月五日に貴族院本会議で説明された河原田稼吉国務大臣の提案理由も同旨である（前掲貴族院速記録（注176）第一二号（昭和一二年三月六日）一六六頁）。
(178) 前掲衆議院速記録（注177）二二六頁。
(179) 同右速記録二二七頁。
(180) 前掲貴族院速記録（注177）一六六頁。
(181) 『第七〇回帝国議会貴族院北海道旧土人保護法中改正法律案特別委員会議事速記録』第一号（昭和一二年三月六日）一～二頁。
(182) 同右速記録二頁。
(183) 同右速記録三頁。
(184) 前掲貴族院速記録（注181）第二号（昭和一二年三月九日）二頁。
(185) 同右速記録二～三頁。
(186) 榎森・前掲書（注3）五〇二頁は、「この改正によって、同法を軸とした国のアイヌ民族政策は、差別体制は強力に堅持しつつも、個別行政面では福祉行政的性格をより強くすることとなった」と述べている。
(187) 小川・前掲書（注45）三六四頁。
(188) 榎森・前掲書（注3）五〇二頁。
(189) 喜多・前掲書（注166）二〇四頁。

(190)　喜多について、後年、貝澤正は、喜多の『アイヌ沿革誌』の「序」のなかで、「先生は、「北海道旧土人保護法」の成果を認め、アイヌは日本人となり益々発展したと、中曽根総理が聞いたら喜びそうな信念を持っていた」ことを指摘し、「それはさておき、喜多先生は開拓使以来の道庁の役人としては、アイヌに好意を持ち、アイヌの為めに働いた人であった。「奨学資金制度」「補助住宅制度」などは、戦争という壁がなかったらもっと良くなっていたと思う。「アイヌの星」と言われた知里真志保博士や多くの人材を生み出した教育制度の改革にも尽力された」と述べている(貝澤正「序」喜多・前掲書(注166)三頁)。

第二章　北海道ウタリ協会の結成と「アイヌ民族に関する法律（案）」の作成

第一節　北海道アイヌ協会の創立から北海道ウタリ協会へ

一　北海道アイヌ協会の創立と農地改革

1　北海道アイヌ協会の創立

今日の公益社団法人北海道アイヌ協会の直接の前身となる社団法人北海道アイヌ協会の創立は、一九四六(昭和二一)年二月二四日である。(1)北海道アイヌ協会創立に向けての「結成準備会」の正式名称は「北海道アイヌ協議会」で、発足に当たっては北海道庁内政部援護課が重要な役割を果たしている。

社団法人北海道アイヌ協会の創立総会は、一九四六年二月二四日にシャクシャインの戦いの指導者の本拠地である静内で開催された。当日は各地を代表する約七〇〇名のアイヌ民族のほかに、北海道庁や北海道大学から多数の来賓が参加したとされている。創立総会で選出された主な役員は、理事長向井山雄、副理事長吉田菊太郎、副理事長鹿戸才斗、常務理事小川佐助である。同協会が北海道知事の認可を受けて正式に発足したのは、同年三月一三日である。

北海道アイヌ協会の目的は、常務理事小川佐助が強調するように、「決して政治団体でないと言うことは、本会の定款によつても明白でありますが創立以来の行動によっても明らか」で、「あくまでも社会事業団体であり、慈善事業団体であ」るというのである。(2)また、理事長向井山雄は、「アイヌ民族の向上発展と、その福利厚生を意図する使命を帯びて本会は誕生した」とアイヌ協会の目的を明らかにし、「アイヌ族は現在我が国に於ける唯一の異人種であって、その源遠く我が国有史以前より本邦の全土に足跡を停めていた所謂先住民族である」という自らを先住民族とする立場を明確にとっている。(3)

北海道アイヌ協会の支部が全道の各地に相次いで設立され、一九四八（昭和二三）年九月二一日に静内で総会を開催した。北海道アイヌ協会の機関誌『北の光』は、発行年月日を一九四八年一二月二五日として、創刊号のみが発行されている。(4)『北の光』創刊号掲載の役員名簿によると、主な役員は、理事長向井山雄、副理事長鹿戸才斗、副理事長文字常太郎、常務理事小川佐助、常務理事喜多章明となっている。

2　農地改革による給与地の喪失

(1)　北海道アイヌ協会の反対

農地改革は、第二次大戦後における連合国軍総司令部（GHQ）による日本の民主化の一環として行われた改革で、農村での地主対小作人という封建的な構造の解体を目指した。農地調整法の改正と自作農創設特別措置法の制定による第二次農地改革では、不在地主の所有する小作地全部と在村地主の所有する府県で平均約一町歩、北海道で四町歩を超える小作地を政府が強制的に買収し、それを従来の小作人に、一般にかなり低価格で売り渡すものであったことから、「正当な補償」とはいえず、憲法二九条三項に違反するという訴訟が提起されている。

北海道アイヌ協会は、給与地に自作農創設特別措置法を適用しないよう求めることを決議し、北海道庁をはじめ関係省庁に陳情を行った。北海道庁では、民生部長から北海道法令審査委員会に自作農創設特別措置法と北海道旧土人保護法との関係でどちらの法律が優先するかに関する見解を求めたところ、①農地改革諸法が本邦全土に対するものであるのに対して、旧土人保護法は給与地のみを対象としていること、②農地改革諸法が日本人全部を対象にしているのにもかかわらず、旧土人保護法は旧土人のみを対象にしていることを理由にして、北海道旧土人保護法は農地改革法に対して特別法の地位にある旨の回答があった。これに基づいて、一九四七(昭和二二)年一〇月に民生部長名で、政府に対してアイヌの給与地に対しては自作農創設特別措置法の適用を除外されたい旨の申請がなされた(5)。

北海道アイヌ協会は、特別法である北海道旧土人保護法が、一般法である自作農創設特別措置法に優先するという立場で、宮内省、農林省および厚生省に陳情し、衆議院に対して、請願書を提出するなど活発な活動を展開した(6)。しかし、最終的には、旧土人給与地を農地改革から除外することに関し、連合国軍最高司令部の承認を得られず、一九四八(昭和二三)年一月に開催された全国都道府県農地部長会議において、政府よりその経過が発表された。同年二月一〇日付農林省農政局長より北海道知事宛の通達で、旧土人所有地であるとの理由で農地改革関連法令より除外することは不可能であるから、一般農地と同様に取り扱われたい旨の指示がなされた。

一九五一(昭和二六)年の統計によれば、この年までに買収されたアイヌの給与地は、農地が約一九七〇町歩、牧野が約五一六町歩にのぼり、買収の対象になった所有者は農地で一〇六八名、面積にして三四%になっている(7)。

このように農地改革によって、アイヌの給与地を農地買収の対象にしたことに対して、裁判でも争われたが、以下の裁判では違法とされることはなかった。

(2)　農地買収無効確認請求事件最高裁判決

①　事実の概要

北海道旧土人保護法による下付地を農地買収にしたことが違法となることを主張して争った裁判において、最高裁一九六二(昭和三七)年八月二一日第三小法廷判決が出された(8)。アイヌである原告(控訴人・上告人)は、相続により所有権を取得していた農地を知事が不在地主の所有農地として自作農創設特別措置法によって買収したのに対して、国を被告として買収処分の無効確認を求めた訴訟である。原告が買収処分は自作農創設特別措置法の趣旨に違反して違法かつ無効であると主張した理由は、①北海道旧土人保護法は下付地の所有権を旧土人に恒久的に保持せしめる趣旨のものであること、②国といえども下付地の所有権の尊厳性を侵さない義務を負っていること、③北海道旧土人保護法は自作農創設特別措置法に対して特別法の関係にあって、優先適用されるべきことなどである。第一審札幌地方裁判所および第二審札幌高等裁判所はともに原告(控訴人)の主張を認めなかった。

② 最高裁判決

最高裁判決は、国の農地買収処分を次のような理由で適法と判断している。「旧自作農創設特別措置法は、その第一条にもあるように、耕作者の地位を安定し、その労働の成果を公正に享受させるため自作農を急速且つ広汎に創設することを目的とし、不在地主の小作地及び一定面積以上の在村地主の小作地を全部買収し耕作者に売り渡すことを規定しているのであつて、上述の目的からいつて、その土地が北海道旧土人保護法によつて無償で下付された土地であるからといつて、これを買収から除外すべき理由はない。なお、その法目的遂行上他の一般法益との矛盾衝突を免かれないと認むるものについては自創法五条においてその買収対象から除外すべき農地を決定しているが、北海道旧土人保護法に基づいて無償下付した農地については、何等除外例を規定しなかつた点を考量すれば右保護法が所有者の自由な譲渡を禁じているのは無償で下付された土地であるためであつて、公権力の行使による買収の妨げになるものではない。右保護法をもつて自創法の特別法と主張する論旨その他の論旨は独自の見解というべく採用の限りでない」というのである。

北海道アイヌ協会が主張した北海道旧土人保護法は自作農創設特別措置法の特別法であるという主張は、最高裁判所によって「独自の見解」として否定されたのである。(9)

3　第二次大戦後の北海道旧土人保護法の改正

一九四六(昭和二一)年、生活保護法の制定とともに、同法附則第四六条による改正で、北海道旧土人保護法の改正が行われた。すなわち、貧困者に対し、「生業ニ要スル器具、資料又ハ資産」を給する旨定める第四条、薬価を給する旨定める第五条、疾病者等の救助と埋葬料の給与を定める第六条を全文削除し、第八条の「第四条乃至第七条」を「前条」に改めた。次いで、一九四七(昭和二二)年の「特別法人税法の一部を改正する等の法律」第二六条の改正で、第一〇条の「内務大臣ノ認可ヲ経テ」の文言が削除された。

そして、一九六八(昭和四三)年の「許可、認可等の整理に関する法律」第一条による北海道旧土人保護法の改正で、貧困な子弟に学資を支給する第七条及び不良住宅改善資金の給与を定めた第七条ノ二を削除し、第七条ノ三を第七条にした。改正の理由について、衆議院内閣委員会で政府委員諸永直行政管理庁行政監察局長は、「北海道旧土人の就学資金、それから不良住宅の改良資金の支給、これはその後背景事情が変わっておりますので、つまり、この法律によらなくても、その後つくられました生活保護法等の保護措置が十分にできますので、この部分を廃止する、こういうことでございます(10)」と説明している。

二　北海道アイヌ協会の再建と北海道ウタリ協会への名称変更

1　北海道アイヌ協会の再建

北海道アイヌ協会は、一九六〇(昭和三五)年四月に札幌市で再建総会を開催し、森久吉を理事長に選出した。

一九六〇年に北海道アイヌ協会の再建総会が開かれた理由について、この頃各地のコタンから北海道に対して生活条件改善の訴えが出ていることから、アイヌが「自分たちの生活を護り築こうとする切実な意識がその基盤にあったことは間違いない」といえる。[11] 北海道アイヌ協会は、この年から道費による運営費を受けることになる。[12]

2　北海道ウタリ協会への名称変更

翌一九六一（昭和三六）年四月一三日に開かれた総会で、北海道アイヌ協会の名称が「北海道ウタリ協会」に変更された。一九六三（昭和三八）年に創刊号が刊行された機関紙『先駆者の集い』[13]を見ると北海道ウタリ協会の組織の目的と実情が見えてくる。森久吉理事長の「発刊の言葉」では、「国及び道並に市町村が生活環境改善対策の推進に重点をおいて行政を進めている」ことに感謝し、「本協会も生活環境のよくない地区におられます人、経済的に環境的に不遇な人々が相寄り協力して互いに厚生福祉を高めようと云う目的で、この協会の会員資格および事業目的の範囲を広め」、名称も「北海道ウタリ協会」と変更したことを明らかにしている。[14]

北海道庁担当職員として、また北海道アイヌ協会の主唱者として長い間アイヌに関わってきた喜多章明は、「初刊号所感」のなかで、「建国以来根本政策とされて来た彼我の同化政策は漸く実を結び、其の言語風俗に於て、其の習慣に於て、はた又生活様式に於て一般人に比し、異ならない状況に進んだ」という現状認識に立ち、「同族同化の功程が此に進んだ以上、民族問題としての土人対策は既に過ぎ去つた」のであるから、「今日の場合、もはやアイヌとかシサムとか言った時代ではない。今後はキツパリと斯る民族意識を払拭」して欲しいことを明言している。[15] 喜多によると、同化政策によりアイヌ民族は存在しなくなったので、アイヌという名称も必要がないということになる。

「アイヌ」から「ウタリ」への名称の変更は大きな問題である。当時、北海道ウタリ協会常務理事兼書記長で、後に理事長になる野村義一によると、「民族の呼称でもある「アイヌ」ではあるが、この用語が差別的に使われている状況下で、組織拡大を図るためには名称変更もやむを得ない、というのがその理由」であったと説明している。(16) 貝澤正は、「一九六一(昭和三六)年定例総会で「アイヌの呼称は、かつて差別用語として使われ、今も抵抗感を持った仲間がいる」(17) と名称変更の動議が出され、総会はこれを了承、アイヌ協会をウタリ協会と変更した」と客観的に記している。

「アイヌ」の用語について、アイヌ自身が差別的用語として使用されていたという認識でその使用を避けることは十分理解できる。しかし、喜多章明のように同化政策が成功して既にアイヌは和人と同化しているので、アイヌの民族意識を払拭するためにアイヌという名称は必要がないという議論は、アイヌ民族の存在そのものを否定するものである。

『先駆者の集い』創刊号では、北海道が一九六一(昭和三六)年から始めている不良環境地区改善事業に関する論稿が目立っている。(18) ここで、北海道不良環境地区改善事業についてその概要を見てみたい。北海道民生部社会課の及川主事の「北海道不良環境地区改善対策について」(19) によると、北海道には、北海道旧土人が一地区に二〇世帯以上隣接して不良住宅に住居していて、経済産業教育生活程度等が一般地区に比較して著しく劣っている地区が五七ある。一九六〇(昭和三五)年の生活実態調査の結果に基づいて国に対策費の補助を要請したところ、一九六一(昭和三六)年度から生活館、共同浴場、共同作業所、共同洗所、共同井戸、下水道等で、市町村が実施主体になるものが国庫補助の対象になり、これに対して北海道も補助金を交付する。一九六一(昭和三六)度に八施設(生活館五カ所、共同浴場三カ所)、一九六二(昭和三七)年に一八施設を設置し、一九六三(昭和三八)年には一七施設の設置を予定している。生活館は、一九六一年度に釧路市、平取町、静内町、鵡川町、白老町の五カ所、一九六二年度に千歳市、白糠町、浦河町、門別町、伊達町、豊浦町、登別町、都市スラム地区対象として釧路市の八カ所であった。

『先駆者の集い』第二号は、創刊号の八年以上も後の一九七一（昭和四六）年になるが、二号以降は年数回刊行され、北海道ウタリ協会の活動内容がよく分かるようになっている。

一九六四（昭和三九）年六月の総会で、野村義一が理事長に選出され、三二年間の「長期政権」の始まりになるとともに、「同年十月、協会事務局を北海道庁社会課に置き、事務職員一名を雇用し、組織としての体制を整え始めた」ところである。[20]その後、一九七四（昭和四九）年九月発行の『先駆者の集い』第六号では、「宿望の専任事務局独立」記事が掲載され、事務局が北海道庁から「道立社会福祉館」に移転したことを報じている。[21]北海道民生部主幹であり、新冠アイヌである葛野守市が、北海道から北海道ウタリ協会事務局長に派遣され、職員も二名配置された。葛野事務局長に貝澤正副理事長が加わっての野村理事長との組み合わせについては、「協会の歴史の上で絶妙なトロイカ体制」と言われ、この三人体制が北海道ウタリ協会に果たした功績は大きなものがあった。[22]

三　北海道ウタリ福祉対策の実施

１　同和対策との違い

一九六九（昭和四四）年七月に同和地区の生活の改善、産業の振興を行う「同和対策事業特別措置法」が制定された。この法律の制定の直前に、秋田大助代議士より野村義一理事長に法律をアイヌに準用できるようにしたいが、ウタリ協会の意見はどうかという申し入れがあり、野村理事長が町村金五北海道知事と相談の結果、「同和問題」と「ウタリ問題」は本質的に異なるとして断った経緯があるとされている。[23]

『先駆者の集い』第四〇号での記録によると、詳しくは次のようになっている。[24] ①昭和四四年(月日の記載なし)野村理事長外三名と秋田代議士が東京で面談し、秋田代議士より「同和対策事業特別措置法の立法化に当たり、この法律については、ウタリも準用する旨を規定したいが、ウタリ協会としての意見を聞きたい」との申し入れに、ウタリ協会側は、「理事長の考え方のみで対応できず、返事を保留した」。②野村理事長外三名と町村知事が東京事務所で面談した結果、「同和問題」と「ウタリ問題」は、本質的に異なるものであり附則に規定することは、適当ではないこと」、「ウタリ問題は、北海道の問題としてとりあげるべきであり、北海道として、特色ある施策を講ずることが適当であること」、という町村知事の指示があり、協会として断念に踏み切った。③野村理事長外三名は再度秋田代議士と面談し、「ウタリ問題は本質的に同和問題と異なる」こと、「知事が、道の責任においてウタリ対策を検討するとの確約を得たので、附則に規定することはとどめることにした」こと。このような経過で、北海道独自の「ウタリ対策」がとられることになった。

2　北海道ウタリ福祉対策の策定

北海道は、一九六一(昭和三六)年度から、国の協力を得て、生活環境の改善や住宅の整備、教育の促進などアイヌの福祉向上のための諸施策を進めてきた。しかし、それはアイヌの人たちの経済的状況を改善するには十分ではなかった。このようなことから、アイヌの人たちの生活福祉の向上のためには、総合的な福祉対策が必要であるという意見が高まってきた。北海道は、アイヌの人たちの生活実態を明らかにし、今後の施策の資料とするため、一九七二(昭和四七)年に第一回目の「北海道ウタリ生活実態調査」を行った。この調査結果を踏まえて、一九七四(昭和四九)年に総合的な福祉対策として第一次北海道ウタリ福祉対策(一九七四〜一九八〇年度)を策定した。

第一次ウタリ福祉対策は、アイヌの自立を助長促進し、社会的・経済的地位の向上を図ることを目的としたもので、生活環境の改善、社会福祉の充実、職業の安定、教育文化の向上および生産基盤の整備などを内容とする総合的なもので、その総事業費は約一一九億円であった。

第一次ウタリ福祉対策の最終年度の前年にあたる一九七九（昭和五四）年に、第一次対策の成果と今後の施策の必要性を検討するため、第二回目の「北海道ウタリ生活実態調査」を行った。その調査結果を前回の調査と比較すると、アイヌの人たちの社会・経済状態、生活環境、教育等に於いて、ある程度の改善が見られるものの、生活の各般にわたってなお一般との格差があることも明らかになった。そこで、第二次ウタリ福祉対策（一九八一～一九八七年度）が策定された。この対策では、特に教育の促進を図るとともに、生活・職業の安定、ならびにアイヌの伝統的文化の伝承と保存を進めることを主要な課題として、各種の施策を行うことを内容にするものであった。なお、その後、第三次ウタリ福祉対策（一九八八～一九九四年度）、第四次ウタリ福祉対策（一九九五～二〇〇一年度）に引き継がれていくのである。北海道ウタリ福祉対策は、北海道が策定するが、国の財政的支援を受けているため、政策の実現には国の了承が必要であった。国の側でも、ウタリ対策事業に関し、関係行政機関相互間の事務の緊密な連絡を図る必要があるため、一九七四（昭和四九）年五月に事務次官会議で北海道開発庁を窓口にする申し合わせを行った[25]。

3　北海道旧土人保護法廃止の問題提起

『先駆者の集い』第四〇号に掲載されている「ウタリ協会新法（案）策定決議に至るまでの経過」[26]のなかで、北海道ウタリ福祉対策が同和対策と大きな格差があることに関する不満が、次のように述べられている。

「「第一次北海道ウタリ対策」を基本として実施してきた事業内容の殆んどが同和対策事業と同様でありながら同和との格差が大きくなるばかりで会員より不満の声が出始める。

〈理由〉

① 同和対策は、法律によって規定されたなかで進められているがウタリ対策は、法律がないため弱いこと。

② 旧土人保護法を廃止して、新法を制定し対策を強化することが必要であること」。

ここで、ウタリ対策が法律に根拠を持つ同和対策と格差があることから、北海道旧土人保護法を廃止して、新法を制定すべきという意見がアイヌ側から出てきたことは注目すべきことである。榎森進は、「北海道ウタリ協会の内部から「北海道旧土人保護法」の廃止の声が出てきたのは、これが初めてであった」と述べている。(27)

北海道旧土人保護法廃止の問題は、一九七〇(昭和四五)年六月五日、岩見沢市で開かれた全道市長会の総会で、五十嵐広三旭川市長の提案を受けて同法の廃止が満場一致で決議されたことに始まる。この改廃問題をきっかけに、一九七二(昭和四七)年に旭川アイヌ協議会が発足し、廃止論を強く訴えた。北海道ウタリ協会の立場は、「旧土人保護法に反対ではあるけれど、保護法が死文化され、何もしてくれなかったということの生き証人として、私たちがこの法律を背負って、ウタリ対策を国に訴えるから、もう少し時間をくれないか」(「対談白老にて」)と野村理事長が述べているように、「保護法を「生き証人」に「新法」を求めていく」立場を明確にしている。(28)また、野村理事長は、「日本政府は長いことアイヌ民族の存在を認めてきませんでしたが、法律として「北海道旧土人保護法」というものがある。これは北海道に民族の違う人たちが存在するということを国が認めた証拠なわけです」と述べている。(29)ここで、野村理事長は、北海道旧土人保護法を単純に差別法と見ないで、この法律がアイヌ民族という異なった民族の存在を国が認めた証拠であるという認識に立っていることも注目される。

第二節　「アイヌ民族に関する法律(案)」の作成

一　「アイヌ民族に関する法律(案)」作成への動き

1　諸外国の先住少数民族との交流

北海道旧土人保護法を廃止して、新法を制定すべきという考え方は、アイヌ民族の中からどのようにして生まれてきたのかは重要な問題である。榎森進は、北海道ウタリ協会はじめ、各種のアイヌ民族の団体が外国の先住少数民族と積極的な交流を行っていたことと、日本が一九七九(昭和五四)年に国際人権規約を批准したことの二つの点を挙げている(30)。

『先駆者の集い』第二〇号に掲載されている「五三年度事業のあしあと」のなかで、国際交流の事業を挙げると次のようなものが見られる(31)。

① 「七月二五日～八月二日　九日間に渡り野村理事長を団長とし一二人がアラスカ各地を訪問し、エスキモーと文化交流を行ない、今後の友好を深めていくことを約束して帰国する。」

② 「八月一七日～九月二日　中日友好協会の招きで野村理事長を団長に二週間中国少数民族と交流した。」

③ 「九月六日～九月二七日　ヤイユーカラ民族学会　成田得平を団長にカナダ各地のインディアンを訪問、文化交流を深めて来る」。

①のアラスカ訪問については、『先駆者の集い』第一九号に貝沢正「アラスカエスキモーとの文化交流の記」と題する詳しい報告が掲載されている[32]。このような形での中国、カナダ、アメリカなどの先住少数民族との交流は、先住民政策を学ぶのに絶好の機会であった。

2　国際人権規約の批准

現代における人権保障の特色の一つが、人権の国際的保障である。人権が国内法である憲法によって保障されるだけではなく、国際連合が定める人権条約の数は次第に増加しており、各国の人権の保障にも重要な役割を果たすようになってきている。国際人権条約が日本国内で適用できるようにするためには、国会の承認(憲法六一条)と内閣の批准(憲法七三条三項)が必要である。日本で最初に批准された国際人権条約は、一九七九(昭和五四)年の「社会権規約」(経済的、社会的及び文化的権利に関する国際規約)―A規約ともいう―および「自由権規約」(市民的及び政治的権利に関する国際規約)―B規約ともいう―である。このうち、アイヌ民族に関係してくるのは、自由権規約である。

自由権規約第二七条は、「種族的、宗教的又は言語的少数民族が存在する国において、当該少数民族に属する者は、その集団の他の構成員とともに自己の文化を享有し、自己の宗教を信仰しかつ実践し又は自己の言語を使用する権利を否定されない」と規定して、少数民族の権利を保障している。また、自由権規約第四〇条は、人権の保障の履行を確保する措置として当該国家に報告義務を課している。すなわち、この規約の締約国は、(a)規約が効力を生ずる時から一年以内に、(b)その後は委員会が要請するときに、権利の実現のためにとった措置および権利の享受についてもたらされた進歩に関する報告を国連事務総長に提出することを約束することになり(第四〇条)、自由権規約委員会が審査する(第四一条)。

アイヌが国際人権規約自由権規約第二七条の少数民族に当たるか否かは、当初より問題になった。一九八〇(昭和五五)年一〇月に国連に提出された第一回の政府報告では、第二七条に関して、「自己の文化を享有し。自己の宗教を実践し又は自己の言語を使用する何人の権利もわが国法により保証されているが、本規約に規定する意味での少数民族はわが国に存在しない」と報告し、自由権規約委員会委員から同規約第二七条に関してアイヌの問題が指摘された[33]。

これに対して日本政府代表は、明治維新以来のアイヌに対する政策によって同化が進んでおり、アイヌは他の国民と同等の待遇を受けていることを理由に自由権規約第二七条をアイヌに適用することを認めなかった[34]。

社会党の土井たか子議員は、衆議院法務委員会において、「日本にマイノリティーズ、少数者、少数民族が存在しないというふうに日本は報告の中で言っているけれども、実は朝鮮人、中国人、それからさらにはアイヌ人等々のグループがあるのではないかという指摘があったはずですけれども、それは事実だと思いますが、いかがですか」という質問を行った[35]。

これに対する政府委員門田省三外務省国際連合局長の答弁は、次の通りである[36]。

「通称アイヌと申される方々の点でございますが、この点に関しまして、お話のございましたように、わが方はそういう少数民族は存在しないという答えをいたしております。その理由は、第二十七条で申しております少数民族は、解しますところでは、種族あるいはまた宗教、文化といった面で少数の集団であって、歴史的、社会的あるいは文化的に見て他の集団と明確な区別がある、こういう少数民族に対してかくあるべしという規定であるいうふうに解するのでございますが、このような観点からいたします少数民族としてアイヌをとらえる場合、私どもの見解では、単に歴史的、社会的あるいは文化的という事柄のみならず、加えて政治的、社会的な要件、制度がどうなっているかということもあわせ考えるべきであるということでございまして、そういう観点からいたしますと、御承知いただいておりますように、アイヌの方々に対しましてもひとしく同じ政治社会体制が適用されておるということでございますので、そういうことから少数民族は存しない、かように説明をいたしたのでございます」。

アイヌに対しても、他の国民とひとしく同じ政治的、社会的制度が適用されていることを根拠に、アイヌは自由権規約第二七条の少数民族に当たらないとする見解に対しては、多くの批判が出された。

二　北海道ウタリ協会総会による「アイヌ民族に関する法律(案)」の承認

1　特別委員会の設置

北海道ウタリ協会は、アイヌ新法の制定に向けての活動を始め、一九八二(昭和五七)年五月に特別委員会を設置した[37]。委員会のメンバーは、野村義一理事長、貝澤正副理事長、澤井進副理事長、神谷与一副理事長、小川隆吉理事、大野政義理事、葛野守市常務理事の七名で、二六回に及ぶ委員会を開催した。元北海道新聞社論説主幹の山川力が顧問として関わっていた。野村理事長は、「アイヌ新法」制定要求運動を始めるに至った理由について、どう政府を納得させたらよいかということで、「それは、このアイヌモシリには、われわれアイヌが先祖からずっと住んできたのだ、という事実からの、先住民としての権利保障の要求しかない。それを第一の命題にしなければ説得力がない、ということになった。そのため我々は、つい最近までの歴史的経緯をきちっとおさらいしなければならなかった」と語っている[38]。

一九八四(昭和五九)年三月五日に、「アイヌ民族に関する法律(案)」がまとめられた。委員会のメンバーの中心の一人である貝澤正は、「アイヌ新法」要求の理由について、北海道の生活実態調査の結果を見ても一般道民との格差があり、「北海道ウタリ協会はこの格差是正には根本的な解決策をとらねばと、常々検討してきていた。その結果、長い歴史の中で圧迫と差別・自らの精神文化を失ったことで、自信もまた失ってしまった」というアイヌの実態を明らかにしてから、「今後の方針として、アイヌ語とアイヌ文化を復活して、アイヌ精神のよりどころをつくることと、経済社会に伍して行くには、経済的な援助が必要との結論に達した」と述べている(39)。貝澤正のこの言葉は、「アイヌ新法」の基本的な内容を明らかにしたものといえる。同年三月中に北海道内を、旭川地区、帯広地区、白老地区、釧路地区、静内地区、札幌地区の六ブロックに分けて、特別委員会地区別会議を開催し、内容を説明して会員の賛同を得た。また、旭川アイヌ協議会に対しても、懇談し賛同を得た。

2　ウタリ協会総会による「アイヌ民族に関する法律(案)」の承認

一九八四(昭和五九)年五月二七日に開かれた定例総会で、「第六号議案新法制定について」が提案され、満場一致で可決された(40)。「アイヌ民族に関する法律(案)」の前に、次のような「陳情の要旨」が記されている。

「一、明治三十二年制定の北海道旧土人保護法は、アイヌ民族差別法であり、廃止すること。

二、北海道旧土人保護法による多年にわたった民族の損失を回復するために、別添「アイヌ民族に関する法律(案)」を制定すること。

三、「アイヌ民族に関する法律(案)」の制定は、北海道旧土人保護法の廃止と同時とすること」。

総会においては、「アイヌ新法」の実現にむけての取扱方法等については、特別委員会に一任された。

同年七月三日に開催された特別委員会で、北海道知事および北海道議会議長に対し陳情書を提出するとともに、関係機関に対しては、実現に向けての協力要請書を提出することが決定された。その結果、同年七月一二日に横路知事および三上道議会議長に陳情書を提出した。[41]

三　「アイヌ民族に関する法律(案)」の概要

1　先住民としての「民族の権利」

この法律案は、「前文」、「本法を制定する理由」および本文六章で構成されている。[42]「前文」は簡潔に、「この法律は、日本国に固有の文化を持ったアイヌ民族が存在することを認め、日本国憲法のもとに民族の誇りが尊重され、民族の権利が保障されることを目的とする」と規定している。「本法を制定する理由」では、先住民族である理由を次のように説明している。すなわち、「北海道、樺太、千島列島をアイヌモシリ(アイヌの住む大地)として、固有の言語と文化を持ち、共通の経済生活を営み、独自の歴史を築いた集団がアイヌ民族であり、徳川幕府や松前藩の非道な侵略や圧迫とたたかいながらも民族としての自主性を固持」してきたというのである。そして、「明治維新によって近代的統一国家への第一歩を踏み出した日本政府は、先住民であるアイヌとの間になんの交渉もなくアイヌモシリ全土を持主なき土地として一方的に領土に組み入れ」た。

明治政府以降の国の政策により、アイヌは、「給与地にしばられて居住の自由、農業以外の職業を選択する自由をせばめられ、教育においては民族固有の言語もうばわれ、差別と偏見を基調にした「同化」政策によって民族の尊厳がふみにじられた」のである。戦後の農地改革は旧土人給与地にも及んだ。

差別と貧困が広がる中で、現在行われている「北海道ウタリ福祉対策」の実態は「現行諸法諸制度の寄せ集めにすぎず、整合性を欠くばかりでなく、何よりもアイヌ民族にたいする国としての責任があいまいにされている」。いま求められているのは、「アイヌの民族的権利の回復を前提にした人種的差別の一掃、民族教育と文化の振興、経済自立対策など、抜本的かつ総合的な制度を確立すること」である。

アイヌ民族問題の解決は、「政府の責任であり、全国民的な課題であるという認識」から、「ここに屈辱的なアイヌ民族差別法である北海道旧土人保護法を廃止し、新たにアイヌ民族に関する法律を制定するものである」。

2　本　文

第一の「基本的人権」では、「アイヌ民族にたいする差別の絶滅」を法律の基本理念としている。

第二の「参政権」では、アイヌ民族は、一般日本人とは異なる差別的処遇を受けてきたので、「これまでの屈辱的な地位を回復するためには、国会ならびに地方議会にアイヌ民族代表としての議席を確保する」ことが不可欠という、アイヌ民族に特別の議席を認める立場に立っている。アイヌ民族代表として議席の確保は「中国が数百人の少数民族でも少なくとも一議席は確保している政策を先例とすべきでしょう(43)」と原案を作成した特別委員会の委員であった貝澤正が語っているように、中国の全人民代表者会議をモデルにしている。

第三の「教育・文化」については、アイヌ民族政策の最重要課題の一つであるという見地から、①アイヌ子弟の総合的教育政策を実施する、②アイヌ子弟教育にはアイヌ語学習を計画的に導入する、③学校教育および社会教育からアイヌ民族にたいする差別を一掃するための対策を実施する、④大学教育においてはアイヌ語、アイヌ民族文化、アイヌ史等についての講座を開設する。さらに、講座担当の教員については既存の諸規定にとらわれることなくそれぞれの分野におけるアイヌ民族のすぐれた人材を教授、助教授、講師等に登用し、アイヌの子弟の入学および受講についても特例を設けてそれぞれの分野に専念しうるようにする、⑤アイヌ語、アイヌ文化の研究、維持を主目的とする国立研究施設を設置する。これにはアイヌ民族が研究者として主体的に参加する。従来の研究はアイヌ民族の意思が反映されないままに一方的に行われ、アイヌ民族をいわゆる研究対象としているところに基本的過誤があったのであり、こうした研究のあり方は変革されなければならない、⑥現在行われているアイヌ民族文化の伝承・保存についても、問題点の有無をさらに再検討し、完全を期する、とかなり詳しく内容が示されている。

第四の「農業漁業林業商工業等」では、農業、漁業、林業、商工業等の新たな対策が提言されている。農業については、「地域農業形態に即応する適正経営規模の面積の確保」、「生産基盤の整備および近代化」である。漁業については、「現在漁業権の有無にかかわらず希望する者にはその権利を付与する」および「生産基盤の整備および近代化」である。林業および商工業については、必要な振興措置を講ずる。労働対策については、「就職機会の拡大化等の各般の労働対策を積極的に推進する」。

第五の「自立化基金」は、本法律案の中でも重要な項目である。自立化基金が必要となる理由は、従来、年度ごとに政府および北海道による補助金である北海道ウタリ福祉対策のような保護的政策は廃止され、「アイヌ民族の自立化のための基本的政策が確立されなければならない」。本文の第二から第四を含む諸政策については、「国、道及び市町村の責任において行うべきものと民族の責任において行うべきものとがあり、とくに後者のためには民族自立化基金ともいうべきものを創設する」。自立化基金は「アイヌ民族の自主的運営」とし、基金の原資については「政府は責任を負うべきである」とされている。

第六の「審議機関」は、「国政および地方政治にアイヌ民族政策を正当かつ継続的に反映させる」ために、①首相直属あるいはこれに準ずる中央アイヌ民族対策審議会(仮称)を創設し、その構成員としては関係大臣のほかアイヌ民族代表、各党を代表する両議院議員、学識経験者等を充てる、②北海道においては北海道アイヌ民族対策審議会(仮称)を創設し、構成については中央の審議会に準ずる。

この法律案の内容について、原案の作成に当たった貝澤正は、「北海道の先住民族としての復権を求めるのが基本精神ですが、少なくとも安定した生活ができるだけの補償法的な内容をもっています」と述べ[44]、また、野村義一理事長との対談の中でも、「補償要求がこの法律の根本をなしている」、「過去四百年近く、アイヌが差別され虐待されてきた歴史に対しての補償要求なんです」と語っている[45]ように、補償法的なものである。榎森進は、この法律案を、先住民族としてのアイヌ民族の存在を認め、民族の誇りが尊重され、民族の権利が保障されることを最大の課題とし、この課題を解決するための具体的方策を記したものであるととらえ、アイヌ民族自身がこうした視点からの問題提起を統一的見解として世に強く訴えたのは、これが最初で、それだけに、アイヌ民族の歴史の上で重要なできごとであるという評価を与えている[46]。

四　新聞の反応

一九八四(昭和五九)年五月二九日付『北海道新聞』は、第一面で、「アイヌ新法案採択　道ウタリ協会総会「民族の権利保障を　旧土人保護法は撤廃　「制定」を国に迫る」という見出しで、北海道ウタリ協会でのアイヌ新法案の承認を報じている。また、同日付の『北海道新聞』は、社説でも「アイヌ民族法素案の持つ重み」と題する表題で、この問題を取り上げ、新法案に対して、「百年以上の長きにもわたって、差別と屈辱に耐えてきたアイヌの歴史のなかでも、自らの手で現状打開の方途を打ち出した今回の決定は、画期的な意義を持っている」という積極的な評価を与えている。そして、今回の素案は、「「日本国家単一民族説」という従来からの俗説を打ち砕くうえでも大きな役割を果たすであろう」ことを指摘して、少数民族の問題に対する国の総合的な施策を求めている。また、アイヌ語の学習について、アイヌ子弟の総合教育の実施は急務であるから、新法問題と切り離してでも、道内で早急に実現できないかとし、「民族の表象は、固有の言語にある」という問題を提起している。最後に、議会の特別議席については、「法の下での平等を定めた日本憲法に触れる恐れがある」ので、今後なお議論を詰める必要があることを指摘している。

第三節　北海道のウタリ問題懇話会による「アイヌ新法」の検討

一　ウタリ問題懇話会の設置

一九八四（昭和五九）年七月一二日に北海道ウタリ協会は、横路孝弘北海道知事と三上勇北海道議会議長にアイヌ新法の制定と北海道旧土人保護法の廃止を内容とする陳情書を提出した。北海道では、同年一〇月二二日に知事の諮問機関として「ウタリ問題懇話会」を設置する要綱を決定した[47]。設置要綱によると、懇話会の検討事項は、①ウタリ福祉対策に関すること、②北海道旧土人保護法及び新法に関すること、③その他ウタリに係る諸問題に関すること、の三項目で、委員数は二〇名以内となっている。横路知事は、前年四月に行われた北海道知事選挙で、北海道旧土人保護法の廃止とこれに代わる新法制定の先頭に立つ旨の公約を掲げており、懇話会の設置は、その公約の実施を意味するものであった[48]。

ウタリ問題懇話会は、同年一二月六日に第一回会議を開き、座長に森本正夫北海学園理事長が就任し、アイヌからは、野村義一北海道ウタリ協会理事長、大野政義副理事長、貝澤正副理事長、小川隆吉理事、川上実旭川アイヌ協議会会長、産業界等からは、小林善直平取すずらん福祉園長、竹本源也北海道農業協同組合中央会常務理事、辻勉北海道観光連盟専務理事、照井秀夫北海道指導漁業協同組合連合会専務理事、広瀬広㈱千歳デパート会長、学識経験者として、熊本信夫北海学園大学教授(行政法学)、中村睦男北海道大学教授(憲法学)、藤本英夫北海道埋蔵文化センター常務理事、村部芳太郎札幌人権擁護委員会会長(弁護士)の合計一五名が当初の委員であった。第一回会議で懇話会の効率的運営方法について、分科会方式をとる方向が出された。

一九八五年(昭和六〇)年二月二〇日に開かれた第二回会議で、「福祉対策分科会」と「新法問題分科会」の二つの分科会を設置することになった。福祉対策分科会の検討事項は、①今後のウタリ福祉対策について、②新法に関する福祉対策についてであり、分科会長には、藤本英夫が座長より指名された。新法問題分科会の検討事項については、①北海道旧土人保護法について、②新法問題についてであり、分科会長には中村睦男が座長より指名された。また、懇話会は、一五名の委員のほか五名の臨時委員を加えることにした。

1　新法問題分科会の設置

第一回新法問題分科会は、一九八五(昭和六〇)年五月一七日に開催され、臨時委員として、アイヌから、秋田春蔵北海道ウタリ協会理事、向井政次郎北海道ウタリ協会理事が加わり、学識経験者として、常本照樹北海道教育大学札幌分校講師(憲法学)および土橋信男北星学園大学教授(教育行政学)が加わった。委員から新法問題分科会に属したのは、野村義一、小川隆吉、川上実、森本正夫、中村睦男、熊本信夫、藤本英夫、村部芳太郎である。アイヌ新法問題を検討するには、諸外国の先住民法制や先住民の権利を調査することが不可欠であるが、当時、日本語で書かれた先住民法制に関する参考文献がほとんどない状況であった。法学の専門家ではないが諸外国の先住民法制に詳しい土橋信男、さらに、アメリカ憲法の専門家で、博士論文を完成したばかりの新進気鋭の憲法学者常本照樹の加入は以後の新法問題分科会の審議に大きく寄与したといえる。なお、新法問題分科会の委員で、アイヌ文化の研究やアイヌ文化に関わる仕事に従事していたのは藤本英夫だけで、アイヌ史、民族学、文化人類学などの専門家を欠いていたことは、アイヌ民族を先住民族として位置づけるという問題の検討を深めることができないという限界があった。(49)

2　福祉対策分科会報告

第一回福祉対策分科会は、一九八五(昭和六〇)年五月二〇日に開かれ、臨時委員として、新法問題分科会にも属する秋田委員、向井委員のほか、遠山敏男北海道商工会議所連合会常務理事が加わった。

福祉対策分科会は、一九八七(昭和六二)年三月までに八回の会議を開催し、同年三月三〇日に開かれた第五回ウタリ問題懇話会で、新法問題分科会に先立って『今後のウタリ福祉対策について』と題する報告書を決定した。この報告書では、ウタリの人たちの社会的・経済的地位の向上のため、北海道においては、第一次(一九七四～一九八〇年度)・第二次(一九八一～一九八七年度)のウタリ福祉対策を策定し、国・市町村並びに関係団体の協力を得ながら、その対策を進めてきたことを明らかにし、第一次および第二次対策の検証を行っている。

第一次対策では、一般との格差を是正するために「生活環境の改善、社会福祉の充実、職業の安定、教育文化の向上及び生産基盤の整備などを内容とする総合的なものであった」。この対策に盛り込まれた施策は、国においても積極的に具体化され、その総事業費は約一一九億円に達している。現在進められているウタリ福祉対策の施策体系はこの期間に確立されたといえる。第二次対策では、「特に子弟教育を促進するとともに、生活・職業の安定や、社会的・文化的遺産の伝承と保存を図ることを主要な課題とする」とともに、各般の施策が推進される内容になっている。一九八六年度までの総事業費は約一九〇億円にのぼっている。次いで、生活、職業、産業、生活環境、住宅、教育・文化、組織活動の現状と課題を検討して、第三次の北海道ウタリ福祉対策を策定する必要があるという結論を出している。

施策の基本方向としては、同和問題とウタリ問題とでは、「両者は歴史的背景を全く異にし、生活の実態についても明らかに差異がある」ことを指摘し、「今後ともウタリの人たちが誇りをもって生活し、自らが歴史を貴び、文化を保存・継承し発展させるという基本的考えに」立つとして、これからの対策では、「教育・文化の振興に重点をおく」ことを明らかにしている。

なお、「おわりに」では、検討過程で「自立化基金の創設など抜本的な対策を講ずるべきである」という意見が強く出されたが、この問題は、新法問題分科会でのこの後の検討の結果や国の段階における動向などに待つべきものと考えるという重要な問題の指摘がなされている。

二　新法問題分科会における検討

1　中曽根首相の「単一民族国家」発言

(1)　中曽根首相の国会における発言

北海道旧土人保護法と新法問題を担当する新法問題分科会は、一九八五(昭和六〇)年五月一七日の第一回会議から一九八八(昭和六三)年三月二二日の第二四回会議まで二四回の会議を開催した。(50) 一九八五年度は、五回開催し、北海道旧土人保護法の実態と諸国の少数民族対策をテーマにした。

一九八六(昭和六一)年度は、第六回会議が六月一三日、第七回会議が七月二五日、第八回会議が九月一九日に開催された後、中曽根康弘首相の「日本単一民族国家」発言が大きな問題として登場した。問題の発端は、中曽根首相が九月二二日、自民党の全国研修会で、「アメリカでは黒人とかプエルトリコとかメキシカンとかが相当多くて、平均点から見ると非常にまだ低い」という趣旨の発言を行って、国会でも取り上げられた。

九月二五日の衆議院本会議で、社会党の戸田菊雄議員は、「総理は今月の二十二日、自民党の全国研修会で、アメリカなどでは黒人とかプエルトリコとかメキシカンとかが相当多くて、平均点から見ると非常にまだ低いと発言したとのことで、一国の総理がこのような人種差別を公言するとは一体全体どういうことですか」という質問を行った。(51)

中曽根首相の答弁は、「アメリカは多人種の複合国家で、その強みもあるけれども、教育等については必ずしも容易ではない、十分手の届かないところもある、日本は単一民族であるので比較的教育は行いやすく手も届いておる面もあるという趣旨のことを述べたのでありまして、人種的差別とか他国を批判する考えは毛頭ないのであります」というもので、日本が単一民族国家であることを明言した。(52)

単一民族国家発言をアイヌ民族との関係で、また、国連への報告との関連で、同年一〇月二一日の衆議院本会議で質問したのは、共産党の児玉健次議員である。(53)すなわち、「我が国における少数民族というべきアイヌの方々の存在は、総理の念頭にはないのですか。ウタリ協会を初め多くの国民から、あなたの単一民族発言に対して怒りと抗議の声が上がっているのは当然のことです。〔中略〕さらに、一九八〇年、日本政府が国連に対して提出した、日本国民を単一民族とする報告書の是正を要求し、総理の答弁を求める」というものである。

中曽根首相は、「私は、日本におきましては、日本の国籍を持っている方々でいわゆる差別を受けている少数民族というものはないだろうと思っております。国連報告にもそのように報告していることは正しいと思っております。大体、梅原猛さんの本を読んでみますというと、例えばアイヌと日本人、大陸から渡ってきた方々は相当融合しているという。私なんかも、まゆ毛は濃いし、ひげは濃いし、アイヌの血は相当入っているのではないかと思っております」と答えている。(54) 前述のように、自由権規約に関し、日本政府が一九八〇年に国連に提出した報告書では、日本には少数民族は存在しないということで、中曽根首相はその立場をとっていることを明言している。

(2) 北海道ウタリ協会の抗議

北海道ウタリ協会は、中曽根発言に早速反対の声を上げた。一九八六(昭和六一)年一一月一九日から三日間、「単一民族国家」の概念の払拭を求める抗議書をもって、野村理事長ら八名のメンバーで各関係大臣および各関係国会議員ならびに各関係者に対し強く改善方を求めた。(55) 抗議書の内容は、中曽根康弘総理大臣宛、昭和六一年一一月付で次のようなものである。(56)

「先の〝知識水準〟とその釈明をめぐる首相発言、及び文部省検定済みの高等学校教科書(教科書番号〇二四、新編「地理」一五〇頁)記述内容、さらには国際人権規約(市民的及び政治的権利に関する国際規約)第二七条に基づく外務省見解など、政府は一貫して日本民族の「単一性」を誇示しているが、我々アイヌ民族は、歴史的にも異人種、異民族として取り扱われ今日に至っており、このことが「北海道旧土人保護法」にも位置付けされている。アイヌ民族としての言語、信仰、文化、生活習慣などが日本政府の同化政策によって画一化されつつあるとしても、決してこれは単一民族の決定条件とはならない。今こそ日本国内にいる少数民族の存在を認め、誤った「単一民族国家」の概念を払拭するよう抗議する」。

(3) 新法問題分科会における審議の促進

北海道ウタリ協会はウタリ問題懇話会に対しても、審議の促進を求めた。一九八六(昭和六一)年一一月一一日に緊急理事会を開き、新法問題の審議が三カ月に一回程度の割合で行われており、「審議のスピードがあまりにも遅すぎる」という申し入れを北海道に行った。[57]また、同年一一月一八日開催の第四回ウタリ問題懇話会においても、野村義一理事長から、外国の調査をしているから時間がかかっているが、新法の内容について審議を早く進めるべきである旨の発言があった。その結果、新法問題分科会は月一回のペースで開かれるようになった。マスコミも従来は、地元の『北海道新聞』以外の中央紙は、アイヌ民族問題には無関心であったのが、関心を持つようになったといえる。中曽根首相の「日本単一民族国家」発言は、ウタリ問題懇話会の審議の促進に「寄与」したのである。

実際にも、第九回会議(一二月)、第一〇回会議(一月)、第一一回会議(二月)、第一二回会議(三月)では、諸外国における少数民族対策に、新たな法的措置の必要性のテーマが加わり、北海道ウタリ協会の新法案が検討の素材になった。ウタリ問題懇話会の審議の促進を強く主張していた野村義一理事長も、後年、懇話会での外国の調査や現地視察を含めた審議の経過に好意的な評価を与えている。[58]

2　北海道旧土人保護法の名称変更問題

北海道旧土人保護法の「旧土人」という表現が不適当ではないかという問題は、以前より議論されてきた。裁判においても、札幌地裁一九七五(昭和五〇)年一二月二六日判決[59]は、旧土人という呼称は、「人種的範疇をもうけてその能力を一般的に著しく劣るものとしている点において蔑称としての響きがあり、人種的差別として憲法一四条に照らし問題がないわけではない」と判断して、法の下の平等を定めた憲法一四条に違反するとまでは判断していないが、問題はあることを指摘していた。

国会でも何回か取り上げられているが、その当時は、一九八五(昭和六〇)年二月二五日の衆議院予算委員会で問題が議論された[60]。三浦隆議員が「「旧土人」という表現はふさわしくないので、現行法上直ちに「旧土人」という表現を改めるか法そのものを廃止すべき」ではないかという質問を行った。これに対して、藤波孝生内閣官房長官は、旧土人という表現がいかがなものかという指摘は同感であるが、「法律そのものについていろいろな御検討も地元でもいただいておるように聞いてきておりますので」、「さらに地元の北海道庁や関係各省と緊密な連絡をとりまして」、「早急に結論を導くように努力をいたしたい」と答弁している。

北海道旧土人保護法の名称のみの改正について、政府は消極的な態度をとっているのに対して、自由民主党社会部会長戸井田三郎ほか四名の議員が提出者になり、「旧土人」を「ウタリ」に変更する北海道旧土人保護法の改正案を議員提出のいわゆる議員立法として、一九八六(昭和六一)年一一月二五日付けで提案した[61]。同改正案は衆議院社会労働委員会に付託されたが、一二月一六日の同委員会の理事会で継続審議となった。北海道ウタリ協会の代表団は、各党の責任者に北海道旧土人保護法の名称変更を取りやめる要請書を渡した[62]。名称の変更を取りやめる理由は、「1アイヌ民族政策については、唯単に名称変更のみでは基本的な問題解決にならない。2当協会は、アイヌ民族政策として、新しい法律の制定を求め、北海道知事及び道議会議長に陳情書を提出しており、現在検討中で、近い将来結論を得て、国に対し要請されるので、この間、現状のままとすべきである。3新法制定と同時に、北海道旧土人保護法を廃止するということが基本的姿勢である」という、新法制定と同時でなければ北海道旧土人保護法を廃止しないという基本的姿勢を改めて明らかにしている。

三　先住民をめぐる国際的動向

1　アイヌ代表の国連先住民作業部会への参加

国際連合人権委員会の下にある「差別防止及び少数者保護小委員会」の下部機関として、一九八二（昭和五七）年より国際連合先住民作業部会が設置されて、先住民族の権利宣言の草案の策定を開始した。北海道ウタリ協会の代表がスイスのジュネーブで開催される先住民作業部会に初めて参加したのが、一九八七（昭和六二）年八月三日より五日間、野村義一理事長、小川隆吉理事、佐藤幸雄事務局次長の三名である。野村理事長が発表し、先住民族としてのアイヌ民族の存在を歴史的に述べ、単一民族国家論にも触れて、「差別防止及び少数者保護小委員会」に対して、「①日本政府のこれまでの同化政策によっても、アイヌは先住民族としての自決権を持つ、②民族として独自のもつ文化、宗教、言語、生活習慣等は、何人にも侵されるものではなく、また、権利を譲り渡した事実もない、故にこれを保持する権利を持つ、③差別法である「北海道旧土人保護法」に変わるべき民族として確立された「新しい法律」制定要求の権利を持つ」という三点の検討を要求した(63)。その後、アイヌ民族の代表は先住民作業部会に参加するようになった。

2　自由権規約に関する第二回政府報告

国連への第二回政府報告は、一九八六（昭和六一）年一〇月までに提出することになっていたが、中曽根発言もあって、同年一二月に提出された。それは、「我が国においては、自己の文化を享有し、自己の宗教を実践し、又は自己の言語を使用する何人の権利も否定されていない。本条との関係で提起されたアイヌの人々の問題については、これらの人々は、独自の宗教及び言語を保存し、また独自の文化を保持していると認められる一方において、憲法の下での平等を保障された国民として上記権利の享有を否定されていない」という報告である。(64)

第一回報告が少数民族としてのアイヌ民族の存在を否定していたのに対して、第二回報告は独自の宗教および言語を保存し、独自の文化を保持している少数民族としてのアイヌ民族の存在について明確になっていない。この問題は国会でも早速取り上げられ、一九八八(昭和六三)年一月二九日の参議院本会議で社会党の菅野久光議員が、「今回の報告書では、少数民族自体が存在しないような誤解を招かないように表現したとのことですが、第一回報告書とどう変わったのか、その内容を外務大臣から明らかにしていただきたい」という質問を行った。(65)

宇野宗佑外務大臣は、「国際人権規約B規約第二回報告における少数民族についての記述、一回目とどう違うかということだろうと思いますが、本来ならば、第二回目の報告書につきましては国連の正式配布を待って公表するということでございましょうけれども、せっかくの御指摘でございますから、関係部分に関しましてお答えを申し上げておきます。その趣旨は、アイヌの人々が独自の宗教及び言語を有し、また、文化の独自性を保持していると認められる一方において、憲法のもとで諸権利を否定されていない、これが報告書の趣旨でございます」と答えている。(66)

北海道ウタリ協会野村義一理事長は、新聞の談話で、「我々アイヌの存在を認めた報告書であり、日本は「単一民族国家」といい続けたことを修正した点で、従来の報告書と全く違う内容だ、アイヌ新法を求める運動につながる、大きな前進と評価できる」と前向きにとらえている。(67)

なお、国連の自由権規約委員会では、日本政府の第二回政府報告が審査された。委員から、少数者が第二七条の権利を効果的に享受する際にどのような困難があるか、あるいはアイヌ人の現状を知りたい、アイヌ人保護に適用されている法律は現在も存在しているのかなどの質問が出されたのに対して、政府は、アイヌの人口はおよそ二万四〇〇〇人であり、彼らは長い歴史の中で日本民族の形成に寄与した古くからの種族集団であること、彼らの権利は日本国民として憲法の下に保障されており、一九七四(昭和四九)年に政府はアイヌの人々の社会的および経済的地位を向上させる特別措置を導入したことなどを説明した。(68) ここで、一九七四年のアイヌの人々に対する特別措置の導入とは、北海道ウタリ福祉対策のことを指しているものと考えられる。

四　ウタリ問題懇話会報告書の作成

一九八七(昭和六二)年度も、新法問題分科会は月一回合計一二回開催し、諸外国の少数民族対策および新たな法的措置の必要性と具体的措置の二つのテーマを並行して審議した。この間、九月、一〇月には、アメリカ班(常本照樹、向井政次郎、遠山武)とオーストラリア・ニュージーランド班(熊本信夫、野村義一、中西邦明)に分けて、委員を派遣して、資料・情報の収集、関係者とのインタビューのために現地調査を行い、一一月の第二〇回新法問題分科会で、詳細な報告がなされた。(69) 第二一回および二二回新法問題分科会で、新たな法的措置に関する具体的な検討を行った後、報告書の草案作成のために新法問題分科会小委員会を設けて、一九八八(昭和六三)年一月、二月に三回会議を開き、出来上がった報告書案を第二三回および二四回新法問題分科会で検討した。(70) 二月一五日に開催された第二回小委員会で、報告書の分科会長原案が提出され、文章や文言の修正が行われ、報告書の原案が作成された。最終的には、同年三月二二日にウタリ問題懇話会が開催され、新法問題分科会作成の報告書を承認した。

五　ウタリ問題懇話会報告書の内容と説明

ウタリ問題懇話会は、『アイヌ民族に関する新法問題について』および『アイヌ民族に関する新法問題について〈資料編〉』の二冊により構成された報告書を北海道知事に提出した。報告書は、「新法の必要性」、「提言」および「付言」の三部からなっている。その内容の概要を議論の経緯を踏まえて紹介する(71)。

1　新法の必要性

(1) アイヌの現状

北海道開発の中で、アイヌの生活の基盤と文化が奪われ、アイヌは恵まれない環境に置かれた。明治三二(一八九九)年の「北海道旧土人保護法」の制定、さらに、一九七四(昭和四九)年から二次にわたる「北海道ウタリ福祉対策」の推進により、アイヌの生活の改善が図られたが、まだ多くの点で格差が存在する。一九八六(昭和六一)年六月の「ウタリ生活実態調査」では、人口は二万四三八一名であり、生活水準などの経済的格差のほか、特に、高校・大学への進学状況における格差が著しい。また、差別は依然として存在し、差別が「現在もある」というアンケート回答が六一・二%にものぼっている。最後に、伝承者の高齢化などからアイヌ語およびアイヌ文化の継承・保存活動の一層の促進が課題である。

(2) 「北海道旧土人保護法」の実態

北海道旧土人保護法によって、アイヌに下付された土地で残っているのは、一九八七(昭和六二)年現在、一三六〇ヘクタール余りで、全下付地面積九〇六一ヘクタールの一五%に過ぎなくなってしまっている。北海道旧土人保護法の規定のうち実際に機能しているのは、下付された土地の譲渡などに当たっての知事の許可と、共有財産の管理を定めた規定のみとなっている。「北海道旧土人保護法」及び「旭川市旧土人保護地処分法」の実態を検討した結果、当懇話会は、「これらの法律が今日もはやその存在意義をほとんど失っているものと判断する」という結論を出している。

(3)「先住権」と「アイヌ新法(仮称)」

まず、「先住権」の意味について、「先住権」は、「一般に、先住民族の居住するないし居住していた土地及びそこにある資源に対する権利、伝統文化を維持し発展させる権利、さらに一部には政治的自決権を包含する内容の権利として、諸外国並びに国際的な場でも主張され論議されている」と報告されている。

「先住権」について、「「先住権」の概念は、いまだ法的に明確に確立されておらず、またその内容についても検討すべきことが残されている。しかし、アイヌ民族が北海道(北方領土の島々を含む)などに先住していた事実は明らかであり、また明治三二年(一八九九年)に日本政府がアイヌを国民に同化させることを目的に「北海道旧土人保護法」を制定したことは、北海道に土着する民族としてのアイヌが存在することを認めていたことを意味するものである。このようなことから、「先住権」がわが国におけるアイヌ民族の地位を確立するための「アイヌ新法(仮称)」を制定する、一つの有力な根拠になり得るという点については、当懇話会において意見の一致をみた」とする。

「先住権」という用語自体とその内容の説明は、北海道ウタリ協会の「アイヌ民族に関する法律(案)」にはなく、懇話会で初めて取り上げられたといえる。「先住権」の問題は、新法問題分科会で最も活発に議論されたテーマであり、反対する議論はなかったが、その権利の性格をめぐっていろいろな意見が出された(72)。

アイヌ民族が「先住権」を有するというためには、アイヌが先住民族であることと、「先住権」が法的権利であることを認めなければならない。

まず、アイヌが先住民族であることは、和人より以前に北海道に住んでいたという事実に着目する。それに加えて、北海道旧土人保護法の制定により明治政府は、アイヌ民族の存在を認めたのである。政府は、アイヌを和人と区別して、「旧土人」と称するようになったのは、一八七八（明治一一）年の開拓使の支庁宛の達であるが、「土人」と同じ意味であった。「土人」という用語は、例えば、『大辞林』(73)を参照してみても、①「未開の原住民などを軽蔑していった語」、②「もとからその土地に住み着いている人。土着の人」となっている。現在は、土人という用語は軽蔑の意味が強いといえるが、少なくても、開拓使達の出された一八七八（明治一一）年、さらに、北海道旧土人保護法が制定された一八九九（明治三二）年当時、「土人」という用語は後者の意味で理解され、アイヌを和人と区別された土着の人として、すなわち、先住民族として考えていたという解釈の立場をとったのである(74)。日本史の研究者としてアイヌ史にも詳しい田端宏は、二風谷ダム事件での証言の中で、弁護人からのアイヌ民族は先住民族か、という質問に対して、「アイヌの人たちが日本国の先住民ではないということは、どうしたら言えるのか、ほとんど理解ができません。先住民族に決まっていると思います」と答え、その理由として、例えば、「開拓使は明治一一年一一月に開拓使達」で、「旧土人」という中には「明らかに、もう原住の人たちという意味が含まれている、土人という言葉は日本語としては原住者という意味であって、未開の野蛮人とか、そんな意味はない言葉だったんです」、「すなわち、明治時代の政府機関は、アイヌの人たちを先住者であると明確に認めていたわけです」と述べ、「土人」という言葉が先住者を意味することを同様に説明している(75)。前述のように、中曽根首相の「日本単一民族国家」発言に対して、北海道ウタリ協会の抗議書が「我々アイヌ民族は、歴史的にも異人種、異民族として取り扱われ今日に至っており、このことが「北海道旧土人保護法」にも位置付けされている」と述べているのも、「土人」を土着の人と捉える考え方に立っているように思われる。

なお、筆者は北海道庁が主催して開催したアイヌ新法問題に関する講演会で、「先住権」についての報告書の考え方を次のように説明した。(76) すなわち、「「先住権」を認めたからといって直ちに具体的権利が出てくるものではなく、それを基礎として何らかの具体的権利をアイヌの人たちに認めるためには、そのための政策をきちんとした形で法律として制定し、権利を具体化しなければなりません。つまり法概念としての「先住権」から具体的権利がマジックハットのようにパッと出てくるものではないという意味で「先住権」の概念は、いまだ法的に明確に確立しておらず」と報告書に書かれているわけです。

報告書は、「以上のような検討の結果、アイヌの人たちと一般国民との格差と現存する差別を是正・解消し、アイヌ民族の言語・文化を継承・保存するためには、もとよりアイヌの高い自覚と積極的な努力が不可欠であるが、同時に国においても、新たなる施策の展開を図ることが必要であると考える」と述べている。

2　提　言

アイヌ新法の柱として、次の五点が挙げられている。

(1)　アイヌの人たちの権利を尊重するための宣言

「日本国憲法の下において、アイヌの人たちの権利が十分尊重され、その社会的・経済的地位が確立されるよう権利宣言を定めること」。

(2)　人権擁護活動の強化

「学校教育、就職、結婚、その他の日常生活において、アイヌに対する差別が存在している現状を改善するために、アイヌに対する人権擁護活動の強化を図ること」。

一九八六(昭和六一)年の「ウタリ生活実態調査」の結果、差別は依然として存在し、「ひどい差別を経験したことがある」が二三・一%あり、差別が「現在もある」という回答が六一・二%にのぼっており、アイヌに対する差別が、国家対個人の間でというより、主として私人と私人との間の関係で、行われていることから、既存の人権擁護機関の活用に加えて、特別の行政委員会のような新しい機関を設けて人権擁護活動の強化を図ることを提言するものである。

(3)　アイヌ文化の振興

「アイヌ語及びアイヌ文化の継承・保存並びに普及に関する活動を援助するとともに、アイヌ民族文化を総合的に研究する国立のアイヌ民族研究施設を設置すること」。

アイヌ文化の継承・保存並びに普及を図ることの重要性については、懇話会でも当初から全く異論のないところであった。「国立のアイヌ民族研究施設」の設置については、北海道ウタリ協会の「アイヌ民族に関する法律(案)」にも規定されていた。

(4)　自立化基金の創設

「アイヌの自立的活動を促進するために、「アイヌ民族自立化基金(仮称)」を設置すること。なお、その基金の運営にはアイヌの自主性が最大限に確保されるとともに、国の適正な監督が及ぼされるものとする」。

自立化基金の創設は、ウタリ問題懇話会で外国や日本の事例を挙げながら、かなり重点をおいて議論した点である。ウタリ協会の「アイヌ民族に関する法律(案)」では、アイヌ民族の自立のための基本的政策を国、道および市町村の責任において行うべきものと民族の責任において行うべきものとがあり、民族の責任において行うものについて、資金の原資は政府の責任であるが、アイヌの自主的運営による「民族自立化基金」が提案されていた。ウタリ問題懇話会では、一九七一年にアラスカで制定された「先住民請求権解決法」をモデルにした。この法律は必ずしも想定通りに機能していないが(77)、その基本的考え方が参考になると考えた。自立化基金は、「土地及び資源に対する権利の代償という意味で自立化基金を与え、同時に、単なる国の補助金ではなく、アイヌの方々が基金を自分たちの自立的活動のために運営することに骨子を置いた」(78)ものであるが、なお、公金が支出されることから、国の監督が必要であるという意見も強く出され、「国の適正な監督が及ぼされる」という「なお書き」を入れている。

(5) 審議機関の新設

「アイヌの民族政策並びに経済的自立を図るための産業政策を継続的に審議するため、アイヌ民族の代表を含む審議機関を新設すること」。

ウタリ協会の「アイヌ民族に関する法律(案)」では、「第四　農業漁業林業商工業等」でかなり詳しく、産業政策を求めており、また、「第六　審議機関」では、国および北海道にアイヌ民族政策を審議するためのアイヌ民族審議会の設置を提案している。産業政策については、北海道ウタリ協会側からは農地所有権や漁業権をアイヌに与えるべきであるという主張が強く出された。しかし、土地所有権や漁業権を新たにアイヌに与えるということになると、既存の財産権秩序と抵触することから、議論をまとめるまでに至らなかった。そのため、新たに設置される審議機関に民族政策とともに、アイヌ民族の代表も参加する産業政策の審議を委ねることにした。後述のように、ウタリ問題懇話会はアイヌの議会における特別議席を否定しているので、アイヌに関係する政策の審議にアイヌ民族の代表が参加する必要性は大きいと考えたのである。

3　付　言

ウタリ問題懇話会報告は、次の三つの点で「付言」を行っている。

(1) 議会の特別議席

「検討の過程において、国会及び地方議会にアイヌ民族代表の特別議席を設けるべきであるとの主張があった。しかし、アイヌ民族に特別議席を付与することは、日本国憲法における選挙権の平等（第一五条第一項、第三項及び第四四条但し書）及び国会議員が全国民の代表であること（第四三条第一項）の規定からみて、一般の国民と区別してアイヌという特別の選挙人の範ちゅうを認めることは、憲法に抵触する疑いが濃厚であり、それを認めるためには憲法改正が必要であることから、このような憲法改正の妥当性、さらにはアイヌ民族に特別の議席を付与する考え方そのものに疑問が呈された」。

北海道ウタリ協会の「アイヌ民族に関する法律（案）」では、「参政権について」の中で国および地方議会での特別議席を定めており、ウタリ問題懇話会でもウタリ協会を代表する委員から強い要望があった。外国の先例として特に議論の対象にしたのは、ニュージーランドのマオリの代表で、担当した土橋委員の調査では、一八六七年のマオリ代表選出法では、マオリ代表は全議員六五名中四名であった(79)。その後、人口の増加とともに、一般議員の数が六一人から九一人に増え、「単純に人口比で表すと、マオリ議員は七万二五七五人の選出母体当たり一人なのに対して、一般議員は三万二六九四人当たり一人である」という不均衡があり、マオリ議員の方が人口の割合では不利になっている。マオリ代表選出に関しては、マオリ議員数を人口増に伴い増加すべきとする意見がある一方で、こうした制度は時代錯誤で廃止すべきであるとする意見もある。なお、マオリは、マオリ選挙区か一般選挙区のどちらへ投票するかは、本人が選択できることになっている。また、一九七四年まではマオリの定義は「半分以上マオリであるもの」となっていたのが、一九七四年にマオリの定義が変わり、「少しでもマオリの血を受けていればマオリと見なす」ということになった。

アイヌ民族の特別議席を否定したのは、憲法論である。アイヌに特別議席を付与することは、選挙権の平等（憲法一五条一項、第三項および第四四条但し書）と国会議員の「全国民の代表」としての性格（第四三条第一項）

に反して、憲法違反と判断するものと考えたからである。選挙権の平等は、権利を有する日本国民の中に、一般の国民と区別されるアイヌという特別の範ちゅうの日本国民を認めていないこと、また、アイヌ民族の代表を選挙で選ぶことは、国会議員が「全国民の代表」であるという性格に反すると考えたのである。

(2)「アイヌ」の定義

「「アイヌ新法(仮称)」においては、法律の対象となる「アイヌ」をどのように定義するかという問題がある。これについては、アイヌとしての血があること及び本人の自発的意志の尊重という二つの要素を考慮する必要があるとされた」。

アイヌに対して特別の権利ないし特典を与えるとすると、誰がどのような基準で認定するかという問題がある。先住民族の認定に関しては、諸外国でもいろいろな取り扱いがなされている。先住民族の血があるという客観的側面を重視するか、本人の自発的意志の尊重という主観的側面を重視するかという重要な問題があることを指摘するものである。

(3) 国の財政的措置の要請

「都道府県及び関係市町村が努めるべき施策については、国が特別の財政措置を講ずるべきであるとされた」。地方自治体が行うアイヌ施策に対して、国が財政的支援を講ずることを要請するものである。

六　ウタリ問題懇話会報告書に対する反応

1　新聞の反応

一九八八（昭和六三）年三月二二日にウタリ問題懇話会森本正夫座長から横路孝弘北海道知事に報告書が手渡された。地元の北海道新聞が一面で報道したほか、中央紙の地方版でも報道された。新聞の反応は、一般的にいえば好意的であったといえる。同年三月二四日付『北海道新聞』社説は、「「アイヌ新法」の制定に努力を」という表題で、概略次のように報告書を評価しつつ、法律制定にまで至るための道の険しさを説いている。

まず、「〔報告書は〕北海道ウタリ協会などアイヌの人たちの主張を大幅に取り入れており、基本的には評価できる内容といえる」が、北海道に対して、「今回の報告書についてアイヌの人たちはもとより、一般道民からも幅広く意見を聴き、早急に道内世論をまとめる必要が」あり、「そのうえで国に対し、アイヌ新法の制定をねばり強く働きかけるべき」ことを求めている。

次に、報告書の内容に関し、「今回の報告書の心臓部をなす「アイヌ新法（案）」は、五項目すべてが道ウタリ協会の主張を元に構成されている」ので、「道ウタリ協会は「民族の存在と権利を認めよ、というアイヌの主張はほぼ裏付けられた」と歓迎しているが、当然のこと」と指摘してから、一部には特別議席の主張が、「「付言」にとどまっていることに、不満を持つ向きもいるようだ。しかし、そこまで踏み込むのは「憲法に抵触する疑いが濃厚」と報告書も指摘しているように、疑問といわざるを得ない」として、報告書に賛成している。

最後に、報告書の新法案は決して万全なものではなく、「アイヌの人たちが和人と対等の立場に立つための第一歩にすぎない」といえるが、「それすらも成立どころか、国会提出さえ容易では」なく、「中央ではそれほどまでに、アイヌ問題に対する理解が不足している」、「それだけに道や道ウタリ協会は、政府などに根気よい働きかけを行い、新法問題に理解を深めてもらう必要がある」と述べて、北海道や北海道ウタリ協会の国への働きかけを呼びかけている。

2　国会における議論

国会では、一九八八年(昭和六三年)三月二四日に開催された衆議院内閣委員会で、社会党の五十嵐広三議員が取り上げ、小渕恵三内閣官房長官と質疑を行っている。(80) 五十嵐議員の質問は、次のようである。

「北海道の問題でありますが、九十年前に制定された北海道旧土人保護法にかわって、アイヌの差別撤廃と復権を盛り込んだ、新しい精神を背景とした法律というものをつくろうということで審議を続けておりました横路北海道知事の諮問機関、ウタリ問題懇話会が、長い間の議論を終えて、一昨日、二十二日ですが、最終報告書をまとめて横路知事に提出をいたしました」。「道は、この報告書に基づいて基本方針をまとめて、新年度早々にも国に要請をしたい、こういうことのようであります。先ごろの横路知事のコメントを見ましても、そういう趣旨のことが言われているわけであります。そこで、政府といたしましては、そういうような道の作業が行われて知事が要望をいたしました折には真剣なご検討をいただきたい、こういうぐあいに思いますが、官房長官いかがですか」。

小渕恵三官房長官の答弁は、「結論を申し上げれば、その北海道知事さんからのお話を承りました以降、勉強させていただきますが、この私的諮問機関であるウタリ問題懇話会から北海道知事に対してウタリにかかわる報告がなされたということは、私も新聞報道等で承知をいたしておるところでございますが、まだ内容につきまして十分承知をいたしておらないところでございます」。「ただ、この北海道知事さんからの報告を受けてこれを法律化するかどうかということにつきましては」、「聞くところによりますと、いろいろ法律化すべきことについてはどうかなという考え方を持っておる向きもあるということでもございますので、今申し上げられることは、政府としては慎重に対応いたしたい、こういうことしか答弁できないと思いますが、御理解をいただきたいと存じます」と答えて、法律化については慎重な姿勢を示している。

3　北海道ウタリ協会の対応と活動

(1)　一九八八(昭和六三)年度定期総会

ウタリ問題懇話会報告書に対する北海道ウタリ協会の対応については、機関紙『先駆者の集い』第四七号(昭和六三年一〇月発行)[81]の記事によって見てみたい。一九八八年五月八日に開催された定期総会では、「ウタリ問題懇話会が知事に報告した趣旨に沿った新法を制定すべきである」との決議がなされた。「アイヌ民族に関する法律制定陳情要旨」では、「当協会として、この懇話会の報告書の趣旨に沿った法律を制定すべきか、あるいは、一九八四年に陳情した内容を骨子とした法律を制定すべきかの選択を迫られ、本年五月開催の当協会定期総会に諮った結果、「懇話会」の報告書の趣旨に沿った法律制定が必要であるとの結論が得られた」と書かれているところから、「懇話会案」でいくのか、あくまで「ウタリ協会案」でいくのか、ウタリ協会内部では意見の違いがあったことも推測され、新聞でも総会での議論が紹介されている[82]。

(2)　国に対する陳情活動

ウタリ問題懇話会案で新法制定を求める決議に従って、陳情団が結成され、野村義一理事長を団長に、貝澤正副理事長と笹村二朗副理事長を副団長にして、合計一六名のメンバーで構成された[83]。陳情の内容は、①国の窓口を緊急に決定すること、②別添のウタリ問題懇話会報告書に沿った法律を一日も早く制定されたいこと、③新しい法律の制定と同時に、「北海道旧土人保護法」および「旭川市旧土人保護地処分法」を廃止すること、という三点であった。八月一〇日、一一日に、竹下登内閣総理大臣、藤本孝雄厚生大臣、粕谷茂北海道開発庁長官、衆・参両議院国会議員、各党党首が陳情先であった。

一九八八(昭和六三)年一〇月二七日、二八日には、野村義一理事長、笹村二朗副理事長、井端宏事務局長の三名が新法制定に向けて再度陳情を行い、今回の陳情先は、伊東正義自由民主党総務会長、渡辺美智雄自由民主党政務調査会長および北修二自由民主党北海道支部連合会長であった(84)。

4　北海道知事から国への要望

北海道議会は、一九八八(昭和六三)年七月二五日の本会議で、「アイヌ民族に関する法律制定についての要望意見書」を満場一致で議決した。横路知事は、八月一日に同様の要望書を政府に提出した。要望書の内容は、「北海道旧土人保護法」および「旭川市旧土人保護地処分法」の廃止と、それにかわる「アイヌ新法(仮称)」の制定と、政府内に「アイヌ新法(仮称)」制定のための窓口を設置することである。

政府の対応が見られないことから、一九八九(平成元)年三月二三日の衆議院内閣委員会で、五十嵐広三議員が、小渕恵三官房長官に質問し、北海道知事の申し入れがあってから八カ月くらいたっているのに、どうなっているか、検討の窓口を明確にしてほしいということを訴えた(85)。小渕官房長官は、「ウタリ問題は教育、文化、生活、産業、就労等広範多岐にわたる事柄であり、関係省庁の緊密な連携、協力のもとで対応し、施策の充実を図ってきたところで」あり、また、新法問題についても、「私の責任で各省庁にその要望書をおろしまして、それぞれの省庁におきまして、一体このウタリ問題についてどのように対応すべきかということについて現在勉強をお願いしておる」という説明があった。結論を得る時期について、確定して申し上げられないという内閣官房長官の答弁に対して、五十嵐議員は、「非常に不満だ。これは、いつでもアイヌ問題については、僕は質問するたびに思うのでありますが、誠意がない。どうしてアイヌ問題を真剣に受けとめて検討しようとしないのか」という厳しい批判を加えている。

第四節　ウタリ問題懇話会報告に関する問題点の検討

一　先住権をめぐる議論

1　国会における議論

ウタリ問題懇話会が提起した「先住権」の問題は国会でも議論の対象になった。一九九一（平成三年）四月九日の参議院内閣委員会で、社会党の山口哲夫議員は、「先住権」に対する政府の見解を求めて、議論を展開している(86)。山口議員の「先住民に対する権利、先住民族に対する権利、先住権とも呼んでいますけれども」、これはどのように定義づけられるかという質問に対し、政府委員公文宏内閣官房内政審議室長は、先住権は、「現行法制上は特に明確に〔定義が〕出てきている部分」はないし、また、「内外においてそういう意味で明確な定義があるということでも」ないので、「今後の検討課題である」と答えている。さらに、山口議員は、「これから申し上げることが先住権の一般的な定義というふうに言われているんですね。それは、先住民族には次のような先住権がある。一つは先住民族が居住しないし居住していた土地に対する権利、二つ目がその土地にある資源に対する権利、三つ目が先住民の伝統文化を維持し発展させる権利、四つ目には政治的自決権を包含する内容の権利、こういうものが大体先住民に与えられている権利、先住権である、こういうふうに一般的に言われているわけですけれども、これら一般的に認められている内容についてはお認めになるでしょうか」と質問した。政府委員公文宏は、「今、先生がおっしゃられたその先住権の考え方は、私ども勉強いたしますと、北海道ウタリ問題懇話会で、その報告の中にそういうふうに触れられているということは承知しております」と答えてから、「ただ、そのウタリ問題懇話会でも、先住権の概念はいまだ法的に明確に確立されておらず、またその内容についても検討すべきことが残されているというコメントがございまして、よくこれから詰めていかなければいけない問題だというふうに私どもは考えております」という立場に立っていることを明らかにしている。

また、山口議員は、自立化基金についても言及し、「日本でも土地の侵略というか、日本政府がとにかくアイヌが定住していた土地を取り上げたわけですから、それに対する補償として当然北海道のウタリ問題懇話会が出しているアイヌ民族自立化基金、こういうものはやっぱり政府としても考えるべきだと思うんですが」という質問を出したのに対して、政府委員公文宏は、「今御指摘のありましたアイヌ民族自立化基金の構想につきましては、先生おっしゃられましたように、北海道知事からの新法の制定についての要望の中でも触れられておりまして、「アイヌの自立的な活動を促進するために『アイヌ民族自立化基金』を設置すること。なお、その基金の運営にはアイヌの自主性が最大限に確保されると共に、国の適切な監督が及ぼされるものとする」という要望を受けております。したがいまして、私どもとしてはその検討委員会の中で新法問題の一環として今後検討していきたい」と答えている[87]。さらに、山口議員は、内閣官房長官に名指しで、「補償ということを頭に置いて十分検討を命じていただきたいと思うんですけれど、いかがでしょうか」と尋ねたところ、坂本三十次内閣官房長官は、「十分検討させます」と答えている[88]。

このように北海道ウタリ問題懇話会報告書の先住権の定義とその法的性格の指摘が国会でも取り上げられ、政府は今後の検討課題としている。

2　学説の反応

ウタリ問題懇話会報告書をめぐる学説の反応を見てみる。先住権について取り組んでいる先駆的な学説である吉川和宏は、ウタリ問題懇話会報告書の先住権を取り上げ検討している。吉川は、一九九二年にオーストラリア連邦最高裁の第二マボ判決が、「ルールを持った先住民の存在を認めそこで適用されていたルールを先住権として尊重する方式」を取っており、「先住権の保障のためには先住性さえ承認されればよいと考えるならば、領域取得の根拠という政治的にもセンシティブな問題に深入りしないこのアプローチは、一つの現実的な方法といえるかもしれない」と判決内容を要約して、「わが国でもウタリ問題懇話会が同様のアプローチを試みている」と述べている(89)。そして、ウタリ問題懇話会報告書が、先住権の根拠として、「アイヌ民族が北海道(北方領土の島々を含む)などに先住していた事実は明らかであり、また明治三二年(一八九九年)に日本政府がアイヌを国民に同化させることを目的に「北海道旧土人保護法」を制定したことは、北海道に土着する民族としてのアイヌが存在することを認めていたことを意味するものである」を挙げていることを引用している。

吉川は、「先住性の承認なくして先住権の保障はありえないが、その承認だけでは先住権保障の論拠として必ずしも十分とは言いがたい」とし、「先住性と先住権の保障を連結する論拠としては、領土取得方式の帰結ないしは植民地法制の特殊性と人権保障の二つが考えられる」ことを指摘している(90)。そして、これらの論拠は二者択一的ではなく、オーストラリア連邦最高裁は後者の論拠のみを採用し、先住権の論拠としては人権保障理念のみで十分であると判断した、としている。

二　議会の特別議席

ウタリ問題懇話会報告書は、議会においてアイヌ民族に特別議席を付与することは、憲法で保障された選挙権の平等に反し、国会議員の「全国民の代表者」としての性格に反すると解し、選挙権の平等の憲法上の根拠として、憲法一五条一項、三項および四四条但し書を挙げている。

この点について、憲法学の江橋崇は、この指摘は「常識」的には正当であって、今日の憲法学は、選挙権の平等をきびしく追求してきたが、「先住民族、少数民族の利益の擁護のための措置については格別の検討をしていない」ことを述べてから、「議決権のない、復帰前の沖縄代表のような形を考えるのであれば、現憲法下でも実現不可能ではない」として、議決権のない、オブザーバーのような形の特別議席ならば、憲法上認められるという見解を明らかにしている(91)。また、新崎盛暉は、「仮に日本国憲法が先住少数民族の存在を視野に入れきれないような時代的背景のなかで成立していたとしても、議会に彼らの自己主張の場を設けることが必要であると考えられるならば、国会におけるオブザーバー方式や地方議会への参加等、可能な限りの対策が検討されてしかるべきである」と述べている(92)。

常本照樹も、「議員の権能の核である表決権を制限すれば、民族特別議席(に準ずるもの)を設置すること」は、現行憲法上不可能ではないとし、日本における類例として、一九七〇(昭和四五)年七月に成立した「沖縄住民の政治参加特別措置法」による国会への沖縄代表を挙げている(93)。これは、一九七二(昭和四七)年五月に本土復帰前アメリカの施政権下にあった沖縄の代表を国会に迎えるに際し、憲法四三条にいう「全国民を代表する選挙された議員」という解釈に基づき、表決権を制限するという「オブザーバー方式」を採用したもので、同様な例は、西ドイツ連邦議会および連邦参議院に派遣された西ベルリン代表にも見られた。常本は、「国会において民族代表に期待される役割は実質的にシンボリックなものであり、民族の実在を象徴し、一般には理解されにくい民族の問題を国会と国民に直接語りかけるところにあると考えれば、これは一考に値する案であるようにも思われる」と「オブザーバー方式」を肯定的にとらえている。(94)

（1）竹ヶ原幸朗「『北の光』解題」北海道ウタリ協会編『アイヌ史—北海道アイヌ協会・北海道ウタリ協会活動史編』（北海道ウタリ協会・一九九四年）一七九〜一八一頁参照。
（2）小川佐助「アイヌ協会存立の趣旨と使命」『北の光』創刊号（一九四八年）北海道ウタリ協会編・同右書一九二〜一九三頁。
（3）向井山雄「全道ウタリー諸子に告ぐ」同右書一九〇頁。
（4）竹ヶ原・前掲書（注1）一八一頁は、本誌掲載のアイヌ民族の文章には、「敗戦後の日本の社会のなかで、「自主的復興」を目指そうとするアイヌ民族の意識のありようが映し出されて」おり、「創刊号のみの発行ではあったが、本誌の資料的価値は高く、現代アイヌ史の第一級の資料といえよう」と述べている。
（5）北海道編『北海道農地改革史（下）』（御茶の水書房・一九八三年）二四一頁。
（6）関口明・田端宏・桑原真人・瀧澤正『アイヌ民族の歴史』（山川出版社・二〇一五年）二二六頁（瀧澤正）。
（7）北海道編・前掲書（注5）二四八頁。
（8）『最高裁判所民事判例集』一六巻八号一七八七頁、評釈・菅原勝伴『民商法雑誌』四八巻五号（一九六三年）一四四頁。
（9）菅原・同右評釈は、一九三七（昭和一二）年の北海道旧土人保護法の改正により、下付地の所有権に加えていた譲渡・物権設定の禁止・制限を、すべて北海道庁長官の許可を条件として撤廃したことは、下付地保護政策の決定的な後退を意味し、北海道旧土人保護法をもって自作農創設特別措置法（自創法）の特別法として優先適用するという主張は、その前提において昭和一二年の改正を無視した立論であるとして、最高裁判決を支持し、旧土人保護法と自創法との関係は、むしろ前法・後法の関係と見るべきであるという立場に立っている。
（10）『第五八回国会衆議院内閣委員会議録』第二一号（昭和四三年五月九日）一二頁。

（11）小川正人「『先駆者の集い』解説」北海道ウタリ協会編・前掲書（注1）二四二頁。同じく、榎森進『アイヌ民族の歴史』（草風館・二〇一五年［第四刷］）五二二頁。
（12）関口ほか・前掲書（注6）二三三頁（瀧澤正）。
（13）『先駆者の集い』創刊号より六一号までの復刻版は、北海道ウタリ協会編・前掲書（注1）二四七頁以下に収録されている。以下、『先駆者の集い』創刊号より六一号までは、この復刻版を使用する。『先駆者の集い』の資料的価値について、小川・前掲『先駆者の集い』解説（注11）二四一頁が、「『先駆者の集い』は、「一見いかにも事務的なだけの広報紙のようなスタイルである」」が、「けれどもそこには、協会の活動を、ひいてはその時代のアイヌ史の、重要な側面を見とおすことのできる素材がたくさん入っている」と述べているのに筆者も同感である。
（14）森久吉「発刊のことば」『先駆者の集い』創刊号（一九六三年三月）北海道ウタリ協会編・前掲書（注1）二四九頁。
（15）喜多章明「初刊号所感」『先駆者の集い』創刊号北海道ウタリ協会編・前掲書（注1）二六〇頁。喜多のアイヌ民族意識の払拭という言説に対し、小川は、「それは当時のシャモ（和人）のほとんどに共通していた意見でもあった」という理解をしている（小川・前掲『先駆者の集い』解説（注11）二四二頁）。
（16）竹内渉編著『野村義一と北海道ウタリ協会』（草風館・一九九三年）一一三頁。
（17）貝澤正『アイヌ　わが人生』（岩波書店・一九九三年）七七頁。
（18）沢田孝夫「発刊によせて」、及川主事「北海道不良環境地区改善対策について」『先駆者の集い』創刊号、北海道ウタリ協会編・前掲書（注1）二五〇〜二五二頁。
（19）及川・同右論稿二五二頁。
（20）竹内編著・前掲書（注16）一一四頁。
（21）『先駆者の集い』六号（一九七四年九月）北海道ウタリ協会編・前掲書（注1）二九二頁。
（22）竹内編著・前掲書（注16）一一九頁。
（23）同右書一一四頁。
（24）『先駆者の集い』四〇号（一九八五年八月）北海道ウタリ協会編・前掲書（注1）五八九頁。
（25）前掲書（注21）。
（26）前掲書（注24）。

(27) 榎森・前掲書(注11)五六〇頁。
(28) 竹内編著・前掲書(注16)一二二頁。
(29) 野村義一『アイヌ民族を生きる』(草風館・一九九六年)七二頁。
(30) 榎森・前掲書(注11)五六〇～五六一頁。
(31) 『先駆者の集い』二〇号(一九七九年一月)北海道ウタリ協会編・前掲書(注1)三九一～三九二頁。
(32) 同右紙一九号(一九七八年一〇月)北海道ウタリ協会編・前掲書(注1)三八三～三八六頁。
(33) 高林宏樹「日本における人権条約の国内実施」『国際人権』二三号(二〇一二年)一二二頁。
(34) 大竹秀樹「日本政府のアイヌ民族政策について―国際人権監視機関から考える」『現代と文化』(日本福祉大学研究紀要)一二一号(二〇一〇年)一四二頁。
(35) 『第九六回国会衆議院法務委員会議録』第一八号(昭和五七年四月二三日)八頁。
(36) 同右。
(37) 以下、前掲書(注24)参照。
(38) 藤本英夫「野村義一伝」野村・前掲書(注29)二〇五頁。
(39) 貝澤・前掲書(注17)一〇七頁。
(40) 『先駆者の集い』三七号(一九八四年一〇月)北海道ウタリ協会編・前掲書(注1)五六〇～五六四頁。
(41) 前掲書(注24)五九〇頁。
(42) 「アイヌ民族に関する法律(案)」は、北海道ウタリ協会編・前掲書(注1)五六二～五六四頁に掲載されている。
(43) 貝沢正「アイヌのために新法を」一九八六年三月二三日付『朝日新聞』。
(44) 同右。
(45) 竹内編著・前掲書(注16)一八四頁。
(46) 榎森・前掲書(注11)五六四～五六五頁。さらに、同書は、「日本史像のあり方や北東アジア史像のあり方にも再考を迫った問題でもあ」り、「一九八〇年代という時代は、日本史像・北東アジア史像の再構成という問題を含めて」、「問題をどう受け止め、どう前向きにかつ具体的に解決していくか、という新たな課題を国民に提起した画期的な時期であった」と述べている。

(47)　以下、一九八五(昭和六〇)年までのウタリ問題懇話会の経過については、前掲書(注24)五九〇～五九二頁に掲載の「新法制定に係る陳情書提出後の経過」を参照。
(48)　北海道新聞社会部編『銀のしずく―アイヌ民族は、いま』(北海道新聞社・一九九一年)一四八～一五〇頁。
(49)　小川隆吉『おれのウチャシクマ(昔語り)』(寿郎社・二〇一五年)一三二頁は、土橋信男委員から、アメリカ・カナダ・オーストラリアのインディアン・アボリジニー・マオリに対する制度政策などの説明を受けたことを語っている。
(50)　ウタリ問題懇話会と新法問題分科会の開催経過と主な議題は、ウタリ問題懇話会編『アイヌ民族に関する新法問題について〈資料編〉』(一九八八年三月)一～五頁。
(51)　『第一〇七回国会衆議院会議録』第五号(昭和六一年九月二五日)五九頁。
(52)　同右会議録六〇頁。
(53)　同右会議録第七号(昭和六一年一〇月二一日)一一頁。
(54)　同右会議録一二頁。
(55)　『先駆者の集い』特集号(新法関係)(一九八七年三月)北海道ウタリ協会編・前掲書(注1)六二〇頁。
(56)　同右書六二一頁。
(57)　同右書六一九頁。
(58)　野村・前掲書(注29)七三頁は、「懇話会での三年有余、ずいぶんと意見の交換をやりました。先生方に外国の文献を調べていただいて、われわれもそれを参考にしながら、論議をしたり、あるいはオーストラリア、ニュージーランド、さらにアメリカ本土とアラスカまで委員を派遣して、むこうの先住民族の実態を目の当たりにみるようなこともしていただきました」と述べている。
(59)　『判例時報』八二一号一三八頁。
(60)　『第一〇二回国会衆議院予算委員会議録』第一八号(昭和六〇年二月二五日)一四頁。
(61)　前掲書(注1)六二一頁。
(62)　同右。
(63)　『先駆者の集い』四四号(一九八七年八月)前掲書(注1)六三一～六三二頁。野村理事長が中曽根首相の「単一国家」発言に言及したことについて、「これは彼の意志に反し、まことに時宜を得た反提議となり、国内はおろか世界的な関心を呼び起こし、「日本の先住・少数民族アイヌ」の存在を地球規模でアピールする役割を結果的に果たした」ことを野村理事長は考えていたようである（竹内編著・前掲書（注16）一二四頁）。

（64）高林・前掲論文（注33）一二二頁。

（65）『第一一二国会参議院会議録』第四号（昭和六三年一月二九日）六九頁。

（66）同右会議録二三頁。

（67）一九八七（昭和六二）年一二月二五日付『北海道新聞』。

（68）大竹・前掲論文（注34）一四三頁。

（69）派遣された委員等の報告は、常本照樹「アメリカ合衆国における先住民の現状と法制度」、土橋信男「オーストラリアにおける先住民政策の現状Ⅱ」、土橋信男「ニュージーランドにおける先住民政策の現状Ⅰ」、熊本信夫「オーストラリアにおける先住民政策の現状Ⅰ」、熊本信夫「ニュージーランドにおける先住民政策の現状Ⅱ」として、報告書の資料編であるウタリ問題懇話会編・前掲書（注50）に掲載されている。なお、常本照樹は、「アラスカ先住民の権利と法」深瀬忠一教授退官記念『平和と国際協調の憲法学』（勁草書房・一九九〇年）三〇七頁以下を公刊している。また、先住民に関する国際機関の取組みと諸外国の立法を包括的に紹介した特集号である『外国の立法』（国立国会図書館調査立法考査局）三二巻二・三号が公刊されたのは、一九九三年である。

（70）分科会長原案は、筆者の記憶では、中村分科会長が素案を書き、事務局担当職員である民生部総務課遠山武ウタリ福祉係長が中心になり、報告書にまとめ上げたものと理解している。遠山武は、第一回新法問題分科会が始まる直前の一九八五（昭和六〇）年四月に民生部総務課ウタリ福祉係長に就任し、ウタリ問題懇話会報告が確定した翌月の一九八八（昭和六三）年四月までその職にあった。その後、一九九一（平成三）年六月まで生活福祉部総務課主幹として、北海道庁でアイヌ問題を担当している。また、遠山は、アイヌ文化振興法が制定された一九九七（平成九）年六月から一九九九（平成一一）年五月まで北海道ウタリ協会の事務局長に就任している。また、遠山の活動は、北海道が主催して開かれた平成元年度「アイヌ民族の明日を考えるつどい」での講演記録集（北海道生活福祉部編『アイヌ民族の明日を考えるつどい 講演記録集』一九九〇年）八七頁以下に収録されている遠山武「新法の検討と諸外国の制度」にもうかがえる。

（71）北海道ウタリ問題懇話会報告「アイヌ民族に関する新法問題について」は、萱野茂アイヌ文化講座『アイヌ語が国会に響く』（草風館・一九九七年）二四八〜二五一頁に収録されている。

(72)　北海道新聞社会部編・前掲書(注48)一六〇〜一六五頁では、「先住者の集団に、法的な権利が認められるのかどうか」、「道義的な主張として「先住権」を宣言するのはいいが、裁判に訴えるような権利にならない」、「アイヌであるが故に特別な措置をとった場合、他の国民に対し「逆差別」になる、ということが理論的にはいえる」、「(特例を)正当化するのが先住権だが、これは個人の権利ではなく集団の権利と考えられているので、その集団の実態が問題になる」、「先住民族の定義はなにか」といった議論がなされたことが記載されている。

(73)　松村明編『大辞林』(三省堂・一九八八年)による。

(74)　「アイヌ新法」に関する講演会で筆者はそのような説明を行った。中村睦男「アイヌ新法の検討とその課題」北海道生活福祉部編・前掲書(注70)二九頁。北海道新聞社会部編・前掲書(注48)一四七頁によると、野村義一北海道ウタリ協会理事長が、「辞書をひくと「土人」というのは「南方の蛮族のこと」と「その土地に長く定住していたもの」という意味がある。明治政府が「土着民」として「北海道旧土人」とつけたものなら、先住していた事実を政府が認めたことにならないか」と発言し、中村睦男分科会長も「「旧土人」と認めた事実。それを次のステップの踏み台にできる」といったと記されている。

(75)　編集代表 萱野茂・田中宏『アイヌ民族ドン叛乱 二風谷ダム裁判の記録』(三省堂・一九九九年)四〇五〜四〇六頁。

(76)　中村・前掲論文(注74)三一頁。

(77)　常本照樹「アメリカ合衆国における先住民の現状と法制度」ウタリ問題懇話会編・前掲書(注50)二五頁以下。

(78)　中村・前掲論文(注74)三二〜三三頁。

(79)　土橋信男「ニュージーランドにおける先住民政策の現状Ⅰ」ウタリ問題懇話会編・前掲書(注50)八二頁。報告書以後の文献として、齋藤憲司「ニュー・ジーランド先住民とワイタンギ条約」『外国の立法』〈特集先住民族〉三二巻二・三号(一九九三年)二三六〜二三七頁。

(80)　『第一一二回国会衆議院内閣委員会議録』第三号(昭和六三年三月二四日)一五〜一六頁。

(81)　北海道ウタリ協会編・前掲書(注1)六五七〜六七四頁。

(82)　一九八八年五月九日付『北海道新聞』によると、論議が集中したのは、国および地方議会におけるアイヌ代表への特別議席の付与、先住権と自立化基金の解釈と意義付けについてで、「懇談会答申の趣旨を尊重」とする執行部案に対し、代議員席から「答申案尊重ということは特別議席の要求を放棄したことになる。参政権抜きの新法は福祉法でしかなくなる」「答申では自立化基金を土地や資源に対する先住権の補償としているが、承服出来ない。自立化基金で先住権を放棄させられてはたま

郵便はがき

料金受取人払郵便

札幌中央局
承認

2910

差出有効期間
H30年7月31日
まで

060-8788

札幌市北区北九条西八丁目
北海道大学構内

北海道大学出版会 行

ご氏名（ふりがな）		年齢 歳	男・女
ご住所	〒		
ご職業	①会社員 ②公務員 ③教職員 ④農林漁業 ⑤自営業 ⑥自由業 ⑦学生 ⑧主婦 ⑨無職 ⑩学校・団体・図書館施設 ⑪その他（ ）		
お買上書店名	市・町 書店		
ご購読新聞・雑誌名			

書　名

本書についてのご感想・ご意見

今後の企画についてのご意見

ご購入の動機

1書店でみて　　2新刊案内をみて　　3友人知人の紹介

4書評を読んで　　5新聞広告をみて　　6DMをみて

7ホームページをみて　　8その他（　　　　　　　）

値段・装幀について

A　値　段（安　い　　普　通　　高　い）

B　装　幀（良　い　　普　通　　良くない）

HPを開いております。ご利用下さい。http://www.hup.gr.jp

らない」などの意見が出され、執行部側は、「特別議席の要求は放棄しない」「答申は先住権をわかりやすく説明するために、土地や資源への補償をあげた」などの答弁をし、最終的には、答申の趣旨を尊重し、知事、道議会、ウタリ協会が一体となって新法制定を推進する、とする執行部案が承認されたことが報じられている。

(83)『先駆者の集い』四七号（昭和六三年一〇月）北海道ウタリ協会編・前掲書（注1）六五八～六五九頁。

(84) 同右紙四八号（昭和六三年一一月）同右書六七五～六七六頁。

(85)『第一一四回国会衆議院内閣委員会議録』第四号（平成元年三月二三日）一九頁。

(86)『第一二〇回国会参議院内閣委員会会議録』第五号（平成三年四月九日）五頁。

(87) 同右会議録七頁。

(88) 同右。

(89) 吉川和宏「先住権の保障―アボリジニとアイヌ民族」『東海法学』一四号（一九九五年）二二二頁。

(90) 吉川・同右論文二二三～二二四頁。

(91) 江橋崇「先住民族の権利と日本国憲法」樋口陽一ほか編『憲法学の展望』小林直樹先生古稀祝賀（有斐閣・一九九一年）四八七～四八八頁。

(92) 新崎盛暉「日本におけるマイノリティー問題―アイヌ問題を中心に」『沖大法学』一〇号（一九九〇年）二一頁・注[10]。

(93) 常本照樹「先住民族の権利―アイヌ新法の制定」深瀬忠一ほか編『恒久世界平和のために』（勁草書房・一九九六年）九九六頁。

(94) 同右。

第三章　アイヌ文化振興法の制定

第一節　アイヌ新法制定に向けてのアイヌ民族の活動と政府の対応

一　「アイヌ新法問題検討委員会」における検討

1　アイヌ新法問題検討委員会の設置

一九八八(昭和六三)年八月に北海道知事、北海道議会および北海道ウタリ協会から新法制定を要請されていた国は、一九八九(平成元)年一二月四日に関係事務次官会議を開催し、既設の「北海道ウタリ対策関係省庁連絡会議」の下に新たな省庁を加え、内閣官房内閣内政審議室を議長とする検討委員会を臨時に設置することにした。この検討委員会の構成員は、内閣内政審議室、内閣法制局、法務省、外務省、文部省、厚生省、建設省、総務庁、北海道開発庁である。(1)議長は内閣内政審議室が務め、事務局は内閣内政審議室と北海道開発庁が担当することになった。窓口の設置を要請され一年余で、ようやく国の窓口が決められたのである。

一九九〇(平成二)年一月一二日にアイヌ新法問題検討委員会は、初会合を開き、内閣内政審議室と北海道開発庁がアイヌ新法制定を巡る経緯を説明した後、当面の作業日程として、①ウタリ対策関係省庁連絡会議を二月に開き、新法制定を国に要請した北海道から、ウタリ対策の歴史、アイヌの人々の実情、新法制定要請の経緯などの事情を聴くこと、②三月以降に検討委員会を開き、北海道の要請について具体的、詳細に事情聴取することを決めた。(2)

新法問題検討委員会の開催状況と検討概要については、後述する村山内閣の成立直後の時期である一九九四（平成六）年七月一一日に北海道ウタリ協会の代表（野村義一理事長、笹村二朗副理事長、秋田春蔵副理事長、佐藤昭常務理事、佐藤幸雄事務局次長）による「中央要請」の一環として内閣内政審議室（井口直樹審議官、宮本直樹主査）との話し合いをもち、その中で明らかにされている(3)。

開催状況は、一九九〇（平成二）年一月一二日から一九九四（平成六）年七月八日まで、合計三六回開き、北海道からのヒアリングが、一九九〇年六月二二日から一九九二（平成四）年二月二五日まで、連続して九回にわたって行われている。続いて北海道ウタリ協会のヒアリングが、一九九二年六月二六日と同年一〇月二七日の二回行われている。北海道のウタリ問題懇話会の元委員からは、一九九三（平成五）年一月二二日に中村睦男、同年三月二三日に常本照樹、同年五月二五日に藤本英夫がヒアリングを受けている。その他学識経験者として、波多野里望（国際法）が二回、埴原和郎（人類学）、吉崎昌一（人類学）、大塚和義（文化人類学）からのヒアリングがあり、三六回目には、北海道からのヒアリングを行っている。

２　検討結果の概要

新法問題検討委員会での検討結果の概要は、一九九四（平成六）年七月一一日に北海道ウタリ協会と内閣官房内政審議室との話し合いで明らかにされている。北海道ウタリ協会のまとめによると、概要は次のようになっている(4)。

①　新法制定要望に対しては、アイヌの人たちの気持ちに前向きに応じたいと思っている。

②　先住民族という言葉は、日本の文献の中にない。我が国の憲法を改正してなら明確であるが、改正なしで進めるということであれば、そのできる範囲で新しい立法ということを整理する必要がある。

③ 先住民族の権利の問題にこだわらないというのなら、そのように進めることも考えられる。

④ 実質的作業内容は法律論の論理構築になってくる。内政審議室だけでというわけにはいかない。政府をはじめ、国会、学者、マスコミ、そして国民の合意も必要である。

・憲法との絡みでその整合性が論議される内容が含まれること。

・先住との関連で過去の事実事項の掌握の必要性があること。

・アイヌは先住民族であるか否か、またその人たちに係る権利とは何かとの確認の必要性があること。最高裁の判決が出された国や憲法の条文に明記された国とは違う。また、中米のように一六〇〇年代からの先住関係が明らかになっている国などに比べアイヌの場合には難しさがある。

・参考とする理論、実績等や文献が少ない。法律制定には普通、諸学説の論争、世論の一定の合意等の環境が熟していくが、そのような経緯をたどっていかない。

　事務的には検討の域を越える難しい問題が大きく横たわっており、政治的に解決することが望ましい問題であると感じている。

⑤ 国連の先住民に関する権利宣言が出されればとも考えているが、明らかに先住民以外のグループの参加があったり、情報では宣言までの道程も厳しいとのことで待っているわけにはいかないとも思っている。

⑥ 先住民族の権利とは何かということについて、我々自身もよくわからない。国際的にもまだ決まっていない。時間がないということであれば、できる範囲内ということも考えられる。

⑦ アイヌ民族とその他の日本人との関係は一体どのようになっているのか？　歴史学、言語学等の今後の検討において事実関係が分かり固まれば、その次は、権利の問題、他の日本人と違った特別な権利を持つということがあるか否かである。

ここでは、アイヌ新法を制定するに当たって検討すべき問題点が率直に語られている。また、新法問題検討委員会の検討が進まなかった理由として、先住権は現行法の中に直ちに見いだされるものではなく、かえって、自立化基金などアイヌのみを受益者とする施策は平等原則に抵触するおそれがあることや土地権の主張と憲法二九条の問題があるとされたことが指摘されている。(5)

二　自由権規約に関する第三回政府報告

自由権規約(国際人権規約B規約)に対する国連への第三回政府報告は、一九九一(平成三)年一二月に国連に提出された。第三回政府報告は、第二七条について、「我が国においては、自己の文化を享有し、自己の宗教を実践し、又は自己の言語を使用する何人の権利も否定されていない。本条との関係で提起されたアイヌの人々の問題については、これらの人々は、独自の宗教及び言語を有し、また独自の文化を保持していること等から本条にいう少数民族であるとして差し支えない。これらの人々は、憲法の下での平等を保障された国民として上記権利の享有を否定されていない」(6)と述べ、アイヌの人々が同規約第二七条にいう少数民族であることを明示的に記載し、アイヌ民族を少数民族であることを認めるに至った。(7)第三回報告は、一九九四(平成六)年以来、三次にわたって北海道が進めている「北海道ウタリ福祉対策」に日本政府が協力して、アイヌの人たちの生活水準の向上と一般道民との格差の是正を図っていることを報告している。

このようなアイヌの人々に関する認識の変化は、政府報告の審査をきっかけの一つとして、国内的議論の深まりを踏まえ、我が国が独自に判断したものとされている。(8)日本政府の第三回報告書を審査される際に、国際人権協会(ＪＣＬＵ)から第二回カウンターレポートが自由権規約委員会に提出されている。第二回カウンターレポートは、「アイヌ民族は、日本列島の北部に居住してきた先住民族であり、日本民族とは明らかに異なる言語、宗教、文化、伝統を有する」という立場から、「今回の政府報告書で政府も認めているように、アイヌ民族は規約二七条の民族的少数者であり、政府にも一定の行政上の改善策を取る動きがあるが、その動きはかなり停滞しがちの状況であり、二七条に規定される彼らの民族的少数者としての権利は未だに十分に保障されていないと言える」ことを指摘している。そして、日本政府に対して、「差別的色彩の濃い北海道旧土人保護法の撤廃と、先住民として、かつ民族的少数者としてのアイヌ民族の諸権利を保障・具現する、早期の立法的・行政的対処を望む」ことを明らかにしている(9)。

三　アイヌ新法制定に向けてのアイヌ民族の活動

一九九二(平成四)年一二月一〇日に国連が定めた「世界の先住民国際年(国際先住民年)」の開幕式典がニューヨーク国連本部で行われ、北海道ウタリ協会野村義一理事長が記念講演を行っている(10)。野村理事長は、アイヌ民族の歴史と民族の尊厳と民族の権利を最低限保障する法律の制定を政府に求めている現状を説明するとともに、国連に対して「先住民族の権利を保障する国際基準を早急に設定」すること、「先住民族の権利状況を監視する国際機関」を確立することを求めている。

「先住民に関する国連作業部会」には、一九八七(昭和六二)年以来毎年野村理事長ほかアイヌ関係者が出席している。同作業部会のダイス議長が、北海道ウタリ協会の招聘により、一九九一(平成三)年五月に来道、アイヌ民族の現状を視察し、シンポジウムに参加した。『先駆者の集い』第五七号の一面には、「「アイヌ民族は先住民族である」と私は声を大にして申し上げたい。ですからアイヌ民族は先住民族としてのあらゆる権利を有するものである。そして先住民族としてのあらゆる保護をうける権利を有するものである。これが私の第一のメッセージです。第二のメッセージは「平等・無差別」ということは、調和のある幸せな社会を築く上で避けることの出来ない基礎であります。お互いに敬意を払い、お互いに平等の権利を認め合い、是が非でも幸せな社会を築きあげましょう」という力強いメッセージを寄せている。(11)

アイヌ新法制定に向けての市民向けの集会も活発に行われている。一九九〇(平成二)年一一月、一二月には、「アイヌ民族の新法制定を考える集い」が福岡県、大阪府、東京都で開かれている。(12)一九九二(平成四)年には、国際先住民年記念事業として、三月二七日に北海道ウタリ協会の会員、関東ウタリ会、アイヌ民族の今を考えるレラの会等の参加により、国会周辺でアピール行動を行っている。(13)

国際先住民年に当たる一九九三(平成五)年は、北海道ウタリ協会にとってもアイヌ新法制定を求める積極的な活動を行った年である。同年八月二三日には、「国際先住民年「アイヌ新法」早期制定総決起集会」が札幌市で開催され、約三五〇名の参加者があった。(14)「この集会には、国際先住民年に因み、二風谷フォーラム93に参加した、アメリカ、カナダ、スウェーデン、フィリピンの四カ国の先住民族一七名をはじめ、沖縄、本州などからも参加があり、大きな盛り上がりをみることができました」と報告されている。集会の「声明」文では、①先住民族の認知、②アイヌ民族に関する新しい法律の制定、③北海道旧土人保護法及び旭川市旧土人保護地処分法の廃止、を求めている。

「二風谷フォーラム93」は、国際先住民年記念事業として、実行委員会をつくり(実行委員長川奈野惣七、事務局長貝澤耕一)、北海道平取町で行われた。このフォーラムの主要テーマは、「ともに生きる世界をめざして」(①先住民族の人権、②先住民族と環境問題、③伝統文化の継承と教育)で、四日間で一三カ国、二七民族、延べ四〇〇〇人が参加して行われた。(15)

同年九月一九日には東京の明治学院大学を会場にして、「アイヌ民族の新法制定を考える集い」が、北海道ウタリ協会主催で開かれた。[16] 一九九二年ノーベル平和賞を受賞し、国際先住民年国連親善大使であるリゴベルタ・メンチュウのスピーチがあり、ついで、アイヌ新法制定についてのテーマディスカッションが、メンチュウのほか、野村義一、萱野茂、上村英明をパネリストにして行われた。なお、メンチュウ女史は、北海道にも来訪し、アイヌ民族との交流を行っている。[17]

北海道ウタリ協会は、北海道の市町村議会に対して、アイヌ新法制定促進の議決を要請している。その結果は、一九九四(平成六)年六月末現在、道内二一二市町村議会(市は三二のうち三〇、町村は一八〇のうち一六一)となり、その議決率は九〇・一%(市九三・八%、町村八九・四%)に達している。

国連先住民作業部会に対して、一九九四(平成六)年にも、北海道ウタリ協会の野村義一理事長と澤井政敏理事が出席した。従来の出席の成果として、①日本政府からアイヌ民族が少数民族であるとの認知を引きだしたこと、②政府の新法検討委員会のメンバーに外務省、労働省を加えるに至ったこと、③国際の場でアイヌ民族の歴史、文化、現状等の立場の理解を求めたこと、④アイヌ民族が日本の先住民族であるという国連の認知を引きだしたこと、を挙げて、国連の先住民作業部会への出席の評価を行っていることは注目される。[18]

第二節　村山富市内閣の成立と萱野茂議員の誕生

一　自民党・社会党・新党さきがけ連立政権による村山内閣の成立

1　村山富市内閣の成立

一九九四(平成六)年六月三〇日に自民党・社会党・新党さきがけの三党による連立政権が誕生し、内閣総理大臣に社会党の村山富市が、内閣官房長官には社会党の五十嵐広三が就任した。五十嵐広三は、元北海道旭川市長であり、一九八〇年以来当選五回のベテラン議員である。

2　萱野茂参議院議員の誕生

村山政権の成立直後の七月一九日に、社会党参議院比例代表選出議員松本英一が死亡したことにより、萱野茂が八月五日付で繰り上げ当選した。萱野茂は日本の憲政史上初のアイヌ民族の国会議員である。

萱野茂は、北海道平取町の町会議員を務めていたが、一九九二(平成四)年七月二六日に行われた参議院議員選挙で、比例代表選出議員として社会党より立候補し、名簿一一位で落選した。参議院議員選挙に立候補するに至った事情について、萱野は次のように述べている(19)。

「一九九一(平成三)年夏、日本社会党がアイヌ民族のなかから誰かを立候補させ、弱い立場の人たちの声を国政の場へ届けようと考えているという噂が聞こえていたが、私は町会議員でさえ自分には似合わないと思っていたので、国会議員など夢にも想っていなかった。それが、翌年一月、入院中の貝沢正さんに呼ばれ、私が病室に入ると遺言めいた話を始めた。「全道労協センターがアイヌのなかから国会議員を出すために、ウタリ協会へ人選を依頼してきている。私が思うには、会員こぞって推せるのは萱野さんしかいないとみんなが考えているはず。だによって、もし声がかかったら、嫌であろうが引き受けてくれ」と。私は内心驚いた。〔中略〕国会議員に立候補することに私自身の心は揺れ動いていた。俺でよかったら、ウタリみんなが必要としているのなら、国会の場でアイヌ語でウコチャランケ（ウ＝お互い、コ＝目的、チャ＝ことば、ランケ＝話し合い）できないだろうか、という気持ちになった。三月七日、ウタリ協会の推薦を受けて立つことに決めた。すぐに全道労協センターが私を参議院比例代表候補者として日本社会党へ推薦してくれた」。

北海道ウタリ協会の機関紙『先駆者の集い』は、その第一面で、「アイヌ民族に二つのビッグニュース」という表題で、「一つは、萱野茂氏が平成六年八月五日付で参議院比例代表繰り上げ当選によりアイヌ民族初の「国会議員」として誕生したことです。萱野氏は平成六年八月八日に村山内閣総理大臣に参議院議員当選あいさつを行いましたが、その際に北海道ウタリ協会の野村理事長が同行し、村山総理に対し萱野氏とともに「アイヌ新法」の早期制定について陳情を行っております。アイヌ民族が日本の憲政史上初めて国会に議席を得たことにより民族の悲願であるアイヌ新法の実現が加速されるものと熱い期待が寄せられています」と報道して[20]、萱野議員の誕生に対して祝意を表明するとともに、アイヌ新法実現への期待が明らかにされている。

萱野茂議員の参議院の委員会所属は、アイヌ新法を扱う内閣委員会と、希望する環境特別委員会である。

二　アイヌ新法に関する参議院本会議における質疑

1　参議院本会議におけるアイヌ新法問題への言及

一九九四(平成六)年一〇月七日の参議院本会議で、社会党の青木薪次議員は、村山内閣総理大臣の所信表明演説に対する質問の中で、萱野議員を紹介してから、「総理、萱野議員は、かねてより、アイヌ民族の権利回復のために差別立法である北海道旧土人保護法を廃止しアイヌ新法を制定すべしとして主張をなされてまいりました。我が党もこれを支持してきましたが、政府はこれにこたえ、まずアイヌ民族問題を担当する正式な部門を設置し新法づくりの環境整備を行うべきだと思いますが、総理の御所見を伺いたいと存じます」と発言し[21]、アイヌ新法問題の担当部門の設置を尋ねた。

村山総理大臣は、「アイヌの方々が歴史的沿革の中で大変な御苦労をされてこられたことについては、私もこれまでさまざまな機会にお伺いをいたしてまいりました」と述べてから、「御指摘のアイヌ新法に関する問題につきましても、政府部内に検討委員会を設け、鋭意検討を行っているところでございます。私といたしましても、今後ともアイヌの方々の要望に十分耳を傾け、検討委員会の審議を深め、さらに緊密な関係省庁との連絡のもとにさらなる支援措置の強化を図ってまいりたいと考えているところでございます」と答弁し[22]、アイヌ新法問題に前向きの姿勢を示している。

2　萱野議員の委員会における質疑

萱野議員の国会議員としての最初の質問は、一九九四(平成六)年一一月九日の環境特別委員会であった。本人は、「ぜんぶアイヌ語で質問するつもりで委員会理事や委員会事務局の方などにも相談したが、アイヌ語の通訳者がいないこともあって、みずから和訳をつけた冒頭の挨拶だけのアイヌ語の使用となった[23]」。

同年一一月二四日の内閣委員会では、最初の部分で、アイヌが和人から受けてきた同化と差別の歴史をアイヌ語で話したのをはじめ、質問時間を全部アイヌ新法問題に使って、いくつかの問題に関し詳しい質問を行っている。そのうち重要と思われる点を紹介する。

①　北海道旧土人保護法の性格

萱野議員の質問は、「アイヌの領土であるアイヌモシリを侵略し、自国に編入した日本国が、旧土人という先住民、旧土人と称する異民族を自国民として同化させ、また狩猟民であった旧土人を農耕民として撫育しようとしたものと理解していますが、いかがでしょうか」であった(24)。説明員である厚生省社会・援護局保護課長松尾武昌は、「この法律の目的でございますが、北海道の開拓が進むにつれ生活の道を失い、困窮に瀕していたいわゆるアイヌの人たちに対しまして、土地を無償で下付し農耕を奨励するなど、アイヌの人々の生活の安定を図るのを目的として制定されたもの」と答えている。

②　旧土人とはだれか

「旧土人とはだれのことなのか。それはアイヌのことであり、もしかして私のことであるのかどうか」という萱野議員の質問に対して、松尾説明員は、「北海道旧土人とは、和人と言われました人たちが北海道に移住していく以前より北海道に居住されておりました人々及びその子孫、すなわちいわゆるアイヌの人たちを言うものでございます」と答えている(25)。

③　アイヌ語の位置づけ

民族のあかしであるアイヌ語を学校教育の中で「言語的にどのように位置づけをしようとしておられるのか」という萱野議員の質問に対し、説明員である文部省初等中等教育局教科書課長の清水潔は、「学校教育は学習指導要領に基づいて教育が行われる形になっております。学習指導要領上においてアイヌ語の言語的な位置づけについて明確な規定はございません」と答弁している(26)。

④　アイヌは先住民族か

政府は、アイヌを「少数民族であることは最近になって渋々認めました」が、「アイヌを先住民族として認めようとしていません」という、最も重要な問題点に関して、萱野議員は、五十嵐内閣官房長官に、「あなたはかねがねアイヌが北海道の先住民であることを政府に求めてきた第一人者でありますが」、「先住民族として認めてくださるかくださらないか、その辺をお伺いできれば大変ありがたい」と質問した。[27] 五十嵐官房長官は、いま述べられた御意見は「これまでの歴史においてアイヌの人々が受けた深い悲しみや痛みに満ちたその思いというものを率直に訴えられたものと存じまして重く受けとめさせていただきたい」という前置きを述べてから、まず、「アイヌの方々が北海道に先住していたということは既に学説上の通説でございまして、また先ほどのお話にもございました北海道旧土人保護法の制定自体が北海道に土着する民族としてのアイヌの方々の存在を示しているものであろうというふうに思うところであります」と答えて、先住の事実は肯定している。しかし、先住民族については、「いわゆる先住民族の定義につきましては、先住権との関係もございまして国際的にもまだ明確な定義がございませんで、国連の関係機関でも議論が続けられている難問でありますことは御承知のとおりでございます。政府としては今後アイヌ新法問題論議の中で真剣に検討を進めさせていただきたい」と、アイヌを先住民と認める問題の検討を前向きに進めると答えている。

萱野議員はさらに「アイヌ民族の尊厳の回復と新たな共生の社会に向けての第一歩としてアイヌ新法の制定を速やかに決断すべきと思います」と発言した。これに対して、五十嵐官房長官は、「この際アイヌの方々の思いをしっかり受けとめて、現実的な解決策を見出すべく私といたしましてもできる限りの努力をしたい」とし、「人権を重視する村山内閣として真剣な検討を進める決意であります」と答えている。[27]

このように国会の場で、アイヌ民族である国会議員とアイヌ問題に長年取り組んできた内閣官房長官との間で、アイヌ新法問題の核心に触れる議論がなされたことは、重要な意味を持っている。

三　北海道ウタリ協会の活動

(1)　中央要請

村山内閣の成立と萱野参議院議員の誕生により、アイヌ新法制定に向けての運動が積極的に展開されて行く。一九九四(平成六)年一〇月二一日には、野村義一理事長、笹村二朗・秋田春蔵両副理事長、佐藤幸雄事務局次長が上京し、萱野議員同席のもとで五十嵐官房長官に陳情を行うとともに、村山総理大臣宛の陳情書を官房長官に託し、また、自民党・社会党・新党さきがけの与党三党でアイヌ問題を担当する責任者に陳情した(28)。その後も、同年一一月二八～二九日、一二月二一～二三日に、野村理事長、笹村副理事長、佐藤事務局次長が、関係国会議員および関係省庁の幹部に陳情を行っている。

(2)　北海道内における陳情

道内においても、アイヌ新法の早期制定のために活発な活動が見られた。一〇月一二日に「平成六年度自民党道連政策懇親会」、一一月三日に「新党さきがけ北海道対話の集い・陳情会」、一一月二六日に「国政とむすぶ道民フォーラム」、一二月四日には「衆議院議員「高橋辰夫君を励ます会」」に、いずれも野村理事長はじめ、北海道ウタリ協会の幹部が出席しており、アイヌ新法の早期制定が会合の第一の要望事項に挙げられている(29)。

(3)　北海道外における啓発活動

一九九四(平成六)年度のウタリ福祉啓発事業(アイヌ民族に関する歴史等の理解を深めてもらうための道外啓発事業)として、一一月四日に那覇市で開催された「アイヌ民族の新法制定を考える沖縄の集い」、一一月三〇日に仙台市で行われた「アイヌ民族の新法制定を考える宮城の集い」、一二月二日に東京で開かれた「アイヌ新法制定を考える東京の集い」がある。いずれの集会でも、野村理事長が、「なぜアイヌ民族の新法制定を求めているか」と題する講演を行っている。(30)

四　アイヌ新法検討プロジェクトチームによる「私的懇談会」設置の要求

与党政策調整会議の審議を経て、一九九四(平成六)年一二月一日に「アイヌ新法検討プロジェクトチーム」が発足し、同日に開かれた第一回の会合でその構成メンバーが決定された。(31)自民党から高橋辰夫(座長)、武部勤・金田英行衆議院議員、社会党から池端清一衆議院議員、山口哲夫・萱野茂参議院議員、新党さきがけから鳩山由紀夫・宇佐見登(のち枝野幸男に交代)衆議院議員である。この日の会合で、アイヌ新法制定のための審議会設置の働きかけと、それに伴う予算要求行動が確認された。

第二回会議は、一九九四年一二月八日に開かれ、新法制定に向けて内閣官房長官の下に北海道ウタリ協会、学識経験者等で構成する「私的懇談会」を設置するよう政府に申し入れることとされた。「私的懇談会」にしたのは、審議会の設置のためには、法案提出が必要になることや予算措置が絡むことから時間がかかると判断されたからである。

さらに、与党アイヌ新法プロジェクトチームは一二月二二日に鳩山由紀夫議員を除く全員が出席し、各党座長連名で、北海道旧土人保護法に代わる新制度(法制度を含む)を検討するため、内閣官房長官の下に「私的懇談会」を設けることを文書で申し入れた。その際に、同懇談会の検討を、①時間が長くならないように、②新年早々に着手するように、の二点について口頭で申し入れた。

与党プロジェクトチームの「私的懇談会」の申し入れについて、翌一九九五(平成七)年一月二七日の衆議院予算委員会で、社会党の池端清一議員から五十嵐官房長官に質問がなされた。[32] 池端議員は、「アイヌ新法問題でありますが、先般、与党の政策調整会議のもとでアイヌ新法検討プロジェクトチームが設置されました。十二月二十二日に、五十嵐官房長官に対して、ぜひ官房長官のもとで私的諮問機関である懇談会を設置して、新法の制定を含むアイヌ問題について、ウタリ問題について、ひとつ早急な検討を進めてもらいたいと強く要望したところでございますが、まだ御返事がございません。きょう、実は御返事を聞かせてもらいたい、こう思います」と質問した。

これに対して、五十嵐官房長官は、「池端委員を初めとして、プロジェクトチームの皆さんが大変熱心にお取り組みをいただきまして、この前、三党のチームから、お話しのように、官房長官の手元に、この際、アイヌ問題に関する懇話会をつくって、法問題を含めて各般の問題についてしっかりひとつ討議をしてみてはどうか、そしてなるべく早く方向を固めよ、こういうようなお申し入れがございまして、三党一致しての与党のそういうお申し入れでもございますし、私といたしましては、私の手元にそのような懇話会のようなものを設けて、専門家等を中心にしっかり勉強をいたしたい、このように考えている次第であります」と答えて、「私的懇談会」を設置するのに積極的な姿勢を示している。

池端議員は、重ねて、「阪神大震災という未曾有の災害に直面して作業もおくれていることは十分理解はいたします」が、「これは、事は単なる北海道のローカルの問題では」なく、「事柄は人権の問題であり、民族の問題でございます」ことをきっちり踏まえて対処することを強く求めている。

北海道ウタリ協会は、一九九五(平成七)年二月一四～一五日に、野村理事長、笹村・秋田両副理事長、佐藤事務局次長が上京し、自民党、新党さきがけに対する陳情を重点的に行っている。[33]

第三節 「ウタリ対策のあり方に関する有識者懇談会」の設置と報告書の提出

一 ウタリ対策有識者懇談会の設置

1 ウタリ対策有識者懇談会の構成

五十嵐広三官房長官は、一九九五(平成七)年三月一日に、「ウタリ対策のあり方に関する有識者懇談会」の設置と委員名を発表した。元最高裁判所判事で憲法学者・英米法学者として学界の重鎮である伊藤正己、国立民族学博物館長佐々木高明(民族学)、広く国民に人気のある作家の司馬遼太郎、北海道大学教授中村睦男(憲法学)、お茶の水女子大学教授原ひろ子(文化人類学)、東京大学教授山内昌之(中東・中央アジア研究)、北海道知事横路孝弘(四月より堀達也に交代)で、合計七名のメンバーで構成された。

なお、アイヌ民族の代表がメンバーに入らなかったことについて、北海道ウタリ協会の内閣内政審議室との面談では、審議機関には利害関係者は入るが、私的懇談会は有識者会議の位置づけになっており利害関係者は入らないということであった(34)。なお、懇談会にアイヌ民族の意見を伝える場は当然、確保されると言及されている。

2 審議経過

第一回の会議は、一九九五年三月三〇日に開かれ、座長に伊藤正己を選出したほか、ウタリ対策のこれまでの経緯と現状、アイヌの人々の社会経済状況、今後の検討事項、スケジュールの説明と委員の意見交換があった。

第二回会議(一九九五年五月一七日)では、「(社)北海道ウタリ協会野村理事長からのヒアリング」と「北海道松田副知事からのヒアリング」が行われた。野村理事長の意見陳述の全文が機関紙『先駆者の集い』に掲載されている。[35] 野村理事長のアイヌ新法に向けての意見の要旨は、次の通りである。

① 「アイヌ民族が先住民族であるかどうか」については、国連の先住民族作業部会のコボレポートなどから読み取れる「先住民族の基準」として、「先住性」、「被支配性」および「異文化性と民族としてのアイデンティティの保有」があり、このような基準から、「アイヌ民族は、当然に先住民族と断言できる」。

② 「アイヌ新法を要望した基本的な考え方」として、「アイヌ新法制定の目的の本質的なものは、民族的な誇りを持ち、活力ある生活を営むために必要なしっかりとしたバックアップ体制の確保にあると考え」、「私どもの主張というのは、アイヌ民族が先住民族であることを国が認め、法律に基づいてアイヌのための民族政策を確立」することである。

③ 「アイヌ新法の内容についての考え方」として、北海道の「ウタリ問題懇話会」報告で提言されている「アイヌ民族の権利を尊重するための宣言」、「人権擁護活動の強化」、「アイヌ文化の振興」、「自立化基金の設置」および「審議機関の新設」を柱にしている。

④ 「特別議席について」は、北海道の懇話会では合意を得られなかったが、「私個人といたしましては、あれからずっと、特別議席があればとの思いは持っており」、「少数者の意見を政治や行政において、何らかの形で反映されていくことを考えていただきたいと思っている」。

アイヌ民族は委員として、有識者懇談会に参加できなかったが、実質的な審議が始まった第二回会議で北海道ウタリ協会の理事長が意見を述べる機会が与えられ、北海道ウタリ協会の意見は委員も知ることができた。

第三回会議(一九九五年六月一九日)では、埴原和郎東京大学名誉教授からの「自然人類学からみたアイヌ」と題するヒアリングと佐々木高明委員からの「民族学からみたアイヌ」と題するヒアリングが行われた。

第四回会議(一九九五年七月三日)では、新野直吉秋田大学学長から「歴史学からみたアイヌ(古代)」と題するヒアリングと田端宏北海道教育大学岩見沢分校教授から「歴史学からみたアイヌ(中・近世)」と題するヒアリングが行われた。

第五回会議(一九九五年九月二二日)では、国際法を専門とする波多野里望学習院大学教授および山内昌之委員から、それぞれ、「「民族」をめぐる国際的な動きについて」と題するヒアリングが行われた。

同年一〇月三一日および一一月一日には、北海道現地視察があり、白老町、静内町および平取町を訪問した[36]。一〇月三一日に白老町の財団法人アイヌ民族博物館で、財団職員の説明を受けながら博物館展示物、古式舞踊を見学し、野村義一理事長、財団の熊野末太郎理事長のほか、一一名のアイヌ関係者が出席して、委員との懇談を行った。一一月一日には、静内町では、真歌公園アイヌ史跡、静内民俗資料館見学の後、秋田春蔵北海道ウタリ協会副理事長のほか、一五名のアイヌ関係者が委員と懇談した。懇談に先立ち葛野辰次郎エカシを祭司とするカムイノミが執り行われ、委員に感銘を与えた。次いで、平取町を訪問し、二風谷アイヌ博物館を見学の後、川奈野惣七支部長ほかアイヌ関係者が九名参加して委員との懇談を行った。

なお、現地視察の意義について、『先駆者の集い』の記事で、「視察後、伊藤座長の記者会見についての新聞報道によると、悲観的記事が多かったように見うけられました。しかし、各委員が直接、自分の目でアイヌモシリを眺め、アイヌ文化に触れたことは、今後「アイヌ新法」を検討する上で、きっと効果的に反映されるものと考えます」と書かれている[37]。伊藤座長が記者会見で慎重な姿勢をとったのは、座長としての立場によるものと思われ、現地視察は、懇談会のその後の審議において各委員のアイヌ文化に対する関心を高めたことは確かである。

第六回会議(一九九五年一一月二四日)では永井秀夫北海学園大学教授からの「明治期以降の北海道開拓政策とアイヌの人々」と題するヒアリングと中村睦男委員による「北海道旧土人保護法の制定とその運用」と題するヒアリングがなされた。

長らく北海道大学で日本近代政治史および北海道史の研究に従事し、この分野での第一人者である永井秀夫は、その後出版された著書の中で、懇談会で「アイヌは北海道の先住民である」と説明したことを次のように述べている(38)。

「私も一回だけこの懇談会に出て話したことは、「アイヌ民族は紛れもない北海道の先住民である。北海道の最古の民族であるかどうかは関係ない。アイヌ以前にもっと別な民族がいたかもしれないけれども、それは関係ない。つまり大和民族という優勢な強い民族が来たときに居合わせたのがアイヌ民族で、そういう人たちを先住民族という。先住民族であることは間違いなく、和人によってアイヌ文化と生活が破壊されたことも間違いなく、これが現在まで尾を引いていることも間違いはない」。ただそれだけのことをこの懇談会の全員の方に納得していただくように説明しました」。

第七回会議(一九九五年一二月二六日)では、一九九六(平成八)年度北海道ウタリ対策関係予算についての説明と今後の論点の整理が行われた。

第八回会議(一九九六年一月一〇日)では、基本的な論点の整理と、外務省より「先住民族の権利に関する国連宣言案」、「国際先住民の一〇年」、「先住民に対する諸外国の考え方」、「ＩＬＯ一六九号条約」、「人権諸条約におけるアイヌの人々のいちづけ」の説明があり、さらに、論点ごとのフリートーキングがあった。

第九回会議(一九九六年一月三〇日)では、北海道知事堀達也委員より具体的施策に関する北海道としての基本的な考え方の説明、厚生省より北海道旧土人保護法について関連する説明の後、論点ごとのフリートーキングが行われた。

第一〇回会議(一九九六年三月八日)では、報告案のたたき台の説明、去る二月一二日に逝去された司馬委員の見解の紹介の後、報告書案についての意見交換があった。

最終回である第一一回会議(一九九六年三月二八日)には、「報告書(案)」についての審議があり、報告書が確定した。

このようにして、一年間にわたる審議を経て、一九九六(平成八)年四月一日に報告書が梶山静六内閣官房長官に提出された。

二 ウタリ対策有識者懇談会報告書の概要

報告書の本文は、A4判一四頁に、法律の制定や政策の実施を念頭に置き、特に提言の部分では必要な事項を具体的に記載するという姿勢を取っている。本文は、「1 アイヌの人々」、「2 北海道ウタリ福祉対策」、「3 国連等における議論の動向」、「4 新しい施策の展開」および「5 北海道旧土人保護法及び旭川市旧土人保護地処分法の取扱い」の五部構成になっている。

1 アイヌの人々の先住性・民族性の承認とアイヌ文化の特色

(1) アイヌの人々の先住性

北海道に人類が住み始めたのは、今から約二万年以上も前であり、八世紀頃から一二世紀中頃にかけて狩猟・漁撈・畑作などを行い、擦文土器を用いた人々を担い手とする擦文文化期を迎え、この擦文文化期とそれに続く一三世紀頃から一四世紀頃にアイヌ文化の特色が形成される。「和人」との関係は、七世紀頃から交流があったことが窺われるが、文献資料が限られることもあって、アイヌ文化形成期の人々の様子は明らかではないことが多い。しかしながら、「少なくとも中世末期以降の歴史の中でみると、学問的にみても、アイヌの人々は当時の「和人」との関係において日本列島北部周辺、とりわけ我が国固有の領土である北海道に先住していたことは否定できないと考えられる」として、アイヌを北海道に先住していた事実を認めている。

(2)　アイヌの人々の民族性

民族の定義は、「言語、宗教、文化等の客観的基準」と「民族意識、帰属意識といった主観的基準」があるが、その外延と境界を一律に定めることは困難である。アイヌの人々には、民族としての帰属意識が脈々と流れており、民族的な誇りや尊厳のもとに、個々人として、あるいは団体を構成し、アイヌ語や伝統文化の保持、継承、研究に努力している人々も多い。結論として、「わが国におけるアイヌの人々は引き続き民族としての独自性を保っているとみるべきであり、近い将来においてもそれが失われると見通すことができない」として、アイヌの民族性を認めている。

(3)　アイヌ文化の特色

近世のアイヌ文化の大きな特色は、「狩猟・採集・漁撈という伝統的生業、川筋等を生活領域とする地縁集団の形成のほか、イオマンテに象徴される儀礼等の特徴、アイヌ文様に示される独自の芸術性、ユーカラを始めとする口誦伝承の数々、さらには独自の言語であるアイヌ語の存在などが主要な要素として挙げられる」ことを明らかにしている。

(4)　我が国の近代化とアイヌの人々

明治以降、「北海道開拓」を進める中で、同化政策が進められ、伝統的生活を支えてきた狩猟・漁撈が制限・

禁止され、また、アイヌ語の使用を始め伝統的な生活慣行の保持が制限され、アイヌの人々の生活と文化の受けた打撃は決定的なものとなった。

2 北海道ウタリ福祉対策

北海道は、一九七四(昭和四九)年度から引き続き国の支援を受けつつ、総合的な北海道ウタリ福祉対策を進めているが、なお、アイヌの人々の生活格差とさまざまな差別が解消したとはいえず、アイヌ文化の継承・普及に関する施策は近年次第に充実してきたが、一般施策としての限界もあり、必ずしも十分なものといえない。

3 国連等における議論の動向

現在、国連の人権委員会は、作業部会で「先住民の権利に関する国連宣言案」を検討しているが、議論は緒についたばかりであり、その動向を見通せる段階になっていない。今後もその動向を見守っていく必要はあるが、その場合、「我が国からの分離・独立等政治的地位の決定にかかわる自決権や、北海道の土地、資源等の返還、補償等にかかわる自決権という問題を、我が国におけるアイヌの人々に係る新たな施策の基礎に置くことはできないものと考える」のである。

4 新しい施策の展開

(1) 新しい施策の基本的考え方

ウタリ対策の新たな展開の基本理念は、「今日存立の危機にあるアイヌ語やアイヌ伝統文化の保存振興及びアイヌの人々に対する理解の促進を通じ、アイヌの人々の民族的な誇りが尊重される社会の実現と国民文化の一層の発展に資すること」である。なお、「この基本理念に基づくウタリ対策の新たな展開は、過去の補償又は賠償という観点から行うのではなく、アイヌの人々の置かれている現状を踏まえ、これからの我が国のあり方を志向して、少数者の尊厳を尊重し差別のない多様で豊かな文化をもつ活力ある社会を目指すものとして考えるべきであろう」。

ウタリ対策の新たな展開に当たって留意すべきは、本人の意思にかかわらず、一律に施策の対象とすべきではなく、個人を対象とする施策において、アイヌの人々を個々に認定する手続きを設けたり、そのための認定基準や定義を設けることは困難であるから、個人認定を要する施策の新規導入は慎重に考えるべきである。

行政施策でもアイヌの呼称をあえてウタリとすることを選択してきたが、民族的誇りの尊重という基本理念に基づく新たな施策の展開に当たっては、むしろアイヌという呼称を統一的に用いることが適当である。

「先住権」については、「国連等における議論の動向」の中で、政治的地位にかかわる自決権や土地・資源等の返還・補償等にかかわる自決権については否定的であったが、ここでは、「新しい施策の展開は、関係者の間にあるいわゆる「先住権」をめぐる様々な要望に、今日我が国として、具体的に応える道であると信じるものである」と記述して、「先住権」の内容が具体的施策の中で生かされることを指摘している。

(2)　新しい施策の概要（提言）

新しい施策として、次の五点が提言されている。

①　アイヌに関する総合的かつ実践的な研究の推進

民族学、法律学、社会学、考古学、歴史学、言語学等のさまざまな領域から純粋な学問研究という立場を超えたアイヌに関する総合的かつ実践的な研究体制の整備を図るため、国家的な観点に立って拠点となる研究組織を北海道内に設置することが求められる。このため、北海道内において、調査研究の主体となるとともに、共同研究の推進、研究者の育成、資料の収集保存等を行うアイヌ研究推進センター（仮称）の設置が必要と考えられる。
また、アイヌの人々の中から研究者が養成されるよう配慮しつつ、研究奨励金の支給等を通じて若手研究者の養成や支援を行うことが望まれる。加えて、高等教育機関等の理解を得つつ、アイヌに関する教育機会の充実を図ることが重要である。

②　アイヌ語をも含むアイヌ文化の振興

第一に、独自の言語であり、民族としてのアイデンティティの中核をなすアイヌ語の置かれている現状にかんがみ、速やかに所要の施策を講じる必要がある。

具体的には、アイヌ語の入門から指導者の育成が可能なレベルまでのアイヌ語教育、指導者の研修、教材の開発、テレビ・ラジオ等でのアイヌ語番組の提供、アイヌ語による弁論大会が挙げられている。

第二に、民族のアイデンティティにかかわるアイヌ文化の再生・創造・伝承を図るために速やかに所要の施策を講じる必要がある。

具体的には、失われた技術の復元、再生を中心とした技術の保存、民芸品等の展示会の拡充、古式舞踊や音楽などの伝統芸能の発表の場の確保、口承文芸の採取・翻訳・整理を進めること、伝統文化の保存のための映像記録及び解説書の作成などが挙げられ、さらに、国内外での文化・民族交流等の支援、アイヌ文化を総合的に発表する場の確保、優れた芸術作品の表彰、功績者の顕彰などが検討されるべきものとされている。

こうした施策の展開に当たり、「アイヌの人々の自主性を尊重しその意向を十分に反映しつつ、アイヌ文化の振興等を行うことが大切であり、アイヌ文化振興基金（仮称）を設け、活用することも有効な手立てではないか」と考えられると、「アイヌ文化振興基金」の設置に言及されているのは重要な点である。

③　伝統的生活空間の再生

アイヌ文化を総合的に伝承するため、アイヌの伝統的な生活の場（イオル）の再生をイメージし、さまざまな展示施設等を盛り込んだ空間を公園等として整備することが望まれる。

以上①～③は三位一体というべきものであり、有機的連携を確保発展させることのできる実施体制として、「アイヌ文化振興・研究推進機構」（仮称）の設置が提案されている。

「アイヌ文化振興・研究推進機構」は、三つの部門を総合的に実施・推進する組織で、「国及び地方公共団体による財政的支援を前提とし、特定の業務を行うものとして国の指定を受ける」組織で、「上述のアイヌ研究推進センター（仮称）やアイヌ文化振興基金（仮称）もこの機構の中に設けること、及びアイヌの人々の自主性が尊重される運営のあり方が検討されるべきであろう」となっている。

④　理解の促進

アイヌの人々の人権擁護に資する活動の一層の推進の配慮が望まれる。アイヌの人々やアイヌ文化の理解の促進を図るため教員の養成・研修から学校現場に至る流れの中で活用しうる教材等の作成・配布が望まれる。

(3)　新しい施策の実施

新しい施策の実施についてアイヌの人々の理解が得られ、さらに、国民的コンセンサスにまで高まっていくことが重要である。

政府は一体として対応し、可能な限り「新たな立法措置」をもって実施することが望まれる。

北海道及び関係市町村に対しては、「アイヌ語やアイヌ伝統文化の保存振興及びアイヌの人々に対する理解の促進の拠点として北海道の役割がより重要性を増すと思われるので」、施策の一層の充実が図られるのを期待している。

5 北海道旧土人保護法および旭川市旧土人保護地処分法の取扱い

これら二つの法律は、昭和一〇年代以降土地の無償下付の実績がないなどその運用実態も乏しく、今日その存在意義を失っているとみられるので、アイヌの人々に関する新たな施策の展開に伴い、廃止のための措置を講ずることが適当である。なお、これらの法律の廃止に当たっては、北海道旧土人保護法の規定に基づき、北海道知事が現に管理している共有財産(一九九六(平成八)年一月末現在・約一四五万円)は上述のアイヌ文化振興基金(仮称)に充当することが適切である。

三 ウタリ対策有識者懇談会報告書の特色

ウタリ対策有識者懇談会報告書の特色として、次のような点を指摘できる。

第一に、アイヌの先住性と民族性が認められたことである。先住性については、中世末期以降の歴史の中でみると、アイヌは、当時の「和人」との関係において「日本列島北部周辺、とりわけ我が国固有の領土である北海道に先住していたことは否定できない」と報告書は明記し、さらに民族としての帰属意識や文化の特色を維持していることを明らかにしている。アイヌの民族性については、前述のように、日本政府が国連に提出した国際人権規約の自由権規約に関する報告で、アイヌが少数民族であることを認めていたところである。

第二に、近世・近代の歴史の中で、アイヌの社会や生活に決定的な打撃が与えられたことが認められたことである。報告書は、特に明治以降に、「同化政策が進められ、伝統的生活を支えてきた狩猟、漁撈が制限、禁止され、また、アイヌ語の使用を始め伝統的な生活慣行の保持が制限され、アイヌの人々の社会や文化が受けた打撃は決定的なものになった」とし、その結果、多くのアイヌの人々が「差別され、貧窮を余儀なくされた」ことを明確に述べている。(39)

第三に、新しい施策の基本理念が、「アイヌの人々の民族的な誇りが尊重される社会の実現と国民文化の一層の発展に資すること」に求められたことである。アイヌの「民族的な誇り」とか、「少数者の尊厳を尊重し」という言葉に重きが置かれているが、このような表現は司馬遼太郎委員の発言に触発されたものと思われる。(40)

第四に、新しい施策の実施に「可能な限り新たな立法措置をもって」当たることである。アイヌ施策を実施するに当たって、法律の制定が必要なのか、法律が必要とするとどのような型の法律にするのかということは重要な問題とされ、法律の原案を作成する任務を持った行政の担当者が特に苦労した問題である。報告書の作成の過程で、「法的措置によって」が最終段階で「立法措置によって」という文言に改められたことは、新しい法律を作るかどうかについて最後まで迷ったところであるが、アイヌ新法制定への決意を示すものである。(41)

第五に、「先住民族の権利」ないし「先住権」については、政治的地位の決定にかかわる自決権や、北海道の土地・資源等の返還・補償等にかかわる自決権は、新たな施策の展開の基礎にはできないとして、否定的な立場をとっている。ただし、「新しい施策の展開は、関係者の間にあるいわゆる「先住権」をめぐる様々な要望に、我が国として、具体的に応える道である」として、「先住権」の中身は新しい施策で実質的に応えているとする。

このように「先住権」に否定的な立場をとった背景には、日本の立法実務では、新しい分野での法律を新たに制定するに当たって、権利ないし人権を根拠にすることに慎重な態度をとっていることに配慮したともいえる。例えば、公害規制と自然環境保護の分野では、一九七〇年代より環境権を根拠に公害規制や自然保護の法律の制定を求める運動が展開されたが、公害規制と自然環境の保全にまたがる法律として、環境基本法が一九九三（平成五）年に制定された。環境基本法第三条では、健全な環境が、「人間の健康で文化的な生活に欠くことのできないものである」という表現がなされ、環境権という言葉は見られない。学説からは、この規定は国会での審議の経過を見ても、権利としての環境権を否定したものと解されている[42]。また、一九九九(平成一一)年に制定された情報公開法も、第一条の目的規定で、「国民主権の理念にのっとり」と規定しているが、知る権利は明記されなかった[43]。

四 ウタリ対策有識者懇談会報告書に対する反応

1 アイヌ民族側の反応

(1) 萱野茂参議院議員

萱野茂議員は、一九九六(平成八)年五月七日に開催された参議院内閣委員会で、有識者懇談会報告に対し、その評価すべきポイントを次の三点、すなわち、一つは、「アイヌ民族が我が国に先住していたことは学問的に否定できないとした点」において、アイヌ民族を「先住民族であるとしたこと」、二つには、「依然、我が国においてアイヌ民族はその民族としての帰属意識と独自の文化を保っているとしたこと」、三つ目には、「我が国が近代化に移行する歴史過程において、特に明治期以降もアイヌ民族への過酷な収奪、支配が行われ、アイヌの生活、文化が決定的な打撃を受けたとして、一定の歴史総括に踏み込んだこと」にまとめてから、「私を含め北海道に住む多くのアイヌがいい答申をつくってくれたと心から喜んでいる」と述べて、「新しい法律によって過去の歴史に対する一定の清算が行われ」、「歴史的和解に至ることを」梶山静六官房長官に対し、強く要請している[44]。

(2)　北海道ウタリ協会の対応

有識者懇談会報告に対する北海道ウタリ協会の対応は、一九九六(平成八)年度定例総会が同年五月六日に開催され、そこで決議された「アイヌ新法」制定要望で明らかにされている。[45] まず、四月一六日に理事会を開催し「有識者懇談会報告書」の評価と今後の対応について協議した結果、「当協会が求めてきた要望に応えるものではなかったが、新しい立法措置の必要性を求めていることは高く評価できるので、全会一致でこの報告書を受け入れることに決定した。そのうえで、この新法についてはさらに民族対策となる内容を盛り込んだものとするよう今後とも国に対し働きかけをしていくことになった」というのが結論である。

次に、報告書に対する評価がなされている。評価できる内容として、①アイヌの先住性について初めて言及していること、②民族性について再確認していること、③アイヌ文化を独自の文化として明確に認定していること、④日本政府が、アイヌ語を始め、伝統的な生活・文化を制限し、アイヌ民族への支配を押しつけてきたという歴史的事実を指摘していること、⑤アイヌ文化の保存振興およびアイヌ民族に対する理解の促進が、民族的な誇りが尊重される社会の実現と国民文化の一層の発展に資するものであるとの提言をしていること、⑥北海道旧土人保護法などを廃止し新たな法的措置を求めていること、などが挙げられている。

さらに、新法制定に関する要望事項として、①いわゆる「先住権」は、一九八八年北海道知事の私的諮問機関「ウタリ問題懇話会」で報告されているように、この法律を制定するための「根拠」となるものである。「先住民族の権利に関する宣言」が国連で採択されたとき、日本政府はこれを速やかに受け入れ遵守すること、②この法律の対象者は、国内に住むアイヌ民族全体におよぶものであり、居住する地域で区別されるべきでないこと、③この法律に基づく施策の実施にあたっては国の責任で行うこと、④この法律は、従来の福祉対策として施行されるものではなく、民族としての誇りが確保できる民族対策として位置付けすること、このためには、教育支援対策や生活基盤の安定に対する対策などを拡充するとともに、現行のウタリ福祉対策と報告書で述べている文化面に関する施策を一本化し、全ての施策が法的根拠に基づき施行されるようにされたいこと。また、特に重要であるアイヌ民族に関する国民の理解促進並びに啓発活動は「国際先住民の十年」や「国連人権教育の十年」の目的にそって、あらゆる教育に反映されるとともに、法案作成に当たっては、アイヌ民族の意見を十分聴取するよう配慮されたいことを挙げている。

また、新法制定の時期については、政府は、これらの要望を踏まえながら、報告書の新たな立法措置という提言を最大限尊重して、平成九年の通常国会にアイヌ新法法案を上程することを要望している。

(3) 北海道ウタリ協会理事長の交代

一九九六(平成八)年度総会で行われた役員改選で注目されるのは、一九六四(昭和三九)年六月より三二年間理事長を務め、「アイヌ新法」制定に全力投球で指導力を発揮してきた野村義一理事長が交代したことである。新しい理事長には、笹村二朗副理事長が就任した。理事長交代について、一九九六(平成八)年五月一七日付『北海道新聞』は、「一九六四年から八期、同協会の理事長を務め、八四年にはウタリ協会としてのアイヌ新法案をまとめ上げるなど、新法制定に向けて、一貫して指導力を発揮してきた。九二年にはニューヨークで行われた国連の「国際先住民年」開幕式典で先住民族の代表の一人として演説するなど、アイヌ民族の声を世界に訴えた功績も大きい。一方で、協会内部では高齢の野村氏の〝長期政権〟に対し、若返りを求める声も強まっていた」と解説している。

野村理事長は総会での挨拶の中で、「私がアイヌ問題に関わったのは昭和三五年で、ウタリ協会理事長になったのが昭和三九年です。非常に長い間、一人の人間が重要な地位についていたということ、私が高齢になったということで世代交替が求められた訳でございます。今まで長い間、皆さんに支えられて終わることが出来たことにお礼と感謝を申し上げます。どうか皆さん、新しい理事長が誕生した訳ですけれども全道一丸になって、我々の悲願のアイヌ新法を一日も早く制定するように皆で団結してやっていただきたいと思います。皆さん長い間、ありがとうございました」と述べている。(46)

2　新聞の反応

新聞の社説で、ウタリ有識者懇談会の報告書に厳しい態度を表明したのが、報告書提出の直前に出された一九九六(平成八)年三月二九日付『北海道新聞』である。「民族の魂＝先住権を吹き込め」と題する社説では、「答申は一見、アイヌ民族の要求にこたえるかのような体裁を整えてはいる」が、「肝心の「先住権」などは事実上否定している」ことを指摘し、その理由として懇談会のメンバーにアイヌ民族が入っていないことによることを批判している。

一九九六年四月七日付『読売新聞』社説は、「アイヌ新法へさらなる論議を」という表題の下に、まず、「政府はこれまで、アイヌ民族の問題をタブー視し、正面からは取り組んでこなかった」のに対し、「今回の報告書は、歴史認識、先住性、民族性などについても記述し、一歩踏み込んだものといえる」という評価を与え、次に、先住権については、「先住権の問題は、その定義や範囲を含めて、今後さらに論議を深めていくことが必要だろう」としている。最後に、施策を進めるに当たって、「アイヌの人々の声に耳を傾け、その意思を十分に反映したものにすることが何より大切である」ことを指摘している。

一九九六年四月八日付『朝日新聞』社説は、「アイヌ新法は第一歩だ」という表題で、まず、「政府の公的文書が、アイヌ民族の先住の事実を認め、近世以降のアイヌ民族に対する収奪や差別を反省する歴史認識を、はじめて示した」ものという意義を認めている。次に、先住権については、「先住性を認めながら、先住権には言及しないというのは、国民にはわかりにくい理屈だ」と指摘し、日本独自の先住権の検討を進めていく努力を政府や関係者に求めている。最後に、二一世紀に向けて、複数の民族との共生・共存という課題への能力を試される第一歩が、アイヌ新法づくりであると結んでいる。

3　政治家の反応

「ウタリ対策のあり方に関する有識者懇談会」が設置された時に官房長官であった五十嵐広三衆議院議員は、一九九六（平成八）年八月に開かれた北海道ウタリ協会創立五〇周年式典・祝賀会でのテーブルスピーチで、「勿論、多くの仲間のご支援をいただきながら、ご案内のように、「ウタリ対策のあり方に関する有識者懇談会」をつくり、今月いただいた答申は、いろんなことに配慮をつくしたとても良い内容の答申でありました。亡くなられた、司馬遼太郎さんなども委員に加わっていただき、とても適切な発言でありました。しかし、問題はウタリ協会がこの答申を、どう受けとめるかということがいちばん大きな問題であった。この答申を、ウタリ協会の皆さんが総会で議論され、先住権の問題など少し問題として残るものがあるが、大筋としてこれを受け入れるということになりましたことを、私は本当に嬉しかった。心からお礼を申し上げたいと思います」と述べて[47]、「ウタリ問題懇談会」の報告書の内容を評価し、特に司馬委員の発言にも着目しながら、ウタリ協会が大筋としてこれを受け入れたことに感謝の念を表している。さらに、五十嵐議員は、萱野議員と一緒に梶山官房長官に会い、新法に基づく新政策をお願いしたところ、梶山官房長官は「ぜひ、来年の通常国会に新法案を提案出来るようにしたいと話して」いたことを紹介している。

五　札幌地裁二風谷ダム事件判決

アイヌ新法案が国会に提出される直前である一九九七（平成九）年三月二七日に、アイヌを先住民族であることを認める札幌地裁二風谷ダム事件判決が出されて注目された。[48]

1　事件の概要

本事件の概要は、北海道収用委員会が、国を起業者とする北海道日高地方を流れる沙流川水系に二風谷ダム建設のための土地権利取得裁決および明渡裁決をしたところ、土地の所有者である萱野茂および土地所有者貝澤正の相続人である長男の貝澤耕一が原告になり、裁決に先立つ事業認定においてダム建設によるアイヌ民族やアイヌ文化に対する影響が考慮されておらず、土地収用法二〇条三号の「事業計画が土地の適正且つ合理的な利用に寄与するものであること」という要件を満たしておらず違法であるから、これに基づく本件収用裁決も違法であるなどを主張して、本件収用裁決の取り消しを求めたものである。

2　本判決の概要

札幌地裁判決は、土地収用法二〇条三号の所定の要件は、事業計画の達成により得られる利益と失われる利益との比較衡量によって決められるものであるところ、得られる利益が洪水の調節など多くの同種事業におけるものと同様であるのに対して、失われる利益が国際人権規約B規約第二七条および憲法一三条で保障された「先住民族」であるアイヌ民族の固有の文化を享有する権利という重要性を有するものであることから、どちらの利益が優越するかどうかを判断するために「必要な調査、研究等の手法を怠り、本来最も重視すべき諸要素、諸価値を不当に軽視ないし無視し」、安易に得られる利益が失われる利益に優越するものと判断した本件事業認定は違法としている。

しかし、本判決は、結論として、事業認定を違法と判断しながら、事業認定の違法を承継した収用裁決の取り消し請求自体については、ダム本体はすでに完成し湛水していること、不十分ながらもアイヌ文化への考慮がなされていることなどを考慮し、本件収用裁決を取り消すことは公共の利益に適合しないとして、行政事件訴訟法三一条第一項を適用して、原告の請求を棄却するとともに本件収用裁決の違法を判決の主文に宣言する、いわゆる事情判決を行っている。なお、本判決は控訴されず、確定した。

個別的な論点に関する裁判所の判断は、次のようになっている。

(1)　アイヌ民族を先住民族として認めたこと

まず、先住民族の定義については、「そもそも「先住民族」の概念自体統一されたものはなく、これを定義づけることの相当性について疑問がないわけではない」という留保をつけて、「歴史的に国家の統治が及ぶ前にその統治に取り込まれた地域に、国家の支持母体である多数民族と異なる文化とアイデンティティを持つ少数民族が居住していて、その後右の多数民族の支配を受けながらも、なお従前と連続性のある独自の文化及びアイデンティティを喪失していない社会集団である」ということである。

次に、アイヌが先住民族に当たるかどうかの判断に当たって、アイヌは文字を持たない民族であるからアイヌ民族の手による歴史文書等がなく、和人の手になる文献等により判断するところ、「アイヌの人々は我が国の統治が及ぶ前から主として北海道において居住し、独自の文化を形成し、またアイデンティティを有しており、これが我が国の統治に取り込まれた後もその多数構成員の採った政策等により、経済的、社会的に大きな打撃を受けつつも、なお独自の文化及びアイデンティティを喪失していない社会的な集団であるということができる」ことを理由に、「先住民族」に該当すると判断している。

そして、先住民族の文化享有権は、「多数民族の支配する地域にその支配を了承して居住するに至った少数民族の場合以上に配慮を要することは当然である」と判断して、先住民族として認める意義を明らかにしている。(49)

なお、先住権については、「国際的に、先住民族に対し、土地、資源及び政治等についての自決権であるいわゆる先住権まで認めるか否かはともかく」として、その判断を留保している。

(2)　国際人権規約の適用

国際人権規約Ｂ規約は、「少数民族に属する者に対しその民族固有の文化を享有する権利を保障するとともに、締約国に対し、少数民族の文化等に影響を及ぼすおそれのある国の政策の決定及び遂行に当たっては、これに十分な配慮を施す責務を各締約国に課したものと解するのが相当である」。そして、「アイヌ民族は、文化の独自性を保持した少数民族としてその文化を享有する権利をＢ規約二七条で保障されているのであって、我が国は憲法九八条二項の規定に照らしてこれを誠実に遵守する義務がある」ことを明らかにしている。

(3)　憲法一三条による「少数民族に属する個人の文化享有権」の承認

憲法一三条により、「少数民族にとって民族固有の文化は、多数民族に同化せず、その民族性を維持する本質的なものであるから、その民族に属する個人にとって、民族固有の文化を享有する権利は、自己の人格的生存に必要な権利」であることから、「少数民族たるアイヌ民族固有の文化を享有する権利」が導き出されている。また、このように解することは、「Ｂ規約成立の経緯及び同規約を受けて更にその後一層少数民族の主体的平等性を確保し同一国家内における多数民族との共存を可能にしようとして、これを試みる国際連合はじめその他の国際社会の潮流に合致するものといえる」ので、原告らは、「憲法一三条により、その属する少数民族たるアイヌ民族固有の文化を享有する権利を保障されていると解することができる」というのである。

3　本判決の意義

この判決が注目されたのは、アイヌ文化に優越的な利益を認める理由づけの中で、日本の裁判判決上初めて、アイヌ民族が先住民族であることを認め、また、国際人権規約B規約(自由権規約)二七条および憲法一三条を根拠にアイヌ民族に属する個人の文化享有権を認めたことである。さらに、行政事件訴訟法三一条一項による事情判決の実例としても注目されている。

(1)　アイヌ民族の先住民族性

国際法学の岩沢雄司は、本件で札幌地裁が、アイヌをはっきりと「先住民族」と認めており、大変注目されることを指摘し、札幌地裁が提示した先住民族の定義は、「先住性、文化的独自性、被支配性、及び歴史的連続性という国際的に認められつつある諸要素を取り入れた定義」であり、そして綿密な検討を踏まえて、アイヌが「先住民族に該当する」と判断したという評価を与えている[50]。憲法学の常本照樹も同様に、「判決が、支配国家の統治以前からの先住性、文化的独自性、被支配性、歴史的連続性に着目するという国際的に一応の支持を集めつつある先住民族の定義を採用したうえで、アイヌがそれに該当するとしたことは注目される」と述べている[51]。

(2)　国際人権規約の適用と憲法一三条との関係

条約が国内法としてどのような効力をもっているか、そして、条約の一つである国際人権規約が日本の裁判所で適用できるものであるか否かは、憲法学や国際人権法学の分野において重要な論点として論じられてきた問題である。条約の形式的効力は、法律より優位するが、憲法より劣位にあるという見解が、学説の通説となっている。法律より優位にある条約が裁判所でどのように適用されるかという問題について、従来学説の検討も十分ではなかった。また、日本の裁判所は、国際人権規約をその典型的な例とする国際人権法を援用する訴えに対してきわめて消極的であるという状況であった。[52] その中にあって、本判決は、「文化享有権がB規約第二七条によって保障されるという解釈を司法判断として初めて認め、さらに憲法九八条二項によってわが国の遵守義務を導いたことの意義は大きい」ものがあり、「問題の重要性からいっても、また、国際人権規約に基づいて裁決を違法とした点でも、本判決は国際人権訴訟の可能性を大きく進めたもの」という評価がなされているところである。[53]

(3) 憲法一三条によるアイヌ民族の文化享有権の保障

文化享有権を少数民族に属する個人の「人格的生存に必要な権利」として憲法一三条に基礎づけた点に本判決が独自の意義を有するものと多くの学説から評価されている。

(4) 事情判決

行政事件訴訟法三一条一項によると、取消訴訟について、処分または裁決が違法ではあるが、これを取り消すと公の利益に著しい障害を生じさせる場合には、裁判所は、請求を棄却できるが、判決の主文で処分または裁決が違法であることを宣言しなければならないことになっている。行政法学の藤田宙靖によると、具体的にどのような場合に事情判決が行われるべき事例に該当するのかは、困難な問題であるとされ、学説上しばしば設定される例は、ダムの建設の前提となる行政行為(土地収用法に基づく土地収用裁決等)の違法性がダム工事の完了後判明した場合、というように、「殆ど稀有の事例である」とされ、「実際にこの種の事件で事情判決が行われた珍しい例」として本判決が挙げられている。[54]

二風谷ダム事件において、下級審判決とはいえ裁判所が確定判決の中で、アイヌ民族が先住民族として認められ、自由権規約(B規約)[55]第二七条と憲法一三条の解釈により、アイヌ民族の文化享有権が認められたことは、画期的な意味を持っている。なお、本判決の憲法上の問題点については、第五章でも検討する。

第四節　アイヌ文化振興法の制定

一　政府による準備作業

1　「アイヌ関連施策関係省庁連絡会議」の設置

一九九六(平成八)年五月八日に、梶山静六内閣官房長官は、ウタリ有識者懇談会の答申に対応して、アイヌ関連施策関係省庁連絡会議を設置した。内閣官房内閣内政審議室長を議長にし、構成員は、総務庁長官官房長、北海道開発庁計画監理官、環境庁自然保護局長、法務省人権擁護局長、外務省総合外交政策局国際社会協力部長、大蔵大臣官房長、文化庁次長、厚生省社会・援護局長、農林水産省構造改善局長、中小企業庁次長、労働省職業安定局長、建設大臣官房長、自治大臣官房総務審議官になっている(56)。

同年七月一一日には、与党「アイヌ新法検討プロジェクトチーム」は、高橋辰夫自由民主党座長、佐々木秀典社会民主党座長、鳩山由紀夫新党さきがけ座長が梶山静六官房長官に対して、①「ウタリ対策のあり方に関する懇談会」報告書を踏まえ、次期通常国会に、アイヌ関連施策をめぐる新たな施策を盛りこんだ法律(新法)案を提出すること、②そのため、政府は関連施策の具体化に向け検討を急ぐこと、あわせて担当官庁を早期に確定すること、の二点についての要望書を提出した。

同年八月七日には、笹村二朗北海道ウタリ協会理事長が、アイヌ関連施策関係省庁連絡会議で意見陳述を行っている。[57] 意見陳述の内容は、定例総会での「アイヌ新法制定要望」をもとにして、新法制定に関する要望事項を改めて明らかにしている。新法制定の要望事項として、(1)先住民族の権利について、(2)ウタリ福祉対策の拡充について、特に、①教育対策の充実、②生活基盤の安定対策、(3)理解の促進、(4)国の責任について、(5)対象者について、(6)新たな施策の展開について、①アイヌに関する総合的・実践的な研究の推進、②アイヌ文化の振興、③アイヌ文化振興基金、④伝統的生活空間の再生などが挙げられており、最後に、アイヌ新法を一日でも早く制定し、北海道旧土人保護法と旭川市旧土人保護地処分法の廃止を要望している。

同年一二月一三日、アイヌ新法担当の所管主務官庁が、北海道開発庁・文部省・総理府の共管と決定され、梶山静六内閣官房長官と稲垣実男北海道開発庁長官が記者会見を行った。梶山官房長官の記者会見の要旨は、「いわゆるアイヌ新法については、北海道開発庁及び文部省、さらには総理府が共管官庁として対応することとなりました。なお、北海道開発庁長官が、法案のとりまとめをはじめとして、この問題の中心的な主務大臣としての役割を果たしていただくことになりました[58]」ということで、中心的な主務大臣に北海道開発庁長官がなった。

2　第二次橋本内閣の成立とアイヌ文化振興法案の作成

一九九六(平成八)年一〇月二〇日の衆議院議員選挙で自由民主党が勝利し、同年一一月七日に橋本龍太郎自民党総裁が首相に再選され、第二次橋本内閣が成立した。これは、三年ぶりの自民党単独内閣である。橋本龍太郎総理大臣は、一九九七(平成九)年一月二〇日に衆参両院で施政方針演説を行い、その中で、「人権が守られ、差別のない公正な社会の実現に向け、人権に関する教育や啓発など人権の擁護に関する施策を推進いたします。また、アイヌに関する文化の振興や理解の促進を図ります[59]」と述べて、アイヌ施策に関し具体的に言及したのが注目される。同年三月二一日に新しい法律案が作成され、閣議決定された。

3　北海道ウタリ協会によるアイヌ新法案の承認

閣議決定の翌日である三月二二日に北海道ウタリ協会の理事会が開かれた[60]。冒頭笹村理事長からアイヌ新法制定活動等を含めて現段階に至るまでの説明がなされ、各理事から先住権に関する今後の取組み方、アイヌの人権に関する法的保障について、これからアイヌ新法の中で審議される財団法人の体制等について、今後のアイヌ新法に関する協会の基本的な考え方等に意見が出され、最終的には国会審議の中で政府側の先住性についての発言を引き出し議事録などに明記できるように努力することとし、この政府案を理事会として受け入れることを承認した。

その後、北海道開発庁アイヌ関連施策推進室の島田裕永室長から新しい法律案の説明がなされた。ウタリ協会のまとめによると、島田室長の説明の概略は、次の通りである。

・有識者懇談会の報告を受けて最大限できることを検討してきた。

・先住性については、懇談会報告に記述されているとおり、歴史的に定説であり、誰も否定できないと考える。梶山官房長官が閣議後の記者会見で述べたように、先住性に関する事実認識を直接法文に書き込むことは法制上無理。法律は施策が中心となっており、その枠組みの中で書くのは技術的に無理。先住性に意味を持たせるとなると、先住権につながり、現段階では新たな議論が出てくる。また、先住という言葉が熟していない面がある。民族はそうでもないが、先住は簡潔な言葉で説明しにくい。

・法律案に沿って説明。その後、説明に関しての若干の確認、質疑が行われた。

二　国会における審議

1　参議院における審議

(1)　内閣委員会における提案理由と内容の説明

アイヌ文化振興法案は、萱野茂議員への敬意と政治情勢を考えて参議院先議とされた(61)。一九九七(平成九)年四月一日の参議院内閣委員会で、稲垣実男北海道開発庁長官より「アイヌ文化の振興並びにアイヌの伝統等に関する知識の普及及び啓発に関する法律案」の提案理由と内容の概要に関し、次のような説明がなされた(62)。

まず、提案理由については、「アイヌの人々は古くから北海道に居住し、自然と共生する生活の中でアイヌ語、ユーカラ等さまざまな固有の文化を発展させてきた人々であります。近年、これらのアイヌの人々の誇りの源泉であるアイヌの伝統及びアイヌ文化を継承する基盤が失われつつあるとともに、アイヌの人々が民族としての伝統や文化を伝えていることについて、国民一般に十分な理解が得られていない状況にあります。政府といたしましては、これらの状況を踏まえ、アイヌ語その他のアイヌ文化の振興を図る施策並びにアイヌの伝統等に関する国民に対する知識の普及及び啓発を図るための施策を推進することによって、アイヌの人々の民族としての誇りが尊重される社会の実現を図り、あわせて我が国の多様な文化の発展に寄与することを目的として、この法律案を提出した次第であります」と説明している。すなわち、法律案の提案理由は、アイヌ語、ユーカラ等固有の文化をもったアイヌ文化を継承する基盤が失われつつあるので、国がアイヌ文化の振興と国民に対する知識の普及を図る施策を推進することによって、アイヌの人々の民族としての誇りが尊重され、あわせて日本の多様な文化の発展に寄与することである。

次に、法律案の主な内容が次の通り説明されている。

「第一は、国及び地方公共団体の責務についてであります。国はアイヌ文化を継承する者の育成、広報活動の充実、調査研究の推進等アイヌ文化の振興等を図るための施策の推進に努める等の責務を有することとするとともに、地方公共団体はその区域の社会的条件に応じてアイヌ文化の振興等を図るための施策の実施に努める責務を有することとしております。

第二は、施策における配慮についてであります。国及び地方公共団体は、アイヌ文化の振興等を図るための施策を実施するに当たっては、アイヌの人々の自発的意思及び民族としての誇りを尊重することとしております。

第三は、基本方針についてであります。内閣総理大臣はアイヌ文化の振興等を図るための施策に関する基本方針を定めなければならないこととしております。

第四は、基本計画についてであります。政令で定める都道府県は、基本方針に則して、当該都道府県におけるアイヌ文化の振興等を図るための施策に関する基本計画を定めることとしております。

第五は、指定法人についてであります。北海道開発庁長官及び文部大臣はアイヌ文化の振興等に関する全国的な業務を行う民法法人を全国を通じて一に限り指定することができることとしております。

第六は、附則で北海道旧土人保護法及び旭川市旧土人保護地処分法の廃止等を定めています」。

(2)　内閣委員会における審議

一九九七(平成九)年四月四日に内閣委員会でアイヌ文化振興法の質疑が行われた。質疑で問題になった主な点は次の通りである。(63)

①　有識者懇談会報告の趣旨が法律案にどう生かされているか。

自由民主党の橋本聖子議員が、有識者懇談会の報告書は高く評価されるべきであるが、報告書の趣旨はこの法案にどのように生かされているか、という質問に対して、稲垣実男北海道開発庁長官は、本法律案を取りまとめるに当たり報告書を最大限に尊重したところであり、「具体的には、新たな施策の基本理念、新たな施策の内容、指定法人制度を活用した施策の実施等の懇談会報告による提言について、可能な限り本法律案の中で具体化できたものと考えております」と答えている。(64)

②　アイヌの人々の先住性は歴史的事実である。

橋本議員が先住性に関する政府の見解を求めたのに対し、説明員である渡辺芳樹内閣総理大臣官房参事官は、「有識者懇談会の報告書におきまして、アイヌの人々が、中世末期以降の歴史の中で見ると、学問的に見ましても、当時のいわゆる和人との関係において北海道に先住していた旨、記述されている」が、政府としては、この報告書の内容を尊重する旨、答えている。(65)　さらに、民主党の萱野茂議員からなされた、「過日、総理がアイヌの先住性は歴史の事実と述べられ」たが、官房長官および内閣の認識も同じか、という質問に対して、梶山静六内閣官房長官は、「総理の御発言である先住性について、全く私も同感ございますし、また内閣の認識も同じであります」と答弁している。(66)

③　先住権については難しい問題である。

北澤俊美議員は、先住民の権利となるとややこしい話になり、懇談会の報告も否定的に書いてあるが、「せっかくいい法律がスタートするに当たってまた問題を先送りした形になる」として、政府の見解を求めた。(67)　まず、梶山内閣官房長官は、「先住性は当然認められているし、またこれは厳然たる事実であります。しかし、それにさかのぼって先住権というものが発生するのかどうなのかということになりますと、国家の形成や民族の形成その他に大きな影響というか、さかのぼるということの大変難しさがございます」と答えている。次に、稲垣北海道開発庁長官は、「いわゆる先住権をめぐる問題につきましては、政治的、経済的自決権等とも関連をしておりますます。また、国際的にもさまざまな議論がただいま行われている状況にありますので、私どもといたしましては慎重にこれを検討する必要があるものと考えております」と答えている。

④　アイヌの人々は日本固有の少数民族である。

平成会の風間昶議員からは、法律案では、「アイヌの人々の民族としての誇り」が二カ所で使われているが、「民族とは何か」、という質問が出された。政府委員の八木康夫北海道開発庁計画監理官は、有識者懇談会の「一般に、民族の定義は言語、宗教、文化等の客観的基準と、民族意識、帰属意識といった主観的基準の両面から説明されるが、近年においては特に帰属意識が強調されてきており、その外延、境界を確定的かつ一律に定めることは困難である」を引用し、「我々としましても、権威ある報告書で定義された民族の定義、これが政府としての見解ということでご承知をいただきたい」と答えている(68)。さらに、共産党の聴濤弘議員から、この法律で二カ所にわたって「アイヌの人々の民族としての誇り」という言葉が出てくるのは、「今回の法律制定に当たって国としてアイヌを少数民族として認めるということを意味するものだと私は理解いたしますが、それで結構でしょうか」という質問がなされたのに対して、梶山内閣官房長官は、「そのとおりであります」と答弁している(69)。

⑤　指定法人をつくるのは民間レベルでの自主的な活動を尊重することである。

風間議員から、「本当に少数民族施策をやるつもりならば、私はやっぱり政府が直接実施、関与すべきだと思うんです、民族問題というのはそんな単純なものじゃないわけですから」という質問に対して、八木政府委員は、「本法におきまして、国はアイヌ文化の振興等を図るための施策を推進する立場でございます。しかしながら、その施策の推進に当たっては、民間レベルの自主的な活動を尊重しまして、これを適切に支援していく必要があると考えております。このような観点から、国みずからが事業主体となって個々の事業を実施するよりも、民間法人を指定し、当該法人を通じて事業を実施する方がより適切であるというふうに判断した次第でございます」と答えている。(70)

また、共産党の聴濤議員からの、指定法人に対する改善命令、指定の取消し、罰則のような規定がアイヌの自主性を制約するのではないか、という趣旨の質問に対し、八木政府委員は、「これは指定法人の適正な事業の実施を担保するための必要最低限の規制である」と考えるし、「そもそも指定法人はアイヌの人々を中心に取り組まれている自主的な活動を支援していくためにアイヌ文化の振興等に関する事業を実施するもの」と答えている。(71)

⑥　施策と事業の実施に当たっては、アイヌの人々の自発的意思を尊重する。

橋本聖子議員のアイヌの人々の自発的な意思の尊重が重要であるという質問に対して、八木政府委員は、「本法律案では、国及び地方公共団体がアイヌの文化の振興等を図るための施策を実施するに当たりまして、アイヌの人々の自発的意思を尊重するように配慮することとしておりまして、国の施策の中核的な部分を担う指定法人が事業を実施する場合も同様であると考えております。また、指定法人はアイヌの人々を中心としました民間レベルの自主的な活動を支援するものでございます。指定法人が事業を推進するに当たりましては、必要に応じてアイヌの方々の意見を聞きまして、また協力を得ながら進めていくことになるものと考えております」と答えている。(72)

⑦　伝統的生活空間の再生は地元の意向を尊重して進める。

橋本議員からの伝統文化を伝承する空間の整備に関する質問に対し、八木政府委員は、「アイヌ文化は自然とのかかわり合いが特に深いものでございます。自然と共生するアイヌの人々の知恵を生かしました体験や交流の場あるいは工芸技術の伝承の場等を伝統的生活空間として再生することは、アイヌ文化の振興及びアイヌの伝統等に関する知識の普及啓発を図る上で大きな意義を有するものと考えております。このような伝統的生活空間の再生につきましては、ウタリ対策のあり方に関する有識者懇談会の報告書におきましても、「その整備及び管理に当たっては、地元の意向と取組みを重視し、尊重することが大切である」と指摘されておりまして、当面は地元の北海道におきまして基本構想等の調査検討を行っていただくことになっているというふうに承知いたしております」と答えて[73]、地元北海道の検討に委ねている。

以上、全体の議論の流れとしていえることは、質問者と答弁者ともに、ウタリ懇談会報告書の内容に添って議論を展開していることである。

内閣委員会では、質疑の終了後、採決に入り、全会一致で法律案は原案どおり可決された[74]。

次いで、萱野茂議員より、自由民主党、平成会、社会民主党・護憲連合、民主党・新緑風会、日本共産党、太陽の各会派共同提案による次のような附帯決議案が提出された。

「政府は、アイヌの人々が置かれてきた歴史的、社会的事情にかんがみ、アイヌ文化の振興等に関し、より一層国民の理解を得るため、次の事項について適切な措置を講ずべきである。

一、アイヌの人々の民族としての誇りが尊重される社会の実現に資するため、アイヌ文化の振興等の施策の推進に当たっては、アイヌの人々の自主性を尊重し、その意向が十分反映されるように努めること。

一、アイヌの人々の民族としての誇りの尊重と我が国の多様な生活文化の発展を図るため、アイヌ文化の振興に対しては、今後とも一層の支援措置を講ずること。

一、アイヌの人々の人権の擁護と啓発に関しては、「人種差別撤廃条約」の批准、「人権教育のための国連一〇年」等の趣旨を尊重し、所要の施策を講ずるよう努めること。

一、アイヌの人々の「先住性」は、歴史的事実であり、この事実も含め、アイヌの伝統等に関する知識の普及及び啓発の推進に努めること。

一、現在、行われている北海道ウタリ福祉対策に対する支援の充実に、今後とも一層努めること。

右決議する」。

本附帯決議案は、全会一致で内閣委員会の決議となった(75)。

附帯決議の成立の後、稲垣実男北海道開発庁長官より、次のような発言がなされた(76)。

「アイヌ文化の振興並びにアイヌの伝統等に関する知識の普及及び啓発に関する法律案につきましては、本委員会におかれまして熱心な御討議をいただき、ただいま全会一致をもって可決されましたことを深く感謝申し上げます。今後、審議中における委員各位の御高見やただいま議決になりました附帯決議の趣旨を十分尊重してまいる所存でございます。ここに、委員長初め委員各位の御指導、御協力に対しまして深く感謝の意を表し、ごあいさつといたします。どうもありがとうございました」。

(3)　本会議における審議

一九九七(平成九)年四月九日の本会議でアイヌ文化振興法案が議題になった(77)。

まず、内閣委員会鎌田要人委員長より、委員長報告が行われた。委員長報告では、法律案について、「その主な内容は、国及び地方公共団体はアイヌ文化の振興等を図るための施策の推進等に努めなければならないこと、内閣総理大臣は、アイヌ文化の振興等を図るための施策に関する基本方針を定めること、北海道開発庁長官及び文部大臣は、アイヌ文化の振興等に関する業務を行う民法法人を全国を通じて一つに限り指定すること等でございます」と説明している。次に、委員会の質疑では、「アイヌの人々の民族性及び先住性の問題、アイヌ文化の振興等に関する具体的方策等」が問題になったとしている。

委員会が本法律案を可決し、五項目の附帯決議を受けたことが報告された。その後、本会議で議長により法律案は採決され、全会一致で可決された。

2　衆議院における審議

(1) 内閣委員会における法律案の提案理由と内容の概要の説明

参議院で可決されたアイヌ文化振興法案は、衆議院に送付され、内閣委員会に付託された。内閣委員会は、一九九七(平成九)年五月七日にアイヌ文化振興法を審議した。

最初に、稲垣実男北海道開発庁長官が法案の提案理由および内容の概要を説明した(78)。その内容は参議院でなされたものと同じであるので、ここでは省略する。

(2) 内閣委員会における質疑の概要

参議院ですでに法律案の主な問題点が議論されているが、衆議院では同じような内容の質問で、政府の見解を確認したり、あるいは新たな視点からの質疑もみられる。衆議院内閣委員会の質疑でも、参議院の場合と同様に、ウタリ対策のあり方に関する有識者懇談会の報告書を基に法律案が作成されたことを前提にして、質問者および答弁者が議論を展開している。

ここでは、参議院での質疑では必ずしも正面から取り上げられなかった点に留意して、主な問題点の質疑を紹介したい。

①　アイヌ民族の先住性が本法律案に盛り込まれなかった理由は、先住という事実と本法律案に規定する施策との関連性がないからである。

新進党の鰐淵俊之議員から、「先住性というものについて残念ながらこのアイヌ新法の理念の中には盛られなかった」と述べて、先住性についての官房長官並びに政府の考え方を質問したのに対して、梶山静六官房長官は、

「アイヌの先住性という事実認識については、私も尊重いたしておりますし、総理も尊重いたす」ことは変わりないが、「ただ、法律用語としてこれがなじむのかどうなのか、あるいはこの法律の目的に先住性をうたわなきゃならないのかどうなのか、こういう問題も勘案をいたしまして、とにもかくにも早くこの法律を通すことが長い間の地元の方々あるいはアイヌ民族の方々に報いる最大の道であろう」と答えている(79)。

同じく、日本共産党の木島日出夫議員による、懇談会報告書は日本政府に関わる文書として初めてアイヌの人々の先住性、民族性を認めた画期的な文書であるが、本法案に入っていないという指摘に対して、政府委員である八木康夫北海道開発庁計画監理官は、懇談会報告書で「北海道に先住していたこと等について記述されているということにつきましては十分理解している」が、「いわゆる先住性につきましては本法案の立法の動機となっていないということと、また、先住という事実から本法案に規定する施策の推進が導き出されるものではない、関連性がないということで、本法案に盛り込むことは困難であるというふうに考えた次第でございます」と答えて、先住性を法律案に盛り込まなかった理由を説明している(80)。

② 有識者懇談会報告書での「アイヌ文化振興基金」の提言は、将来の課題である。

自由民主党の石崎岳議員は、「このアイヌ新法は民族政策としては画期的なものである」という評価を与えてから、「当初のウタリ協会の法案、あるいは北海道でのアイヌ問題懇話会報告に盛り込まれていたアイヌ民族の権利保障あるいは人権擁護、自立化基金といったものの要望が、その後の、去年のウタリ懇談会報告あるいは今回の新法では触れられていない」理由について、北海道開発庁長官の意見を求めたところ、稲垣実男北海道開発庁長官は、「さまざまな難しい課題があることから、〔中略〕有識者懇談会においても十分御審議いただいた」ので、「政府としては、懇談会報告書の趣旨を十分踏まえて本案を立案した」と答えている(81)。さらに、石崎議員からの、懇談会報告では「アイヌ文化振興基金」を設けるとしていた点はどうなったか、という質問に対し、八木政府委員は、検討の結果、「厳しい財政状況のもとにあるわけでございますが、平成九年度予算におきましては、基金の設置は見送られたわけでございますが、新たな施策の実施に要する経費としまして、文部省と当庁に所要の補助金約一億五千万円が計上されたところ」ですが、「基金につきましては、御指摘のように本法案には盛り込まれておりませんが、これは将来の課題として取り組んでいきたい」と答えている(82)。

③　北海道旧土人保護法を廃止するに当たって、アイヌ民族に対する謝罪と反省が必要か。

長年アイヌ問題に取り組んできた民主党の池端清一議員は、旧土人保護法を廃止するに当たり政府はこれまでの政策を総括し、この際、「アイヌ民族に対する謝罪と反省がどうしても必要であり、それがあってしかるべきではないか」という意見を述べて、梶山官房長官と稲垣北海道開発庁長官に見解を求めた(83)。

まず、梶山内閣官房長官は、「私たちが法律案で、必ずしも皆さん方が十分に満足とは言われないと思いますけれども、この報告書に述べられていることは未来志向的な、これからの我が国のあり方、これを志向し、アイヌの人々の民族としての誇りが尊重される社会を実現することを基本理念とする。委員おっしゃる、謝罪や反省がないではないかと言うけれども、この報告書を全面的に受け入れたというこの事実だけはひとつ御直視を願い、これからの先に向かっての進め方をお互いに心しながら行ってまいることによってその実を上げてまいりたい、このように思います」と答えている(84)。

次いで、稲垣北海道開発庁長官は、「懇談会報告書におきましては、明治以降、我が国が近代国家としてスタートをいたしましてから北海道開拓を進める中で、いわゆる同化政策が進められまして、アイヌの人々の社会や文化が受けた打撃は決定的なものになったこと、当時の政府もさまざまな対策を講じ、明治三十二年の北海道旧土人保護法の施行に至りましたが、いずれの施策もアイヌの人々の窮状を改善するために十分機能したとは言えなかったこと等が記述されているところでございます。懇談会報告書のそのような指摘を重く受けとめまして、今回、国民に対する普及啓発等の施策の実施を通じ、本法案の目的であるアイヌの人々の民族としての誇りが尊重される社会の実現に向けて、これからも真剣に努力してまいることをお誓い申し上げます」と答えている(85)。

いずれの答弁も、懇談会報告書が指摘する事実を重く受けとめて施策を実施することが、謝罪や反省に代わるものと考える立場である。梶山官房長官の言葉によると、「未来志向的な、これからの我が国のあり方」であるという見解である。

④　本法律案は、アイヌ文化の振興を対象にし、経済対策、生活の対策については、北海道ウタリ福祉対策を引き続き実施していく。

アイヌの人々の経済対策や生活対策に関する質問は、何人かの議員によってなされたが、政府の答弁は、一九七四(昭和四九)年以来北海道ウタリ福祉対策が実施され、国レベルでも北海道ウタリ福祉対策関係省庁連絡会議を設けて、関係行政機関の緊密な連携を図りつつ、アイヌの人々の生活水準の向上等に努めてきたことを繰り返し述べている。このうち、共産党の木島議員は、有識者懇談会報告書では、アイヌの人々の民族の先住性、民族性、そして歴史を指摘しておきながら、文化面についてのみ施策の中に盛り込んだことに関し、官房長官と北海道開発庁長官の懇談会報告書に対する基本的な見方を尋ねている(86)。

まず、梶山内閣官房長官は、「今委員御指摘のように、一面性のとうとさ、これは私たちも一面性を一番、特に文化面等を強調したわけでありますが、もう一つの面というか、それを強調すると、逆に言うと差別になりはしないかという心の中に恐れ、こういうものがあったればこそ、若干の私はこのテンポを緩めながらどういうことをなすべきか」、私は、「懇談会の報告書にある思想を、十二分とは申しませんが、全体として国民の理解し得る範囲内の法律を定めたというふうにご理解をいただきたいと思いますし、私もまた、そういうつもりがありますから、今後全くこれによって変更がないということではなくて、第一歩を印したというふうに御理解を願いたいと思います」と答えている。[87]梶山官房長官の答弁には、二点にわたる重要な指摘がある。一つは、経済面や生活面の施策を設けると「逆差別」の問題が出てくる恐れがあるということと、二つ目は、今後変更がないことではなく、「第一歩を印した」ということである。

次に、稲垣北海道開発庁長官は、「基本的にはただいま官房長官が申されたとおりでございますが、本法は、御承知のとおり、ウタリ対策のあり方に関する有識者懇談会でご提言をいただいた新たな施策の基本理念と内容を踏まえまして、アイヌの人々の民族としての誇りが尊重される社会の実現等を目的とした立法措置を行うものでございまして、この目的に直接寄与するアイヌ文化の振興等をこの法律の対象としているところでございます。ご質問のような諸施策につきましては、本法の目的に直接寄与するものでないために、この法律の対象としていないものでございます」と述べて、生活向上の面については、北海道ウタリ福祉対策が実施されていることを説明している。[88]

⑤　伝統的生活空間（イオル）の再生は、地元の意向と取組みを重視し、今年度から三カ年程度の予定で基本構想策定のための調査検討を行ってもらう。

民主党の池端清一議員から、伝統的生活空間の再生の具体的構想、今後の方針の進め方に関する質問に対して、稲垣北海道開発庁長官は、参議院での質疑で紹介したと同様に、伝統的生活空間の意義や有識者懇談会報告では、地元の意向や取組みを尊重する旨の指摘をしてから、基本構想策定の時期について、「今年度から三カ年程度の予定で基本構想策定のための調査検討を行っていただくことになっておる」と説明している。[89]

質疑終了後、直ちに採決に入り、起立総員でアイヌ文化振興法は可決された。[90]その後、御法川英文外五名から附帯決議を付すべしとの動議が提出され、提案者を代表して、金田誠一議員から、自由民主党、新進党、民主党、日本共産党、社会民主党・市民連合及び太陽党の各派共同提案に係る附帯決議案の趣旨説明があり、「起立総員」

で附帯決議を付すことを決定した[91]。附帯決議の内容は、参議院で付されたものと同一であるので、ここでは省略する。また、附帯決議の後、稲垣北海道開発庁長官より参議院の場合と同じ内容の発言があった。

(3) 本会議における審議

一九九七(平成九)年五月八日に開催された衆議院本会議で、「アイヌ文化の振興並びにアイヌの伝統等に関する知識の普及及び啓発に関する法律案」が議題になった。まず、伊藤忠治内閣委員長が内閣委員会での審査の経過及び結果の報告を行った。委員長報告は、本法律案の趣旨説明をし、内閣委員会で全会一致で可決され、附帯決議が付されたことを説明した。その後、本案の採決が行われ、可決された[92]。

三　アイヌ文化振興法の概要

「アイヌ文化の振興並びにアイヌの伝統等に関する知識の普及及び啓発に関する法律」(以下、アイヌ文化振興法と略す)の主な内容は次のようである。

1　立法の趣旨

この法律の目的は、「アイヌの人々の誇りの源泉であるアイヌの伝統及びアイヌ文化(以下「アイヌの伝統等」という。)が置かれている状況にかんがみ、アイヌ文化の振興並びにアイヌの伝統等に関する国民に対する知識の普及及び啓発(以下「アイヌ文化の振興等」という。)を図るための施策を推進することにより、アイヌの人々の民族としての誇りが尊重される社会の実現を図り、あわせてわが国の多様な文化の発展に寄与すること」(第一条)である。

2　アイヌ文化振興法の内容

(1)　アイヌ文化の定義(第二条)

アイヌ文化とは、「アイヌ語並びにアイヌにおいて継承されてきた音楽、舞踊、工芸その他の文化的所産及びこれらから発展した文化的所産」をいう。

(2)　国及び地方公共団体の責務(第三条)

「アイヌ文化の振興等を図るための施策を推進するよう努める」国の責務(第一項)と、「当該区域の社会的条件に応じ、アイヌ文化の振興等を図るための施策の実施に努めなければならない」地方公共団体の責務(第二項)が定められている。

(3)　施策における配慮(第四条)

国及び地方公共団体は、「アイヌ文化の振興等を図るための施策を実施するに当たっては、アイヌの人々の自発的意思及び民族としての誇りを尊重するよう配慮する」こと。

(4)　基本方針(第五条)

内閣総理大臣(一九九九(平成一一)年改正により国土交通大臣及び文部科学大臣)は、アイヌ文化の振興等を図るための施策に関する基本方針を定めなければならないこと。基本方針は、①アイヌ文化の振興等に関する基本的な事項、②アイヌ文化の振興を図るための施策に関する事項、③アイヌの伝統等に関する国民に対する知識の普及及び啓発を図るための施策に関する事項、④アイヌ文化の振興等に資する調査研究に関する事項、⑤アイヌ文化の振興等を図るための施策の実施に際し配慮すべき重要事項、となっている。

(5)　**基本計画（第六条）**

「その区域内の社会的条件に照らしてアイヌ文化の振興等を図るための施策を総合的に実施することが相当であると認められる」政令で定める都道府県は、基本方針に即して、基本計画を定めること。基本計画においては、①アイヌ文化の振興等に関する基本的な方針、②アイヌ文化の振興を図るための施策の実施内容に関する事項、③アイヌの伝統等に関する住民に対する知識の普及及び啓発を図るための施策の実施内容に関する事項、④その他アイヌ文化の振興等を図るための施策の実施に際し配慮すべき重要事項、が定められる。

(6)　**指定法人（第七条）**

北海道開発庁長官及び文部大臣（平成一一年改正により国土交通大臣及び文部科学大臣）は、アイヌ文化の振興等に関する業務を行う民法三四条の規定による法人を全国を通じて一に限り指定することができること。国がアイヌ文化の振興等の事業を直接に実施するのではなく、「指定法人」がそのような事業を実施することについては、前述のように、参議院内閣委員会の審議の中でも質疑があり、政府委員の答弁は、民間レベルの自主的な活動を尊重すること、およびアイヌの人々の自発的意思を尊重することである。

(7)　**指定法人の業務（第八条）**

指定法人の業務は、①アイヌ文化を継承する者の育成その他のアイヌ文化の振興に関する業務を行うこと、②アイヌの伝統等に関する広報活動その他の普及啓発を行うこと、③アイヌ文化の振興等に関する調査研究を行うこと、④アイヌ文化の振興、アイヌの伝統等に関する普及啓発又はアイヌ文化の振興等に資する調査研究を行う者に対して、助言、助成その他の援助を行うこと、⑤その他アイヌ文化の振興等を図るために必要な業務を行うこと、である。

(8)　**北海道旧土人保護法および旭川市旧土人保護地処分法の廃止（附則第二条）。**

⑼　共有財産の共有者への返還(附則第三条)

3　附帯決議

衆議院および参議院の内閣委員会はそれぞれ、法案の採決の後に、同一内容の附帯決議を行っている。附帯決議は、法律としての法的効力を持つものではないが、当該法律についての所管行政機関に対する要望、運用上の注意等を内容とするものである[93]。アイヌの先住性の問題のように議会で議論されても、法律の条文に盛り込まれなかった事項に関して、附帯決議によって運用上尊重されることを要望するものである。

本附帯決議は、①アイヌ文化の振興等の施策の推進に当たっては、アイヌの人々の自主性を尊重し、その意向が十分反映されるように努めること、②アイヌ文化の振興に対しては、今後とも一層の支援措置を講ずること、③アイヌの人々の人権の擁護と啓発に関しては、「人種差別撤廃条約」の批准、「人権教育のための国連一〇年」等の趣旨を尊重し、所要の措置を講ずるよう努めること、④アイヌの人々の「先住性」は、歴史的事実であり、この事実を含め、アイヌの伝統等に関する知識の普及及び啓発の推進に努めること、⑤北海道ウタリ福祉対策に対する支援の充実に今後とも一層努めること、の五点を挙げている。

四　アイヌ文化振興法制定に対する反応

アイヌ文化振興法は、国会の審議の中でも明らかなように、前年に出されたウタリ対策のあり方に関する有識者懇談会報告を下敷きにして作成され、両者が密接に関連しているため、アイヌ文化振興法に対する評価は、有識者懇談会報告に対する評価と不可分な関係にある。

1　アイヌ民族側の反応

(1)　萱野茂参議院議員

アイヌ民族である萱野茂議員は、法案の審議を行った一九九七(平成九)年四月四日の参議院内閣委員会での質問の中で、九九年前に制定された北海道旧土人保護法がようやく廃止され、新たな立法措置がなされようとしていることは、「アイヌと和人の歴史的和解として数百年の歴史を超えた第一歩となるのかと考える」という基本的な立場を明らかにし、また、梶山静六内閣官房長官に対しては、「昨年四月の報告はその歴史的認識を含め画期的なものであり、法案制定にこぎつけていただいたことに改めてお礼を申し上げておきます」と謝辞を述べている。(94)

さらに、萱野議員は、法律制定の一年後である一九九八(平成一〇)年四月一八日に開かれた「萱野茂アイヌ文化講座Ⅱ」のアイヌ新法に関するシンポジウムでのコメントでアイヌ新法制定に当たっての見解を述べている。(94)それによると、「一本の法律を、いま一本の苗を植えることによって、この苗を育てるのは次の世代の皆さんの仕事と思う」と述べ、「私自身、国会のなかでも十分に満足するものではありませんでしたが、ウタリ協会と相談しながら、不満足な状況については内閣委員会の質疑に附帯決議として残し、国会に宿題を預けることで政府案に賛成したわけです」というものである。

(2)　北海道ウタリ協会

法律が制定された一九九七(平成九)年五月八日の約一週間後の五月一六日に北海道ウタリ協会の総会が開かれた。北海道ウタリ協会がアイヌ文化振興法をどのように評価するかという問題は、広く関心を呼んだ。ウタリ協会の評価としては、総会議案書の平成九年度事業計画(案)に基本方針として、「十三年にわたり制定を要求し続けてきたアイヌ民族に関する法律（アイヌ新法）が、アイヌ文化の振興並びにアイヌの伝統に関する知識の普及及び啓発に関する法律（案）として、（中略）参議院本会議で議決し、衆議院に送られた。法律の成立のため、幾多の苦しい選択をしたが、アイヌを民族と位置づけた国内初の「民族法」であり、その制定意義は極めて大きなものがある」と記述されていることから、北海道ウタリ協会は、「「幾多の苦しい選択」とは、法の成立を最優先するために、内容についてはぎりぎりまで譲歩したということであり、内容に大きな不満は残るが、制定そのものの意義を評価している」ということである(96)。

また、北海道ウタリ協会機関紙『先駆者の集い』の新法制定に関する特別号では、第一面に「「アイヌ新法」施行　「旧土人保護法」廃止」という表題の下で、次のような立場を明らかにしている(97)。すなわち、「この法律は、我々が当初求めていたものとは大きく異なる内容となったとはいえ、アイヌを民族としてとらえ、アイヌ文化の振興によってアイヌ民族の誇りが尊重される社会を作るものとするもので、同化政策から明らかな転換を示したその意義は大きなものと考えます」というものである。

笹村二朗理事長も、翌年一月発行の機関紙『先駆者の集い』の「年頭にあたって」のなかで、民族に関するわが国初の法律としての意義を次のように強調している(98)。「昨年は、我々にとって大変意義深い年でした。長年の悲願であった「新法」が五月の国会で成立し七月には施行されました。また、それに基づいて事業を推進する組織として、「財団法人アイヌ文化振興・研究推進機構」も発足しました。この法律には、我々が当初求めていたことの全ては盛り込まれませんでしたが、アイヌを民族集団として認め、アイヌ文化の振興によって、アイヌ民族の誇りが尊重される社会をつくるとする、わが国初の民族に関する法律の制定は画期的なことであり、その意義は誠に大きなものであると考えます」。

(3) アイヌ文化伝承の現場からの発言

アイヌ文化伝承者の反応は、アイヌ文化振興法がアイヌ民族を承認した新しい法律であることの意義を認めつつ、積み残された問題点を指摘するのが一般的な反応であるといえよう。多原良子は、「私たちは、この新しい法律はアイヌのための法律だと思っていました。法律ができるとアイヌにとって大変メリットがあると期待していました。教育や文化、それから差別の解消、雇用問題、自立化基金、いろいろなことを要求しました。しかし、できた法律はアイヌ文化法といわれる法律です」としながら、「今まで蔑視されていたアイヌの伝統文化が、この法律で認められたことを、私達の仲間は大変喜んでいます」と述べ[99]、今後の問題として、「この法律の見直しをやっていかなければなりません。ウタリ協会が、一九八四(昭和五九)年の総会で満場一致で可決し要望していた「アイヌ民族に関する法律(案)」に基づき、先住権を盛り込んだアイヌ民族法に改正していくべきです」という主張をしている[100]。

2　学説からの評価と批判

(1) 法学者の反応

先住民法制の研究者が少ないこともあり、アイヌ文化振興法制定時にその内容に検討を加えた見解は多くない。吉川和宏は、アイヌ新法は今回アイヌ民族文化の振興を中心としたもので、ウタリ協会の原案から見れば、そのごく一部が実現されたに過ぎないが、法律が制定されたことに大きな意味があるとして、その意義を、①これまでさまざまな場面で登場してきた日本国民の単一民族性の主張に対する法的否定と、わが国が複数民族国家であることの表明であること、②アイヌ民族文化の振興が、「我が国の多様な文化の発展に寄与することを目的とする」と第一条に明示されているように、アイヌ民族以外のさまざまな文化を含むわが国における多様な文化の共存、すなわち、多文化の承認にも帰結すること、の二点に求めている[101]。さらに、残された課題として、アイヌが先住民であることが法律に明記されなかったこと、北海道が日本の領土に帰属することがいついかなる法的根拠で認められたのかが明らかにされなかったこと、が指摘されている。

常本照樹によると、「この法律は、日本で初めて、国内に異なる民族が存在することを認め、その文化と伝統を尊重するという内容を盛り込んだものであり、これまでの単一民族国家などといわれることもあった日本にとって画期的な法律だということができる」いう評価を与えるとともに、今回の法律が文化振興と伝統普及の施策に的を絞っているという点で、積み残された問題の例として、社会経済的施策について、北海道ウタリ福祉対策に委ねていることから、北海道外のアイヌは対象外のままになっていることを挙げている[102]。

国際法学の岩沢雄司は、アイヌ文化振興法は、「アイヌが民族であることを認めたことと、同化政策を否定しアイヌ民族の文化振興の必要を認めたことの二点において、画期的な意義を有する」という評価を与えている[103]。

民法学の吉田邦彦は、アイヌ文化振興法では、「文化の継承・振興に問題が「特化」されてしまっていて――それ自体、アイヌ民族の文化的アイデンティティ・誇りの醸成のために意義あることなのであろうが――補償問題などの重要な政治的課題は抜け落ちており、非政治化(depoliticization)された事態を生んでいるようにも映る」という批判を加え、さらに、ウタリ有識者懇談会報告に対して、「北海道の土地・資源等の返還・補償という観点をアイヌに係る新たな施策の展開の基礎に置けないと指摘するが、その理由は必ずしも明示的には述べられず、今後の更なる検討が求められよう(その他、やはり立法化には至らなかったが、かねて議論の的であった憲法論として、民族議席と憲法一四条との関係がある。ここでは深入りできないが、多民族・多文化主義の観点からの「平等原則」の再考それ自体はわが国では今尚議論は十分ではないことのみ述べておく)」と評している[104]。なお、吉田邦彦は、その後刊行された著書で、「補償アプローチ」について詳しく展開し、「アイヌ民族への補償」として、第一に、「過去の不正義に鑑みて、加害者側でその歴史的事実を認め、その歴史的責任を認めつつ、まずは、謝罪を行うべき」こと、第二に、所有権返還に関して、共有財産の返還を増額評価して行うべきであること、第三に、金銭授受で、従来の福祉対策ないし生活向上施策は実質補償的性格を有するが、それが明示されていないため、諸事情から削減される可能性もあり、北海道ウタリ協会が一九八四年にアイヌ新法案で示した「民族自立化基金」に類似したものをつくること、第四に、知的所有権関連の補償(損害賠償)問題についても、慎重な検討が必要であること、を示している[105]。

上村英明は、アイヌ文化振興法の問題点を主要な二点に絞って批判を加えている[106]。第一に、アイヌ文化振興法の特徴は基本的な用語や概念が極めて不明確であるということである。例えば、有識者懇談会報告書では、北海道開拓以降に行われた同化政策の誤りを認め、これによって否定された権利の回復としてアイヌ文化の振興や発展を認めたのに対して、目的を規定した第一条は、「アイヌの伝統及びアイヌ文化が置かれている状況にかんがみ」と言及されているだけで、アイヌ文化を振興する根拠はきわめてあいまいで、歴史的経緯に関しては完全に削除されてしまったとする。また、「民族」に関しても、これが何を意味するのかが不明で、第一条と第四条の二カ所に「民族としての誇り」という文言がみられるが、同法中に見られる用語はすべて「アイヌの人々」で、「アイヌ民族」という用語を使用しなかったのは、論理的整合性を欠くとする。第二に、政府の管轄権が異常に強いという批判である。第三条で国の責任を明らかにしたことは評価できるにしても、第五条以下で、アイヌ文化振興などに関する基本政策は内閣総理大臣が決定し(第五条)、それを実施する自治体も国が決定し(第六条)、北海道開発庁長官と文部大臣は指定法人の設置と事業内容を管轄し(第七～九条)、特に、指定法人への立ち入り調査・改善命令・指定の取消し・罰則などきわめて強い管轄権を有している(第一〇～一三条)というのである。

ただし、上村にあっても、法律を制定することの政治的意義自体は否定されておらず、アイヌ民族の課題として、国内法・国際法、特に国際人権法や国際人権基準の専門家を民族の内部に育成し、あるいは外部の法律専門家と連携を育てあげることも緊急の課題で、このことがアイヌ文化振興法の運用や改正問題にも重要な役割を果たすことを期待している。

(2) 歴史学者の反応

前述のように、ウタリ有識者懇談会の第六回会議のヒアリングで報告を行った永井秀夫は、「アイヌ新法」が「アイヌ文化を振興する法律みたいに」なり、「中途半端で、文化だけを大事にするような法律ができてしまったのですけれども、しかしそれでも画期的だと私は思います。今まであったのは「旧土人保護法」ですから。これが消えたのは結構なことですし、アイヌ文化振興法でも、その条文をみれば、アイヌ民族の民族としての誇りが尊重されるような社会を実現したい、ということが書いてあり、附帯決議にはアイヌの人々の「先住性」は歴史的事実だと述べています。民族の自尊心とか誇りであるとか、アイヌ文化を尊重するといったようなことが、アイヌ文化が今の日本全体にとって大事な文化だということがわかるようにしてある」、「少なくともアイヌ語を守っていくということについてはおそかった」、それでも「新しい第一歩であることはたしかです」と述べて、「新しい第一歩」という意義を認めている(107)。

アイヌ文化振興法に対して批判を加えているのは、アイヌ史の専門家である榎森進で、「アイヌ文化振興法」の内容は、「アイヌ民族が求めてきた「アイヌ新法」の内容より著しく後退したもので、アイヌ民族の「先住権」はいうまでもなく、アイヌ民族の経済生活を保障する施策は何一つ記されず、アイヌ民族を日本の少数民族と認めながらも、ただ単にアイヌ民族の文化の振興を謳った法律に過ぎなかったのである」と述べている(108)。

桑原真人は、「アイヌ文化振興法」の評価はさまざまであるとし、榎森進の所論を厳しい批判として紹介してから、吉川和宏の名前を挙げて、「少なくとも同法の制定によって「アイヌという少数民族の存在が法律上初めて認知」され、そこから日本における「単一民族国家観の否定と文化的多様性の保障」が導かれるという点では、「アイヌ新法の国民全体に対する意義がある」」という評価を与えている。[109]

五　自由権規約に関する第四回政府報告とアイヌ文化振興法

第四回政府報告は、一九九七(平成九)年六月に国連に提出され、翌年一〇月に自由権規約委員会で審査された。政府報告では、一九九三(平成五)年に北海道庁が実施した「北海道ウタリ生活実態調査」によれば、アイヌの人々の生活水準は着実に向上しつつあるが、なお一般道民との格差は是正されていない状況にある。このため第四次北海道ウタリ福祉対策(一九九五年から二〇〇一年)を推進し、アイヌの人々の生活水準の向上と一般道民との格差の是正を図っていることを述べ、日本政府は、北海道庁が進めているこの施策に協力し、この対策を円滑に推進するために、関係予算の充実に努めていることを記している。[110] さらに、「ウタリ対策のあり方に関する有識者懇談会」の報告書に触れ、日本政府は、アイヌ民族の先住性を認め、アイヌ文化振興のために立法措置を含む適切な措置を講ずること、北海道旧土人保護法その他の法律を廃止することが望ましいとする懇談会報告書を尊重し、適切に対処する旨の態度を表明した。[111]

第四回政府報告の審査において、日本政府は、アイヌの人々は国民として憲法が定める平等権を保障されていること、そして一九九七年七月にアイヌ文化振興法を施行し、この法律によって設立された財団が、アイヌに関する研究とアイヌ文化とアイヌの伝統の振興の事業を行い、一九九八(平成一〇)年度の予算として二億八〇〇〇万円が計上されたことを説明した。[112] 委員からは、土地に対する権利、少数者についての保護義務、二風谷事件を引いて先住民族の権利の尊重などに関する質問が出されたが、政府はアイヌの人々が先住民族であるかどうかは今後慎重に検討する旨を述べている。自由権規約委員会は日本政府に対して、アイヌ民族を少数者として認めて「追加的保護措置」を講じることを求めると同時に、新たに先住民族として土地に関する権利を認めるように勧告した。(113)

六　アイヌ文化振興法の意義

北海道旧土人保護法というアイヌ民族を多数派である和人に同化する法律を廃止して、「アイヌ文化の振興並びにアイヌの伝統等に関する知識の普及及び啓発に関する法律」(アイヌ文化振興法)を新たに制定したことは、大きな意味を持っている。

第一に、アイヌ文化振興法制定の画期的な意味は、日本で初めて法律によって、少数民族の存在を認め、独自性を有するその文化と伝統を尊重することを明記したことに求められる。ここで、日本国民の単一民族性が法的に否定されるとともに、アイヌ文化の振興によって、アイヌ民族の「民族としての誇りが尊重される社会の実現」と「我が国の多様な文化の発展」が目的になっている。

第二に、アイヌ民族の先住性については、法律に規定されないで、両院の内閣委員会での附帯決議により、「歴史的事実」として位置づけられたことである。有識者懇談会報告に記載されていた先住性が法律に規定されなかった点については、前述のように、国会でも最も議論された論点の一つである。

衆議院内閣委員会での鰐淵俊之議員に対する梶山静六内閣官房長官の答弁に見られるように、政府の見解は、先住性が法律の規定になじむのかどうかの問題があり、早く法律を成立させて地元やアイヌの方々に報いたいために問題を先送りしたということである。先住性が法律の規定になじまないことについては、同じく衆議院内閣委員会での木島日出夫議員に対する八木康夫政府委員の答弁では、先住性は本法案の立法の動機になっていないこと、また、先住という事実から本法案に規定する施策の推進が導き出されるものでなく、関連性がないということが説明されている。しかし、附帯決議という形式を使ってはいるが、国会がアイヌ民族の先住性を認めたことの意味は小さくない。

第三に、アイヌ文化振興法は、アイヌ文化の振興を施策の対象にし、アイヌの人々の経済施策、生活の対策については、予算措置によってなされてきた北海道ウタリ福祉対策に引き続き委ねたことである。この点も、附帯決議の中で、「現在、行われている北海道ウタリ福祉対策に対する支援の充実に、今後とも一層努めること」と福祉対策の充実が盛り込まれている。アイヌ民族からの「アイヌ新法」制定の要望が「アイヌ文化振興法」という文化面の施策に限定されたことに対しては、北海道ウタリ協会を始めとするアイヌ民族側から批判が出され、問題を先送りにしたことは否定できない。国会の審議の中でも、衆議院内閣委員会での木島議員の質問に対して梶山官房長官の答弁に見られるように、文化面を強調したのは、経済面や生活面の施策を設けると、「逆差別」の問題が出てくる恐れがあることと、また、今後の変更がないわけではなく、今回は「第一歩を印した」ということである。

アイヌ民族に対して経済面や生活面の施策を行うことは、法の下の平等の一環として認められる「積極的格差是正措置」(優先処遇)として正当化されないか、「逆差別」にならないか、また、「先住権」により一部国民への優先処遇が合理性を有するものとされるかという、憲法上の難問がある。この点については、第五章で改めて検討する。この問題については、ウタリ有識者懇談会でも議論する時間的な余裕はなかった。

ウタリ有識者懇談会の委員であった山内昌之は、「アイヌ民族における集団的権利と、憲法第一四条における「法の下の平等」、憲法第一一条の基本的人権、さらに個人の権利との整合的関係について、国民世論に受け入れられる解釈をきちんと下すには、審議の時間があまりにも短く限られていたというのが委員たちの実感である」と述べている[114]。同じく、有識者懇談会の委員であった佐々木高明は、この見解を引用して、「先住権の問題に関しては、憲法論議を踏まえた幅広い国民的な議論の展開がぜひ必要です。そのなかからわが国の事情に適した先住権の内容が見出されねばならない」とし、さらに、将来の課題として、せっかく画期的な意味をもつ民族政策を実施することになったので、その政策を一歩前進させ、福祉政策と文化政策をなんらかの形で統一し、総合的な民族政策として実施されることが望ましいと述べている[115]。

いずれにしろ、アイヌ文化伝承者が高齢化し、アイヌ語・アイヌ文化の保存・伝承が喫緊の課題とされる中で、対象を文化振興に限ることによって、有識者懇談会の報告書提出後一年余という短い期間で法律の制定まで至ったということを考えると、法律の対象を文化の振興に限ったことは、合理的な判断であったといえよう。

第四に、アイヌ文化振興法という日本初の民族法の制定に際しての関係者の尽力である。先住権や総合的な民族政策といった難しい問題を抱えながら、アイヌ語を始めアイヌ文化の伝承者が高齢化していくという実情を前にして、新しい法律を早く制定することも喫緊の課題であった。特に、先住少数民族政策のように少数派を対象にする法律の制定には多数派である国民の合意を国会の多数決によってとる必要があり、その実現は、当事者である少数派の努力、政治家および行政官の熱意と力量、有識者からの理論的根拠の提供、そして世論の支持があって初めて可能になる。アイヌ文化振興法の制定については、時間を要する問題を先送りしつつも、有識者懇談会発足後一年で報告書が出され、さらに一年余で法律が成立するに至ったが、その間、関係者の特段の尽力があったことを、特筆しなければならない。

北海道ウタリ協会が「アイヌ民族に関する法律(案)」(アイヌ新法(案))を総会で決議したのが、一九八四(昭和五九)年であるから、法律制定まで一三年間かかっている。この間、北海道ウタリ協会の理事長を三二年間の長きにわたって務めた野村義一を始めアイヌ民族自身の粘り強い努力があり、そして、一九九四（平成六）年にアイヌ文化伝承者として著名な萱野茂がアイヌ民族初の国会議員になったことが、立法化に向けての大きな契機になったといえる。政府側の動きは、一九九四年に自由民主党・社会党・新党さきがけ連立による村山富市内閣の誕生と、元旭川市長でアイヌとも交流のある五十嵐広三議員の内閣官房長官への就任が、官房長官の諮問機関としてウタリ対策有識者懇談会を一九九五年に発足させたことから始まる。そして、翌年の報告書の提出は、自由民主党橋本龍太郎内閣の官房長官として政治的手腕のある梶山静六宛になされた。その結果、国会では与野党一致して法案の審議に当たり、萱野茂参議院議員の活躍も加わり、法律は衆参両院において全会一致で成立した。また、有識者懇談会の報告がほぼそのまま法律案のなかに生かされ、国会でも異論なく成立した陰には、有能な行政事務担当者の真摯な活動があったことも記しておかなければならない(116)。

（1）『先駆者の集い』五二号（平成二年一月）北海道ウタリ協会編『アイヌ史―北海道アイヌ協会・ウタリ協会活動史編』（北海道ウタリ協会・一九九四年）七一三頁。
（2）一九九〇年一月一三日付『北海道新聞』。
（3）『先駆者の集い』六四号（平成六年一〇月）三～五頁。
（4）同右紙四頁。
（5）常本照樹「アイヌ新法の意義と先住民族の権利」『法律時報』六九巻九号（一九九七年）三三頁。
（6）高林宏樹「日本における人権条約の国内実施」『国際人権』第二三号（二〇一二年）一二二頁。
（7）同右。
（8）同右。
（9）ＪＣＬＵ（自由人権協会）編『国際人権規約と日本の人権』（明石書店・一九九三年）一一四～一一五頁。
（10）記念講演は、北海道ウタリ協会編・前掲書（注１）八一〇～八一五頁、および『先駆者の集い』五八号（一九九三年三月）同右書七五八〜七五九頁に掲載されている。野村理事長は、国連本部での演説について、「個人的にも、私の生涯にとって、国連本部で民族の代表として演説が語れたと言うことは、日本の政府から大きな勲章を貰う以上の、生涯一番の大きな名誉であったなぁと、こう思っております」と述べている（野村義一『アイヌ民族を生きる』（草風館・一九九六年）八四頁）。

(11)『先駆者の集い』五七号（平成四年三月）同右書七四七頁。

(12) 同右紙五五号（平成三年一月）同右書七三四頁。

(13) 同右紙五八号（平成五年三月）同右書七六一頁。

(14) 同右紙六〇号（平成五年一〇月）七八七頁。

(15) フォーラムの報告集は、二風谷フォーラム実行員会編『アイヌモシリに集う—世界先住民族のメッセージ』（栄光教育文化研究所・一九九四年）として出版されている。

(16) 前掲『先駆者の集い』六〇号（注14）北海道ウタリ協会編・前掲書（注1）七八八頁。

(17) 同右書七九三頁。

(18)『先駆者の集い』六三号（平成六年七月）一一頁。

(19) 萱野茂「アイヌの国会議員として」萱野茂アイヌ文化講座『アイヌ語が国会に響く』（草風館・一九九七年）一一〜一二頁。

(20)『先駆者の集い』六四号（平成六年一〇月）一頁。

(21)『第一三一回国会参議院会議録』第四号（平成六年一〇月七日）二頁。

(22) 同右会議録四〜五頁。

(23) 萱野・前掲書（注19）一五頁。

(24)『第一三一回国会参議院内閣委員会会議録』第七号（平成六年一一月二四日）九頁。

(25) 同右。

(26) 同右会議録一〇頁。

(27) 以下、同右会議録一〇〜一一頁。

(28)『先駆者の集い』六五号（平成七年一月）四〜五頁。

(29) 同右紙六〜七頁。

(30) 同右紙七頁。

(31) 同右紙五頁。
(32) 『第一三二回国会衆議院予算委員会議録』第三号（平成七年一月二七日）三九頁。
(33) 『先駆者の集い』六六号（平成七年三月）二頁。
(34) 同右紙二～三頁。
(35) 同右紙六七号（平成七年八月）一〇～一三頁。
(36) 北海道視察については、同右紙六八号（平成七年一一月）二～三頁参照。
(37) 同右紙三頁。
(38) 永井秀夫『日本の近代化と北海道』（北海道大学出版会・二〇〇七年）三一三～三一四頁。
(39) 佐々木高明は、「このような歴史認識が公的に認められたこともまた、画期的な事実だと言うことができます」と述べている（佐々木高明『多文化の時代を生きる』（小学館・二〇〇〇年）一七五頁。
(40) 佐々木・同右書一七四頁も、司馬委員は「討議の過程で「民族としての尊厳」の大切さを繰り返し強調しておられました。報告書の中には、その御意志をある程度は盛り込むことができたのではないかと思っています」と記している。
(41) 「シンポジウム アイヌ新法制定への課題」（佐々木高明発言）萱野茂アイヌ文化講座・前掲書（注19）一五六頁は、「この報告がほぼでき上がって、ウタリ協会やジャーナリズムに配った時は、「立法措置によって」という言葉ではなく「法的措置によって」となっていました。そのため当初寄せられた論評はたいてい「法的措置によって」になっています。ぎりぎりになって「法的措置によって」が「立法措置によって」に改められたのです。これでアイヌ新法の立法がほぼ確実になったわけです」と述べている。
　一九九六年四月二日付『朝日新聞』は、「アイヌ新法を提言」の見出しの下で、報告書が「アイヌ文化の振興や人権擁護のための「新たな立法措置」（アイヌ新法制定）を求めている」ことを注意深く報道している。
(42) 畠山武道『自然保護法講義〈第二版〉』（北海道大学出版会・二〇〇三年）二八頁。
(43) 松井茂記『情報公開法〈第二版〉』（有斐閣・二〇〇三年）三三～三四頁。
(44) 『第一三六回国会参議院内閣委員会会議録』第六号（平成八年五月七日）一四頁。
(45) 「アイヌ新法制定要望」の全文は、『先駆者の集い』七〇号（平成八年七月）一一頁に掲載されている。
(46) 同右紙四頁。

（47）同右紙七一号（平成八年九月）五〜六頁。

（48）『判例時報』一五九八号三三頁。本訴訟の経緯や内容について詳しくは、編集代表　萱野茂・田中宏『アイヌ民族ドン叛乱　二風谷ダム裁判の記録』（三省堂・一九九九年）、房川樹芳「アイヌ民族の「少数民族性」に関する考察―いわゆる二風谷ダム判決を素材として」『北大法学研究科ジュニア・リサーチ・ジャーナル』六号（二〇〇〇年）二四五〜二七二頁、田中宏「二風谷ダム裁判と国際人権法の活用」『国際人権』二二号（二〇一一年）四四頁以下。

（49）本裁判の弁護団長を務めた田中宏は、先住民族としての認知により少数民族の場合以上に配慮を要すると判断された点について、「この点こそ、原告そして弁護団が最も拘った獲得目標であった」ことを明らかにしている（田中・同右論文（注48））四六頁。

（50）岩沢雄司「二風谷ダム判決の国際法上の意義」『国際人権』九号（一九九八年）五九頁。なお、岩沢は、後に、二〇〇九年三月から二年間、自由権規約委員会の委員長に就任している（岩沢雄司「自由権規約委員長としての二年を振り返る」『国際人権』二二号（二〇一一年・信山社）三頁）。

（51）常本・前掲論文（注5）五頁。

（52）岩沢・前掲論文（注50）五六頁。

（53）常本照樹「民族的マイノリティの権利とアイデンティティ」岩波講座『現代の法14　自己決定権と法』（岩波書店・一九九八年）一八二頁。

（54）藤田宙靖『行政法総論』（青林書院・二〇一三年）四八六頁。

（55）原告の一人である貝澤耕一は、判決の言い渡しを聴いて、「傍聴席は裁判長の静止も届かず騒然となっていた。裁判長は判決理由の要旨の最後を「原告らの本訴請求をいずれも棄却するとともに本件収用判決が違法であることを宣言することとする」としめくくった。傍聴席では拍手する人や、目頭を押さえる人が目立ち、私も「やった」と思うとともに、こみ上げてくるものを抑えることができなかった」と述べている（貝澤耕一「民族の復権を求めて」貝澤耕一ほか編著『アイヌ民族の復権―先住民族と築く新たな社会』（法律文化社・二〇一一年）二〇頁。

（56）『先駆者の集い』七〇号（平成八年七月）一頁。

（57）同右紙七一号（平成八年九月）二〇〜二二頁。

（58）同右紙七二号（平成九年一月）一頁。

(59) 『第一四〇回国会衆議院会議録』第一号(一)(平成九年一月二〇日)四頁、同『第一四〇回国会参議院会議録』第一号(その一)(平成九年一月二〇日)五頁。
(60) 以下、『先駆者の集い』七三号(平成九年三月)二頁。
(61) 常本・前掲論文(注5)四頁。
(62) 『第一四〇回国会参議院内閣委員会会議録』第五号(平成九年四月一日)一頁。
(63) 同右会議録第六号(平成九年四月四日)一～一一頁。
(64) 同右会議録一頁。
(65) 同右会議録二頁。
(66) 同右会議録八頁。
(67) 以下、同右会議録一一頁。
(68) 同右会議録三頁。
(69) 同右会議録九頁。
(70) 同右会議録五頁。
(71) 同右会議録一〇頁。
(72) 同右会議録二頁。
(73) 同右。
(74) 同右会議録一一頁。
(75) 同右会議録一一～一二頁。
(76) 同右会議録一二頁。
(77) 『第一四〇回国会参議院会議録』第一七号(平成九年四月九日)四～五頁。
(78) 『第一四〇回国会衆議院内閣委員会会議録』第四号(平成九年五月七日)二～三頁。
(79) 同右会議録三頁。
(80) 同右会議録一五頁。
(81) 同右会議録八～九頁。

(82) 同右会議録一〇頁。
(83) 同右会議録一二頁。
(84) 同右。
(85) 同右会議録一三頁。
(86) 同右会議録一五頁。
(87) 同右。
(88) 同右。
(89) 同右会議録一三〜一四頁。
(90) 同右会議録二〇頁。
(91) 同右。
(92) 『第一四〇回国会衆議院会議録』第三二号(平成九年五月八日)一頁。
(93) 浅野一郎・河野久編『新・国会事典〈第三版〉』(有斐閣・二〇一四年)一四八頁。
(94) 前掲会議録(注63)八頁。
(95) 萱野茂アイヌ文化講座Ⅱ『アイヌ文化を伝承する』(草風館・一九九八年)一六七〜一六八頁。
(96) 竹内渉編著『野村義一と北海道ウタリ協会』(草風館・二〇〇四年)一二六頁。
(97) 『先駆者の集い』特別合併七四・七五号(平成九年一二月)一頁。
(98) 同右紙七六号(平成一〇年一月)二頁。
(99) 多原良子「現場から見たアイヌ新法の問題点」萱野茂アイヌ文化講座Ⅱ・前掲書(注95)一六四頁。
(100) 同右書一六六頁。
(101) 吉川和宏「アイヌ新法」『法学教室』二〇三号(一九九七年)二〜三頁。
(102) 常本・前掲論文(注5)二〜五頁。
(103) 岩沢・前掲論文『国際人権』九号(注50)五八頁。
(104) 吉田邦彦「アイヌ民族と所有権・環境保護・多文化主義(上)」『ジュリスト』一一六三号(一九九九年)一二八頁、後に同『多文化時代と所有・居住福祉・補償問題』(有斐閣・二〇〇六年)に所収、同三一八頁。

(105) 吉田邦彦『東アジア民法学と災害・居住・民族補償〈前編〉』(信山社・二〇一五年)一九七〜二一〇頁。
(106) 上村英明「いまアイヌ民族問題を考える」『週刊金曜日』一六八号(一九九七年)二六頁。
(107) 永井秀夫・前掲書(注38)三一四〜三一五頁。
(108) 榎森進『アイヌ民族の歴史』(草風館・二〇一五年[第四刷])五九〇頁、同「これでいいのか？ 政府主導の新アイヌ民族政策」北大開示文書研究会編著『アイヌの遺骨はコタンの土へ—北大に対する遺骨返還請求と先住権』(緑風出版・二〇一六年)一三〇頁。
(109) 関口明・田端宏・桑原真人・瀧澤正『アイヌ民族の歴史』(山川出版社・二〇一五年)二五〇頁[桑原真人]。
(110) 大竹秀樹「日本政府のアイヌ民族政策について—国際人権監視機関から考える」『現代と文化』(日本福祉大学研究紀要)一二一号(二〇一〇年)一四四頁、日本弁護士連合会編『日本の人権—二一世紀への課題』(現代人文社・一九九九年)五七頁。
(111) 大竹・同右論文。
(112) 同右。
(113) 同右論文一四五頁。
(114) 山内昌之『帝国の終末論』(新潮社・一九九六年)一三七頁。
(115) 佐々木・前掲書(注39)一八二〜一八四頁。
(116) 萱野参議院議員の活動を裏方で支えていた議員秘書の滝口亘は、「アイヌ新法の制定作業は、村山政権に象徴される政治変動の狭間のなかですすめられた。政府案提出の決断は一部の人たちの同情や社会の善意では成り立たず、強烈な政治力を背景としていることを考えたとき、その内容を問うまえに幸運であったとの一語に尽きる」と述べてから、「いま世論は官僚への厳しい批判の時代にあるが、この法案の担当者は自己が置かれた状況の下で精一杯の良心と努力を傾けられていた。とくに、この法案の成否に一命を賭す結果となった島田裕永内政審議官(北海道開発庁所属)には心より感謝し、ご冥福をお祈りする」ことを記している(萱野茂アイヌ文化講座Ⅱ・前掲書(注95)(滝口亘・小林順子の「あとがき」)二八一頁。島田裕永の逝去については、『先駆者の集い』前掲(注97)二頁は、「前北海道開発庁計画官並びにアイヌ施策推進室長島田裕永さん逝く」という見出しで、「新しい法律の制定に関して、国の機関で一番中心になって精力的にお仕事をしていただいた方」が、「入院加療中のところ一一月八日享年五〇歳をもって永眠いたしました」、通夜・告別式では、「生前法律制定に誠心誠意尽力され、身を粉にしていたことが報告されていたとのことでした」と報じている。衆議院議員として、長い間アイヌ民族問題に取り組んだ池端清一は、「天の時、地の利、人の和が三位一体」となりアイヌ新法が実現したとし、萱野議員の誕生、村山内閣の発足、五十嵐官房長官の就任、ウタリ有識者懇談会の報告のほか、「ウタリ協会の野村義一理事長も国内外で新法の必要性を訴えて目を見張る活躍をされ、私ども政治家も引っ張られました」とし、懇談会事務局では、厚生省から内閣内政審議室に出向していた渡辺芳樹さんが、「衆院社労委でよく知った間柄で、道産子だけに問題を熟知し、記録や資料をまとめてくれました」とし、「社会党道本部から萱野さんの秘書になった滝口亘さんの働きも大きかった」とし、政治家については、「村山内閣と萱野さん、五十嵐さんの存在があればこそ」で、「それが橋本内閣に引き継がれ、梶山さんもいい仕事をしてくれました」と述べている（池端清一「私のなかの歴史⑪」二〇〇三年四月三〇日付『北海道新聞〈夕刊〉』）。常本照樹「アイヌ文化振興法の意義とアイヌ民族政策の課題」北海道大学アイヌ・先住民研究センター編『アイヌ研究の現在と未来』（北海道大学出版会・二〇一〇年）二一五頁も、村山内閣の成立、萱野議員の誕生、五十嵐の内閣官房長官就任、人種差別撤廃条約の批准、有能で真摯な事務担当者などの諸事情が揃うという「一九九七年の奇跡」の産物との表現を使っている。

第四章　アイヌ文化振興法の施行とアイヌ政策の新たな展開

第一節　アイヌ文化振興法の施行

一　事業運営主体としての「アイヌ文化振興・研究推進機構」の設置

1　アイヌ文化振興・研究推進機構の設置

「アイヌ文化の振興並びにアイヌの伝統等に関する知識の普及及び啓発に関する法律」(以下、アイヌ文化振興法と略す)は、一九九七(平成九)年五月一四日に公布され、同年七月一日に施行されている。また、「アイヌ文化の振興等を図るための施策を総合的に実施することが相当であると認められる」都道府県として、政令第二一九号(平成九年六月二七日)は、北海道とすると定めている。

アイヌ文化振興法第五条に基づいて内閣総理大臣の定める「基本方針」は、総理府告示第二五号(平成九年九月一八日)により作成された。また、アイヌ文化振興法によって定められる「基本計画」について、北海道は、次のような経緯で策定した。一九九八(平成一〇)年二月から三月にかけて、北海道は、文化関係団体等からの意見の聴取、道民意識調査および意見募集を行った。同年七月に学識経験者、アイヌ関係者など一〇名の委員で構成される「アイヌ文化振興等を諮るための施策に関する基本計画検討委員会」(委員長中村睦男)を設置し、「基本計画」の検討を行い、一九九九(平成一一)年三月に「アイヌ文化の振興等を図るための施策に関する基本計画」を公表した。

アイヌ文化振興法第八条に定める事業を行う指定法人として、「アイヌ文化振興・研究推進機構」は、次のような経緯で設置された。

まず、アイヌ文化振興・研究推進機構は、北海道が設立を準備し、主務官庁である北海道開発庁(現国土交通省)および文部省(現文部科学省)から、一九九七(平成九)年六月二七日民法第三四条に基づく公益法人として設立許可を受け、同年七月一日、北海道札幌市内に事務所を、九月一三日には東京都内にアイヌ文化交流センターを開設し、事業を開始した。次に、「財団法人アイヌ文化振興・研究推進機構」は、アイヌ文化振興法第七条第一項に基づき、同法第八条に規定する業務を行う全国を通じて唯一の法人として、同年一一月二六日に主務官庁である北海道開発庁(現国土交通省)及び文部省(現文部科学省)から指定される。「財団法人アイヌ文化振興・研究推進機構寄附行為」は、本法人の設立許可のあった日から施行された。なお、アイヌ文化振興・研究推進機構は、「一般社団法人及び一般財団法人に関する法律」および「公益社団法人及び公益財団法人の認定等に関する法律の施行に伴う関係法律の整備等に関する法律」に基づき、二〇一三(平成二五)年三月に内閣府より公益財団法人としての認定を受け、新たに「公益財団法人アイヌ文化振興・研究推進機構定款」を定めて、四月一日より事業を開始する。

2　管理運営体制と事業の開始

管理運営体制については、「財団法人アイヌ文化振興・研究推進機構寄附行為」により、役員(理事・監事)、理事会、評議員及び評議員会、事務局が置かれている。理事長には、ウタリ対策有識者懇談会の委員を務めた佐々木高明前国立民族学博物館長が、副理事長には、笹村二朗北海道ウタリ協会理事長が就任した。理事合計一五名のうち、アイヌ民族からは七名(笹村二朗、秋田春蔵、荒井武、上武やす子、澤井進、中本ムツ子、間見谷喜昭)、評議員一八名のうちアイヌ民族から六名(秋辺得平、阿部一司、澤井政敏、杉村京子、山丸和幸、吉田昇)である。また、事業内容の具体的な決定には、アイヌ文化伝承活動実践者と学識経験者で構成される事業運営委員会が設けられている。委員一一名の過半数はアイヌ関係者が占めており、委員長には北海道ウタリ協会理事長が充てられている。事業運営委員会の設置の経緯については、財団の運営をめぐって、アイヌ関係者から不満が出され、理事長と専務理事の退任が求められた結果、「事業運営にあたっては、アイヌ関係者の意見を尊重して展開していくこと」になって、事業運営委員会が生まれたのである。(1) アイヌ文化振興法の制定に際しても、事業の運営に当たってアイヌの人々の自発的意思の尊重が重要であることが、国会で議論されたところである。このような運営体制の構築は、アイヌの自発的意思の尊重という考え方に基づくものであるといえる。

アイヌ文化振興・研究推進機構は、一九九七(平成九)年七月より事業を開始している。年間を通じて恒常的な事業を展開するのは、一九九九(平成一一)年度あたりからである。アイヌ文化振興・研究推進機構より刊行されている『平成一一年度財団の活動』によると、事業の内容は、①アイヌに関する総合的かつ実践的な研究の推進に関する事業、②アイヌ語の振興、③アイヌ文化の振興、④アイヌの伝統等に関する普及啓発の四つの柱に基づいて行われた。

また、「平成一一年度収支計算書」では、当期収入合計七億一八八一万八〇〇〇円のうち国と北海道が折半の補助金収入が、七億一六一二万八〇〇〇円である。当期支出合計七億一八〇六万四一六二円のうち、事業費六億三五五〇万三七八四円、管理費八一四八万五七五九円になっている。

3　伝統的生活空間の再生による事業内容の拡充

ウタリ対策有識者懇談会の報告に新たな施策として提言された事項のうち、アイヌ文化振興法施行時に実施できなかった問題として、伝統的生活空間（イオル）の再生がある。

⑴　ウタリ対策有識者懇談会報告書とアイヌ文化振興法に関する国会における議論

有識者懇談会報告書では、次のように提言されていた。すなわち、「アイヌ文化を総合的に伝承するためアイヌの伝統的な生活の場（イオル）の再生をイメージし、様々な展示施設等を盛り込んだ空間を公園等として整備することが望まれる。なお、その整備及び管理に当たっては、地元の意向と取り組みを重視し、尊重することが大切である」となっている。

前章で検討したように、国会では、参議院内閣委員会におけるアイヌ文化振興法の審議のなかで、伝統的生活空間の再生も議論の対象になり、橋本聖子議員の質問に対し、政府委員八木康夫北海道開発庁計画監理官が、「自然と共生するアイヌの人々の知識を生かしました体験や交流の場あるいは工芸技術の伝承の場等を伝統的生活空間として再生することは、アイヌ文化の振興及びアイヌの伝統等に関する知識の普及啓発を図る上で大きな意義を有するものと考えている」と述べ、また、ウタリ対策有識者懇談会報告では、「その整備及び管理に当たっては、地元の意向と取組みを重視し、尊重することが大切である」と指摘されていたことから、「当面は地元の北海道におきまして基本構想等の調査検討を行っていただく」と答えていた。[2]

⑵　具体化に向けての検討

北海道ウタリ協会の機関紙『先駆者の集い』は、北海道ウタリ協会、関係自治体、北海道、国がそれぞれの立場で議論を重ねてきたが、いまだ実現されていない旨報告し、二〇〇四（平成一六）年までの経過を述べている。[3]北海道では、一九九七（平成九）年に設置した「伝統的生活空間のあり方検討委員会」（アイヌ関係者および有識者一三名で構成）が、有識者懇談会報告書の趣旨を踏まえ、イオルとは何か、必要な要素は何かについて北海道としてのイメージをまとめた。一九九八（平成一〇）年に設置された「伝統的生活空間の基本構想検討委員会」（アイヌ関係者および有識者一三名で構成）は、一九九九（平成一一）年七月に有識者懇談会報告書の趣旨を踏まえ、イオル再生の基本理念や整備のあり方など、北海道としての基本的な考え方を検討委員会の意見を聞きながら基本構想としてまとめた。二〇〇〇（平成一二）年に北海道が設置した「アイヌ文化振興等施策推進北海道会議」（アイヌ関係者および有識者一〇名で構成）は、一九九九年七月に北海道が策定した「基本構想」の具体化に向けた検討を行い、イオル再生の適地などについて地元北海道としての意見をまとめた。イオルの適地は、中核となるイオルは白老、地域イオルは札幌、旭川、平取、静内、十勝、釧路の六地域が選定された。二〇〇二（平成一四）年四月に、北海道は、「伝統的生活空間（イオル）再生構想の具体化に向けて」を提言した。しかし、伝統的生活空間再生の施策が具体的に実施される段階には至らなかった。

(3)　アイヌの伝統的生活空間の再生に関する基本構想の策定

二〇〇四（平成一六）年七月、国土交通省北海道局、文化庁、北海道、財団法人アイヌ文化振興・研究推進機構、社団法人北海道ウタリ協会を構成メンバーとする「アイヌ文化振興等推進会議」が設置され、具体的な施策の実施に向けた検討を進めることにした。同年八月、「イオル再生等アイヌ文化伝承方策検討委員会」が設置され、伝統的生活空間の再生を中心としたアイヌ文化伝承活動を解決する方策について、具体的な検討を行うことにした。検討委員会の委員は、佐々木高明アイヌ文化振興・研究推進機構理事長が委員長になり、アイヌ文化伝承活動実践者として、加藤忠北海道ウタリ協会理事長、川奈野惣七同副理事長、吉田昇同前理事、学識経験者として、大塚和義、辻井達一が委員になった。検討委員会は二〇〇五（平成一七）年四月に委員会報告を作成し、同年七月にアイヌ文化振興等施策推進会議は、アイヌの伝統的生活空間の再生に関する基本構想を策定した(4)。

新たに策定された「基本構想」は、まず、「自然空間の再生・整備の必要性」の見出しの下で、アイヌ文化の特色として、「アイヌ文化は自然とのかかわりが深い文化であり、現代に生きるアイヌの人々も自然との共生を自らの民族的アイデンティティの重要な要素として位置付けて」おり、また、「アイヌ文化は歴史的遺産として貴重であるにとどまらず、これを現代に生かし、発展させることは、我が国の文化の多様さ、豊かさの証しとなるもの」であることを挙げている。自然空間の再生と整備の目的として、「アイヌの人々が、その文化の保存、継承、発展を図るためには、アイヌ文化を育んできた自然を再生し、個別の文化活動を実践していく上で必要な自然素材の確保が具体的に可能となるような自然空間の再生と整備が必要であり」、そのことにより、「アイヌ文化の保存、継承、発展に大きく寄与することが期待される」として、自然素材の確保の必要性を述べている。次に、「アイヌの伝統的生活空間の再生に関する基本的考え方」として、自然素材の確保、これを活用した工芸技術等の文化の伝承活動、文化の体験あるいは交流等の活動が伝統的生活空間で行われるものとしている。

具体的な施策の実施においては、「アイヌ文化振興・研究推進機構を中心とする仕組みを基本とし、また、空間の管理運営については、関係市町村やアイヌ文化伝承活動実践者又は団体等により管理運営の実務を担う組織を整備することが必要である」とされており、アイヌ文化振興・研究推進機構が具体的な施策を実施する仕組みの基本になることが明らかにされている。また、施策の展開や地域の設定に当たっては、「それぞれの地域の事情を踏まえながら、アイヌの人々の自主性が尊重され、その意向が反映されることが大切である」ことが指摘されている。

「アイヌ文化振興等施策推進北海道会議」が策定した「伝統的生活空間（イオル）再生構想の具体化に向けて」では、「イオルとは、アイヌ民族の生活を支えてきた自然環境を基盤として、これに伝統的な儀礼・口承文芸などの精神文化が一体となった伝統的な暮らしの場のことです。アイヌ文化の総合的な保存・振興をはかるため、こうしたかつてのアイヌの人たちの暮らしがイメージできる場を再現するとともに、関連施設を整備することを「イオルの再生」といいます」という基本的な考え方に立っていた。これに対して、佐々木高明検討委員会委員長は、「北海道会議」報告は「かつてのアイヌの人たちの暮らしがイメージできる場を再現する」という「エコミュージアム」の考え方で、ウタリ対策有識者懇談会が提起した、「アイヌの人たちの伝統的文化が維持発展できるような自然の素材が自由に採取できるような空間を整備するということ」とは、ずれていると立場を明らかにしている。(5) しかし、同時に、佐々木委員長は、北海道会議が出した、白老、平取、静内、十勝、札幌、釧路、旭川という七つの地域の決定は、重要な結論として維持していることを強調している。(6)

「アイヌの伝統的生活空間の再生に関する基本構想」は、二〇〇五(平成一七)年七月に提出され、翌二〇〇六年より事業が開始されている。二〇一七(平成二九)年度までに、白老地域は二〇〇六年度より一二年目、平取地域は二〇〇八年度より一〇年目、札幌地域は二〇一二年度から六年目、新ひだか地域は二〇一三年度から五年目、十勝地域は二〇一五年から三年目となっている。

(4) 現在の事業内容

アイヌ文化振興・研究推進機構の事業について、『平成二八年度アイヌ文化財団のあらまし』によると、二〇一六(平成二八)年度の事業とその予算額は次のようになっている。

① アイヌに関する総合的かつ実践的な研究の推進(アイヌ関連研究事業)　一八二〇万四〇〇〇円
② アイヌ語の振興(アイヌ語教育事業、アイヌ語普及事業)　四〇〇三万二〇〇〇円
③ アイヌ文化の振興(アイヌ文化伝承再生事業、アイヌ文化交流事業、アイヌ文化普及事業、アイヌ文化活動表彰事業、国立アイヌ民族博物館企画・テーマ展示支援業務事業)　二億七〇六七万六〇〇〇円
④ アイヌの伝統等に関する普及啓発(普及啓発促進事業、アイヌ文化交流センター事業)　九四四八万二〇〇〇円
⑤ 伝統的生活空間の再生(伝統的生活空間の再生事業)　一億四五二万八〇〇〇円

「平成二八年度収支計算書」によると、事業費六億一八六万一〇〇〇円、管理費四六一二万四〇〇〇円で、合計六億四七九八万五〇〇〇円になっている。

⑸　アイヌ研究推進センター構想の作成

アイヌ文化振興・研究推進機構の初代理事長佐々木高明は、「アイヌ文化振興法一〇年―その意義と残された問題」と題する講演において、「アイヌ文化振興法の枠の中で」残された問題として、伝統的生活空間(イオル)の再生のほかに、アイヌ研究推進センターの問題を挙げていた[7]。

ウタリ対策有識者懇談会の報告では、「アイヌに関する総合的かつ実践的な研究を推進し、その充実を図ることが必要であり、特にその研究拠点としての北海道の役割を高めることが重要である。また、民族学、法律学、社会学、考古学、歴史学、言語学等の様々な領域から純粋な学術研究という立場を超えたアイヌに関する総合的かつ実践的な研究体制の整備を図るため、国家的観点に立って拠点となる研究組織を北海道内に設置することが求められる。このため、北海道内において、調査研究の主体となるとともに、共同研究の推進、研究者の育成、資料の収集保存等を行うアイヌ研究推進センター(仮称)の設置を図ることが必要であると考えられる」と記載されている。佐々木理事長は在任中学識経験者とアイヌ民族代表者を構成員とする委員会(委員長岡田宏明、副委員長笹村二朗北海道ウタリ協会理事長)を組織し、二〇〇一(平成一三)年三月に「アイヌ研究推進センター(仮称)の基本構想」を策定した。この構想によると、研究センターの設置形態は、「国家的観点に立って国立の機関として設置する」とされ、職員数七〇名という大きな規模のものである。佐々木理事長は国に基本構想を提出したが、当時の北海道開発庁、文化庁ともに、研究機関をつくるのはそれぞれ自分たちの問題ではないとして、アイヌ研究センター構想を具体化することができなかった。

二　共有財産の返還

1　アイヌ文化振興法附則第三条の規定

アイヌ文化振興法附則第三条では、次のように規定されている。

第一項　北海道知事は、この法律の施行の際現に前条の規定による廃止前の北海道旧土人保護法（次項において「旧保護法」という。）第十条第一項の規定により管理する北海道旧土人共有財産（以下「共有財産」という。）が、次項から第四項までの規定の定めるところにより共有者に返還され、又は第五項の規定により指定法人若しくは北海道に帰属するまでの間、これを管理するものとする。

第二項　北海道知事は、共有財産を共有者に返還するため、旧保護法第十条第三項の規定により指定された共有財産ごとに、厚生労働省令で定める事項を官報で公告しなければならない。

第三項　共有財産の共有者は、前項の規定による公告の日から起算して一年以内に、北海道知事に対し、厚生労働省令で定めるところにより、当該共有財産の返還を請求することができる。

第四項　北海道知事は、前項に規定する期間の満了後でなければ、共有財産をその共有者に対し、返還してはならない。ただし、当該期間の満了前であっても、当該共有財産の共有者のすべてが同項の規定による請求をした場合には、この限りでない。

第五項　第三項に規定する期間内に共有財産の共有者が同項の規定による請求をしなかったときは、当該共有財産は、指定法人（同項に規定する期間が満了した時に、第七条第一項の規定による指定がされていない場合にあっては、北海道)に帰属する。

第六項　前項の規定により共有財産が指定法人に帰属したときは、その法人は、当該帰属した財産をアイヌ文化の振興等のための業務に要する費用に充てるものとする。

アイヌ文化振興法附則第三条は、北海道旧土人保護法の規定により北海道知事が現に管理するアイヌの共有財産を定められた手続きで共有者に返還する規定である。北海道知事は、アイヌ文化振興法の施行の際、現に同法による廃止前の北海道旧土人保護法第十条第一項の規定に定めるところ(北海道知事ハ、北海道旧土人共有財産ヲ管理スルコトヲ得)に従い、北海道知事が管理する共有財産がアイヌ文化振興法附則第三条第二項から第四項までの規定に定めるところにより、共有者に返還される。

アイヌ文化振興法附則第三条第二項によると、北海道知事は、共有財産を共有者に返還するために北海道旧土人保護法第十条第三項の規定(北海道知事ノ管理スル共有財産ハ、北海道知事之ヲ指定ス)により指定された共有財産ごとに、厚生労働省令で定める事項を公告しなければならない。

2　知事が管理する共有財産の返還手続の公告および返還の決定

(1)　知事が管理する共有財産の返還手続の公告

一九九七(平成九)年九月五日、北海道知事は、アイヌ文化振興法附則第三条第二項に基づき知事が管理してきた共有財産の返還手続を「官報」で公告した。北海道は、各支庁、市町村、北海道ウタリ協会などに官報に掲載した内容の周知を依頼した。新聞では、一〇月二日から北海道で発行された『北海道新聞』『北海タイムス』『朝日新聞』『毎日新聞』、『読売新聞』に掲載された。(8) 北海道ウタリ協会では、機関紙である『先駆者の集い』に公告が掲載されている。(9) 公告された返還手続は、北海道旧土人保護法第十条にある北海道知事管理の共有財産(以下、「共有財産」という)と、同法によらないで知事が事実上管理していた財産(以下、「指定外財産」という)の二つの種類がある。

共有財産は、「北海道旧土人保護法に基づく共有財産の返還手続について」と題し、その内容は、①返還する財産は、現在知事が管理している財産は現金のみであり、土地については既に共有者に返還済みであるところ、一八件で、総額一二九万三〇九八円であること、②返還請求の方法は、「北海道旧土人共有財産返還請求書」に所定の書類を添付すること、③返還請求の提出先は、北海道環境生活部総務課アイヌ政策推進室、④返還請求書の提出方法は、直接持参又は郵送(書留)、④返還請求書の提出期限は、平成九年九月五日から平成一〇年九月四日まで、⑥受付時間は、平日の九時から一七時一五分まで、⑦共有財産の返還は、返還請求書その他の添付書類に基づき書類審査を行い、結果を請求者に通知すること、である。

指定外財産は、「知事が管理する財産の返還手続について」と題しており、「北海道では、戦前から北海道庁長官(北海道知事)が管理している財産の返還手続を行っています。権利を有すると思われる方は、次により返還請求を行って下さい」として、①返還請求の方法は、権利を有すると思われる方は、返還請求書に所定の書類を添付すること、②返還請求書の提出先は、北海道環境生活部総務課アイヌ政策推進室、③返還請求の提出方法は、直接持参又は郵送(書留)、④返還請求の提出期限は、平成九年九月五日から平成一〇年九月四日まで、⑤受付時間は、平日の九時より一七時一五分まで、⑥財産の返還は、返還請求書その他の添付書類に基づき書類審査を行い、結果を請求者に通知すること、⑦返還する財産は、八件、総額一七万五二四〇円であることが記されている。

(2)　共有財産等の返還請求に対する北海道知事の決定

北海道知事は、共有財産等の返還請求者がその返還を受けるべき資格を有するか否かを審査するため、一九九八(平成一〇)年一一月二六日に北海道旧土人共有財産等処理審査委員会を設置した。委員は、アイヌ関係者として、荒井武旭川アイヌ協議会副会長、笹村二朗北海道ウタリ協会理事長、学識経験者として、岡田淳子北海道東海大学教授、岡田信弘北海道大学教授、坂本彰弁護士の五名である。審査委員会は、翌一九九九(平成一一)年三月に北海道知事に答申を出し、これを受けて北海道知事は、同年四月二日に返還請求に対する審査結果の通知を行った。

返還請求者は、共有財産については、四六人、六五件であり、指定外財産については、一人、一件であった。審査の結果は、共有財産については、四二人、五九件の返還が認められた。指定外財産については、認められたものはなかった。

三　共有財産裁判

1　アイヌ民族の共有財産を考える会の発足

北海道ウタリ協会の元理事で、同協会が一九八四(昭和五九)年に作成した「アイヌ民族に関する法律(案)」にも特別委員会委員として関与した小川隆吉は、アイヌ文化振興法が公布された直後である一九九七(平成九)年六月二六日に北海道知事に対して公文書の公開を求めた(10)。公開を求めた公文書は、北海道旧土人保護法により知事が管理する共有財産の金額を示す文書一切であった。これに対して、同年七月一五日に公開されたのは、「北海道旧土人共有財産管理状況明細書」(平成九年七月八日現在のもの)および「旧土人保護法(共有財産)関係調査資料リスト」の二点で、特に明示して公開を求めた「宮内省からの御下賜金」および「救助米」については文書の不存在の通知であった。

小川隆吉は、公開された公文書から、共有財産の管理経過が知事に明確に把握されていないと推測し、また、共有財産の総額が一三〇万円足らずであることに強い疑問を持った。

一九九八(平成一〇)年六月六日に「北海道旧土人保護法に基づく共有財産を考える会」が発足し、代表に小川隆吉が就任した。同年七月八日に「考える会」世話人代表小川隆吉名で「共有財産の管理経過を示す文書」の開示請求が北海道情報公開条例に基づいて提出された。北海道知事は、八月三日に「旧土人共有財産台帳」六冊(一九三九年から一九四四年)ほか六種計一八冊の文書を開示した。開示された文書の分析から出された疑問点を北海道環境生活部長宛に説明を求める「要請書」を提出して文書による回答を得たが、満足のいくものではなかった。そこで、小川隆吉は、返還請求をしたアイヌに原告になることの呼びかけを行い、原告団を結成して返還事務を停止させるために裁判に訴えることを決意した。一九九九(平成一一)年六月に「考える会」は、「アイヌ民族共有財産裁判を支援する全国連絡会」に名称を変更し、最高裁上告まで通算四四号の「アイヌ民族共有財産裁判全国連ニュース」を発行している。

2　行政訴訟の提起

原告団は、一九九九(平成一一)年七月五日に札幌地方裁判所に北海道知事を被告として、原告らに対し、原告らが返還請求をした財産を返還するとの決定または返還しないとの決定について、これらの決定の無効確認または取消しを求める訴訟を提起した。

原告の主張は、共有財産返還手続を定めたアイヌ文化振興法附則第三条が憲法違反であるとするものである。憲法違反の主張は、①共有財産の管理の経緯が不明で、かつ原告らに報告していない返還手続が財産権を保障した憲法二九条に反すること、②共有財産の管理の経緯や返還する金額の算定が不明確であり、一年以内という期限を切って請求した者のみに返還し、実際の手続にアイヌ民族を関与させない返還手続が適正手続を保障した憲法三一条に反すること、③先住民族であるアイヌ民族の権利に対する配慮を欠き、一方的な返還手続を定める手続が憲法一三条、国際人権規約(b)規約(自由権規約)二七条に反すること、である。

3　第一審札幌地裁判決

第一審札幌地裁二〇〇二(平成一四)年三月七日判決[11]は、原告らの請求のうち、被告北海道知事から返還するとの決定を受けていた原告ら二三名対しては、無効確認または取消請求に関する訴えの利益を認めず、訴えを却下した。これに対して、返還しないとの決定を受けていた原告ら三名に対しては、訴えの利益を認めたが、憲法および自由権規約違反を理由とする請求を棄却した。

(1)　訴えの利益の否定

第一に、返還するとの決定がなされた原告らについて、訴えの利益が認められるかという問題に対して、本判決は、「本件返還決定は、被告が公告した共有財産に関し、本件決定の名宛人である原告ら二三名(以下、この項において「原告ら」とはこの二三名の原告を意味する)の財産、金額を特定した具体的な返還の請求に基づいて、原告らが返還の請求をした財産、金額のとおり、返還をする旨の決定をしたものである。すなわち、本件返還決定は、原告らの請求をすべて認めた原告らに有利な行政処分であり、本件返還決定によって、原告らが不利益を受けたり、権利を侵害されたとは考えられない」と判断した。つまり、本件返還決定は、返還請求が認められた原告らにとっては有利な行政処分であるから、無効や取消を主張する法律上の利益がないというのである。

原告らは、その他不利益を受けている理由として、①官報公告に記載されていない財産があること、②貨幣価値の変動が考慮されていないこと、③手続上の権利が侵害されていること、を主張した。これらの主張に対して、第一審判決は、①「被告が公告をせず、原告らが返還請求の対象としなかった財産の帰属については、本件返還決定は、何らの判断もしていない」とし、②「貨幣価値の変動が考慮されていないとしても、原告らに本件返還決定の無効確認又は取消しによって回復すべき法律上の利益があると認めることはできない」とし、③仮に手続上の瑕疵があり、無効確認や取消しがなされても、「本件返還決定以上に原告らにとって有利な処分が行われることはない」と判断して、札幌地裁判決は、法律上の利益を認めていない。

第二に、指定外財産に係る決定が、抗告訴訟の対象となるか、という問題について、第一審判決は、「指定外財産に対する権利は、事実上、被告の決定により定まるということができ、被告の決定が、直接、返還請求者の指定外財産に対する権利に直接影響を及ぼしているということができる」ので、「このような行政庁の行為は、行訴法三条が規定する行政処分その他公権力の行使に当たる行為に該当」し、抗告訴訟の対象になると判断している。

(2)　憲法違反等を理由とする請求の棄却

裁判所から本案の判断を受けたのは、返還しない決定がなされた原告ら三名の請求である。原告らの主張は、違憲性の主張と違法性の主張である。

アイヌ新法附則第三条あるいは同条に基づく共有財産等の返還の具体的な手続が憲法二九条、三一条、一三条、自由権規約二七条に違反するという主張に対して、本判決は、まず、原告らは、「本件返還しない決定の無効又は取消しを求めるものであるけれども、原告らが共有者であると確認できないとして返還を認めなかった被告の判断やその手続に違法、違憲があるという主張をせず、結局、本件返還しない決定の背後にあるアイヌ新法附則三条が規定する共有財産の返還手続の制度自体、あるいは、同条に基づく手続自体が違憲、違法等であることを、本件返還しない決定が違法か否かという問題とは離れて、一般的、抽象的に主張しているにすぎない。このことは、原告らが、本件返還決定も、本件返還しない決定も、同一の理由により違憲、違法であると主張し、請求した財産の返還が認められても、認められなくても、いずれにしても違憲、違法であると主張していることからも明らかである。また、アイヌ新法附則三条あるいは同条に基づく具体的な本件返還手続が違憲等により無効であるとしても、そのことによって本件返還しない決定によって生じた状態、すなわち、原告らが返還請求をした共有財産等が返還されないという状態を除去することはできない。かえって、アイヌ新法附則三条あるいは同条に基づく具体的手続が違憲無効であるとすれば、被告が原告らに対して共有財産等の返還を行う法的根拠を欠くことになる。このように、本件返還しない決定が違法か否かという問題と離れて、アイヌ新法附則三条あるいは同条に基づく具体的な本件返還手続の違憲性等の主張をすることは、抽象的に法令の解釈、適用を争うことに他ならない」ので、本件訴訟で違憲の主張は認められないと判断している。

ここで、札幌地裁判決は、原告の違憲の主張については、判断しないとしているが、その説明は、必ずしも明確ではない。本判決によると、原告の主張は、実質的に見ればアイヌ新法附則第三条の規定する共有財産の返還手続の制度自体が違憲であることを、本件返還手続が違法か否かの問題とは離れて、一般的抽象的に主張するものであり、抽象的違憲審査を求めるもので、抽象的な違憲審査は認められないということである。すなわち、裁判所が有する違憲審査権は、具体的事件に付随したもので、法律の規定そのものを抽象的に違憲性を争うことはできないということを判断しているものと解される。

4　控訴審札幌高裁判決

(1)　札幌高等裁判所への控訴

原告団は、第一審判決を不服とし、札幌高裁に控訴した。控訴人は、一審の二四名から一九名に減っている。

控訴審では、弁護士の準備書面を補強するため、専門家に意見書を求めた。国際法学の松本祥志札幌学院大学教授の「アイヌ民族共有財産と先住権」、行政法学の石崎誠也新潟大学教授の意見書が証拠として裁判所に提出された[12]。また、知事の共有財産管理経過の問題点を指摘する滝沢正の「陳述書」および歴史学の井上勝生北海道大学教授の「歴史研究者の意見書」が提出され、両者に対しては、証人尋問も行われた[13]。

(2) 札幌高裁判決

札幌高裁二〇〇四(平成一六)年五月二七日判決[14]は、「当裁判所も、本件返還決定の無効確認又は取消請求に係る控訴人らの訴えをいずれも却下し、本件返還しない決定の無効確認又は取消請求をいずれも棄却した原判決は相当である」とし、結論として控訴をすべて棄却した。ただし、原判決に加えた次のような補正が注目されている。すなわち、「旧保護法一〇条三項により共有財産として指定された財産の中には、北海道知事において指定後の管理の経緯の詳細を把握しきれていないものがあることは否めない」と判断して、公告から漏れている共有財産が存在する可能性を認め、さらに、「アイヌ新法附則三条その他の規定において再度の返還手続が禁じられていない以上、被控訴人としては、アイヌ新法施行の際現に管理していながら本件官報公告から漏れた共有財産を発見した場合には、再度の返還手続を行うべきものと解するのが相当である」と判断して、再度の指定手続が行われる可能性を認めている。

公告から漏れている共有財産が存在する可能性を認めたことは、担当弁護士が評価するところである[15]。控訴審の審議の中で、共有財産の実態審理を要求した弁護側が、滝沢正の「陳述書」と井上勝生の「歴史研究者の意見書」[16]を証拠として提出し、両人の証人尋問が認められたことも判決に影響を与えたものと推測できる。なお、第一審判決が憲法判断をしなかった点については、札幌高裁判決は第一審判決をそのまま維持している。

5　上告審最高裁決定

控訴人一六名が最高裁判所に上告した。最高裁二〇〇六（平成一八）年三月二四日第二小法廷決定は、上告を棄却した。その理由は、「民事事件について最高裁判所に上告をすることが許されるのは、民訴法三一二条一項または二項所定の場合に限られるところ、本件上告理由は、違憲及び理由の不備をいうが、その実質は単なる法令違反をいうもの又はその前提を欠くものであって、明らかに上記各項に規定する事由に該当しない」ことである。

最高裁に上告できる場合は限定されており、民事訴訟法三一二条一項によると、上告できるのは、「判決に憲法の解釈の誤りがあることその他憲法の違反があることを理由とするとき」である。最高裁決定は、本件で違憲および理由の不備をいうのは、その実質は単なる法令違反をいうものまたはその前提を欠くものと判断したのである。

6　共有財産裁判判決に対する反応

(1)　新聞の反応

札幌高裁判決に対して、二〇〇四（平成一六）年五月二八日付『北海道新聞』は、「足りない差別への認識　共有財産判決」と題する社説で取り上げている。この社説は、①一審が審理らしい審理もないまま門前払いをしたのに比べ、控訴審は原告側証人を採用し、判決の中で、道の返還手続から漏れた共有財産があることを認めたことは評価できること、②共有財産が設けられた経緯には「アイヌ民族には資産の管理能力がない」という差別意識から北海道庁長官（その後、道知事）に管理を委ねたこと、③返還手続きを進めるに当たってはアイヌ民族や専門家を入れた機関を設けて可能な限りの調査をすべきであったこと、④共有財産の管理の経緯に関し専門家らによる調査を今からでも取り組むべきである、と述べている。

共有財産裁判判決に対する学説の反応は少なかった。

⑵　学　説

民法学の吉田邦彦は、共有財産返還の問題は、北海道旧土人保護法による「アイヌ給与地」、さらにはそうならなかった共有財産の処遇にかかわる事柄であり、アイヌ民族史の根幹をなすのが所有権の問題である。それは補償問題に繋がるという重要問題であるという観点から、次の四点を指摘している(17)。

第一に、脱漏した共有財産の問題で、「公告された共有財産には、かなりの脱漏財産があることが、共有財産訴訟で明らかとされ」、「原理的にも補償法学上の重要なプロセスなのに、その杜撰さを窺わしめる」とする。第二に、「増額評価」手続の不在で、「一番問題であるのは、名目主義が採られ、「増額評価」がなされていないところである。「名目主義」がとられる典型である金融取引契約の場面」とは異なり、「具体的衡平が求められる不法行為領域、ないしそれに類似する、共有財産管理委任契約に関わる管理の杜撰さの責任問題にも関係し、あっさり「増額評価手続」もせずに、名目額の返還だけで事足りるとの判断は、民法学的には理解し難いところがあ」るとする。第三に、民事訴訟の余地がなかったのかという問題で、本件は行政訴訟として提起されたため、行政訴訟に伴う制約を否定できないところ、例えば、預託金返還請求という行政上の契約不履行の問題として、金銭請求を法律構成すれば、「増額評価」の主張についても、実質審理がなされやすかったのではないか、また、共有財産管理の杜撰さについては、国家賠償法上の不法行為として提起しなかったのかという疑問である。第四に、期間制限の問題であり、所有権制限という権利の重大さを鑑みても返還請求の期限を一年と限ったのは恐るべき厳格さである、という批判を加えている。

第二節　アイヌ政策の新たな展開

一　北海道ウタリ協会から北海道アイヌ協会への名称変更

二〇〇八(平成二〇)年五月一六日に開催された平成二〇年度定例総会で北海道ウタリ協会は、北海道ウタリ協会から北海道アイヌ協会に名称を変更することを決定した[18]。翌二〇〇九年四月から北海道アイヌ協会という名称にすることになった[19]。以下に見るように、名称の変更に至るには一〇年の年月を要した。

アイヌ協会への名称変更問題は、アイヌ文化振興法が制定された一九九七(平成九)年の五月に開かれた総会でも、執行部案として、「北海道ウタリ協会」から「北海道アイヌ協会」に名称を変更する提案がなされた[20]。提案理由として、①設立当初である一九四六(昭和二一)には北海道アイヌ協会であったこと、②「アイヌ」が和人から蔑みの言葉として使われたことから一九六一(昭和三六)年に北海道ウタリ協会に改称したこと、③数年前から法律制定の機運の高まりとともに元に戻すべきとの提案が総会に上がっていること、④野村前理事長が法律制定の際に名称を変更しようという意見に総会の賛同を得ていたと考えていたこと、である。

総会では、あるべき姿に賛成し勇気をもって改称しようという意見と、必ず被害を被る子どもたちが出てくるので反対という意見がぶつかり、会場が二分されたような状況になったため、しばらく休憩の後、議案の性格から満場一致が望ましいことから、一年かけて議論し、来年の総会で再提案することになった。しかし、実際に総会で名称変更に至るまで、さらに一〇年間の年月が必要であった。

一九九八（平成一〇）年三月七、八日に開催されたウタリ協会支部長会議では、理事も同席し、名称問題に絞って議論された[21]。遠山武常務理事・事務局長から、「賛成」する主な意見と「反対」する主な意見を整理して説明がなされた。「賛成」する主な意見として挙げられているのは、①これまで、野村前理事長が「新法制定の暁には……」と発言してきたので、今こそ、声高らかに堂々と自らアイヌであることを宣言し、アイヌ民族としての誇りを示すとき、②我々の求めてきたのは、ウタリ新法ではなくアイヌ新法、新法も施行、胸を張って「アイヌ」に名称変更ができなければ、協会の主体性や民族としての自覚を問われる、③名称が「ウタリ」のままでも、差別の有無に変化はない、とまとめられている。

これに対して、「反対」する主な意見は、①一般会員や家族などには「アイヌ」の言葉への抵抗感が根強い、②「アイヌ」と自称できるのは強いアイヌ、子供たちや社会的、経済的に弱いアイヌのことを考えてほしい、③新法イコール差別解消ではない、時間をかけて議論すべき、④昨年の総会や地区別懇談会でも反対意見が続出、強行すれば協会内に亀裂を生じるおそれも、⑤永年慣れ親しんだ名称であり、アイヌと言わずとも「仲間」（ウタリ）の集まりで不都合はないのではないか、である。種々の議論がなされた後、笹村理事長による、皆さん支部に持ち帰り、キチッとした議論をして、来月の理事会で協議をして総会に臨みたい旨の発言で会議を終えた。

その後、二〇〇〇（平成一二）年五月に開かれた総会で、笹村二朗理事長の挨拶は、「協会の名称変更については、理事会や支部長会議などで検討した結果、一二年度においても継続検討することとしましたが、組織の強化、発展とあわせて、できるだけ早い時期に「アイヌ協会」への名称変更が満場一致で決定できますよう、今後とも、積極的な検討をお願いします」と述べて、名称変更の問題が先送りになったことを明らかにしている[22]。

二　国際人権条約における国際的実施の制度とアイヌ民族

1　自由権規約委員会

一九九七（平成九）年六月に提出された第四回政府報告に続いて、第五回政府報告は、二〇〇六（平成一八）年一二月に提出された。この報告書において、政府は「アイヌ文化振興法」に基づいた施策および一九九九（平成一一）年に北海道が実施した「北海道ウタリ生活実態調査」に基づいたウタリ福祉対策について説明した(23)。特に前者の施策はアイヌ文化や伝統が社会全体に知られるようになってきており、さまざまな活動が広がりつつあると成果を述べた。後者については、二〇〇一（平成一三）年度に終了した第四次ウタリ福祉対策に代って、二〇〇二年より「アイヌの人々の生活水準改善のための推進方策」を実施することを説明した。

自由権規約委員会は、審査前の質問書で、アイヌの子どもの言語教育について、情報を求めた。政府は、答弁書で「アイヌ文化振興法」に基づく指定法人である「財団法人アイヌ文化振興・研究推進機構」が「親と子のアイヌ語学習事業」を行い、また、学校教育で使用される副読本を作成し、全国の小中学校に配布することを述べている(24)。

委員会は、審査後に採択した最終見解の中で主要な懸念事項の一つとして、「締約国はアイヌ民族を国内法において先住民族として明確に認め、彼らの文化的遺産と伝統的な生活様式を保護、保持および促進するための特別措置を採用し、そして彼らの土地に関する権利を認めなければならない。締約国はまた、アイヌの子どもたちが彼らの言語で教育を受け、あるいはそれを学び、および彼らの文化を学ぶ十分な機会を提供し、さらに正規のカリキュラムにアイヌの文化と歴史に関する教育を取り入れなければならない」という勧告を行った[25]。

2　人種差別撤廃委員会

日本が「あらゆる形態の人種差別の撤廃に関する国際条約」(人種差別撤廃条約)を批准したのは、一九九五(平成七)年である。人種差別撤廃条約は、条約の実施機関として一八人の専門家で構成される委員会を置き(八条)、締約国の提出する報告書を審査する(九条)。また、「人種差別」とは、「人種、皮膚の色、世系又は民族的若しくは種族的出身に基づくあらゆる区別、排除、制限又は優先」(第一条)と日本国憲法一四条より詳しい定義を行っている。

日本政府は第一回、第二回報告を二〇〇〇(平成一二)年一月に提出した[26]が自由権規約委員会への第四回政府報告と同じく、北海道ウタリ福祉対策による格差の是正やアイヌ文化振興法による文化の振興の推進を述べるにとどまった。同年三月の審査では、多くの委員からアイヌを先住民族として認定し、その先住権を保障することが求められた[27]。

人種差別撤廃委員会は、二〇〇一年三月二〇日に次のような最終見解を採択した[28]。最終見解は、「締約国との建設的な対話を開始する機会を特に歓迎する」という言葉に始まり、肯定的要素と懸念事項及び勧告に分けられている。

まず、肯定的要素としては、一九九六(平成八)年の人権擁護施策推進法、一九九七年のアイヌ文化振興法、差別撤廃のための一連の同和対策事業特別措置法の制定を歓迎し、「アイヌの人々を、その独特の文化を享受する権利を有する少数民族として認めている最近の判例に関心をもって留意する」としている。

次に、懸念事項及び勧告に関し、アイヌ民族との関連では、①締約国が先住民としてのアイヌの権利を更に促進するための措置を講ずることを勧告すること、②土地に係わる権利の認知及び保護並びに土地の滅失に対する賠償及び補償を呼びかけている先住民の権利に関する一般的勧告第二三に締約国の注意を喚起すること、③原住民及び種族民に関するＩＬＯ第一六九号条約を批准し、これを指針として使用することを慫慂すること。

ここで批准または指針として用いることが求められているＩＬＯ第一六九号条約は、国際連合の専門機関の一つである国際労働機構（ＩＬＯ）が一九八九（平成元）年の総会で採択した「独立国における原住民及び種族民に関する条約」のことである。[29]この条約は、先住民の個人および集団としての権利という表現を用いるとともに、経済、社会、文化、精神、環境を含む分野において先住民や種族民が「国境を越える……接触及び協力を容易にする」ことを推進するよう締約国に義務づけ（三二条）、そして先住民や種族民に影響を与える決定については、締約国がかれらと協議しかれらに意見を表明する機会を保障すべきこと（六条）を規定している。日本は批准していないが、「各国の国内法や国際連合の同じ分野の作業にかなりの影響を与えてきた」ことが指摘されている。[30]

三　「先住民族の権利に関する国際連合宣言」の採択

二〇〇七（平成一九）年九月一三日に国際連合総会において、先住民族の権利に関する国際連合宣言が、日本も賛成して採択された。この宣言は、全部で四六の条文で構成され、政治、経済、文化その他広範な分野にわたって、先住民族およびその個人の権利および自由について規定している。

１　先住民族権利宣言の採択の経緯

国際連合が先住民族の権利宣言を採択するに至った経緯については、常本照樹論文が詳しく、それによると次

のようになっている。(31)

(1)　人権委員会における審議

国連憲章第六八条に基づいて経済社会理事会の下に設置された国連人権委員会の下部機関である人権小委員会(差別防止及び少数者保護小委員会)が、その下に先住民作業部会を設けたのが一九八二(昭和五七)年であり、先住民作業部会で宣言の起草作業が始まったのは、一九八五(昭和六〇)年である。

先住民作業部会は、先住民組織によるオブザーバー参加を認め、一九九三(平成五)年に合意した宣言草案では自決権、政治的参加権、教育、開発、環境保全、天然資源の管理・利用を含む土地への権利などが規定された。アイヌ民族は、一九八七(昭和六二)年より毎年作業部会に代表を送っている。基本的には国際法の専門家で構成された人権小委員会は、一九九四(平成六)年に先住民族の声を多く反映した草案を採択した。

これに対して、人権委員会は、政府代表で構成された組織であることもあり、人権委員会の作業部会は小委員会から受け取った草案を一一年間にわたって検討したが、合意に至らなかった。合意が難しかった主な争点は、政治的自決権、土地に対する権利、天然資源に対する権利、補償を請求する権利、知的財産権などであるといわれている。(32)そこで、人権委員会作業部会の議長が、議長権限の行使に踏み切り、合意していない規定については議長が草案を作り、合意済みの規定とともに二〇〇六(平成一八)年二月に人権委員会に提出した。しかし、人権委員会は議長提案を受け取った直後の二〇〇六年三月に廃止され、その代わり人権理事会が設置された。

(2)　人権理事会における採択

人権理事会は、第一回会議を二〇〇六(平成一八)年六月に開き、人権委員会作業部会の議長提案をベースにして、先住民族の権利宣言案を六月二九日に採択した。賛成した国が日本を含む三〇カ国、反対した国はカナダとロシアの二カ国、棄権した国が、一二カ国であった。日本政府の演説の中で、賛成はするが、民族自決権は主権国家の領土主権を害さないものと宣言を解釈するとともに、集団的権利は認めないという態度を明らかにしている。

(3) 国連総会第三委員会における審議

国連総会では、先住民族の権利宣言案が本会議の前に第三委員会で審議されることになった。第三委員会の決議は、総会は先住民族の状況が国によって、また地域によって異なることを認識し、さらに協議するための時間を確保するために、先住民族に関する国連宣言についての審議と議決を延期することとし、宣言に関する審議を第六一会期が終了する二〇〇七年九月中旬の前に終了することを決定する、ということであった。

(4) 国連総会における採択

二〇〇六(平成一八)年一二月の総会本会議では、第三委員会決議どおりの決議を行った。第六一会期の終了は、二〇〇七年九月中旬なので、それに向けて動きが見られた。特に、五三の国・地域によって構成されるアフリカ連合諸国は、二〇〇七年一月に会議を開き、この問題について原則的に一致して行動するという決議を行った。推進派は、最終的にはアフリカ諸国の国内事情に配慮した修正を四カ所加えることによって、アフリカ諸国の賛成を取り付けることに成功した。四カ所の修正のうち、次の二つが重要である。

まず、前文二三項の追加で、「地域ごと及び国ごとに先住民族の状況が異なること並びに国及び地域の特殊性並びに多様な歴史的及び文化的な背景の重要性が考慮されるべきであることを認識」することの必要性を規定した。アフリカ諸国はそれぞれ国内にいろいろな少数民族が存在しており、その中で政権争いを続けている場合も少なくないことを考慮したものである。

次に、第四六条一項で、「この宣言のいかなる記述も、国、民族、集団又は個人が、国際連合憲章に反する活動に従事し、又は国際連合憲章に反する行為を行う権利を有することを意味するものと解してはならない」という規定に続けて、「主権を有する独立国の領土保全又は政治的な統合を全体又は一部において分割し、又は害するいかなる行為も認め、又は助長するものと解してはならない」ことを明記した。ここで、民族自決権が国家の政治的統合性を害し、分離独立の恐れを明文によって抑止している。

第六一会期の最終日になる九月一三日に宣言案の採決が行われ、賛成一四三、反対四、棄権一一カ国で採択された。反対したのは、アメリカ、カナダ、オーストラリア、ニュージーランドの四カ国である。このように、「先住民族の権利に関する国際連合宣言」は、国連総会で圧倒的多数で採択されたのである。

(5)　国連総会における演説

国連総会で投票するに際し各国代表は演説を行い、採択に際しての各国の考え方を説明している。日本政府は、人権理事会のときと同様に、自決権は分離独立権を含まないことを確認している(33)。また、土地権とその行使は、国の法律に従って、第三者の権利および公共の利益と調和するように、合理的な制約を受けると述べている。

反対した国は四カ国に過ぎないが、いずれの国も多数の先住民人口を抱えており、反対する理由には、原理的に検討する必要のある指摘も含まれていることが指摘されている(34)。

オーストラリアは、宣言には法的拘束力はないが、国家と先住民族の関係に関する基準設定の目標となるものであるからこそ、実効性がありコンセンサスが得られるものにすべきであったというのである。また、土地に関する権利を承認するとしても、あくまでも国内法あるいは国内裁判の判断や決定に従うべきである。第一九条では、「先住民族に影響を及ぼすおそれのある立法上又は行政上の措置をとり、及び実施する前に」、先住民族の「自由な、事前の、かつ、情報に基づく同意」を必要とする規定について、これは国民の一部に拒否権を与えるに等しく、民主主義に反すると主張している。

カナダが反対する主張の一つは、土地権に関してカナダでは種々の条約を先住民族と結んで土地関係を定めているので、国連宣言のような曖昧なルールが定められてしまうと、折角条約で定めてきた権利関係が混乱してしまうということである。また、オーストラリアと同様に、自由で事前の情報に基づく同意という規定は、カナダの議会主義に反すると主張している。

アメリカは、宣言は審議をつくしておらず、各国がさまざまな解釈宣言を行っているように、曖昧な規定や実現の可能性がない規定が多いという点を問題にした。

ニュージーランドは、宣言の精神には賛成であり、宣言に含まれている内容の多くは、既にニュージーランドでは実現している。しかし、土地資源に関する第二六条、補償に関する第二八条、拒否権にあたる第二九条、第三二条には賛成できないとする。第二六条や第二八条は、もしその通り要求されると、ニュージーランド全土がその対象になってしまうというのである。また、第一九条は拒否権の付与に等しく、民主的政治制度に合致しないとする。

なお、国連宣言の採択の時点では反対していたアメリカ、カナダ、オーストラリア、ニュージーランドの四カ国は、二〇〇九年から二〇一〇年にかけて、反対の意思を撤回し、宣言支持の立場を表明している。このような先住民族を有する主要国が賛成したことにより、宣言の道徳的、政治的権威が一層高まったといわれている。(35)

2　先住民族の権利に関する国連宣言の意義

「宣言」は、条約と異なり、一般的に、法的拘束力はないものとされている。しかし、「アイヌ政策のあり方に関する有識者懇談会報告書」(二〇〇九(平成二一)年)が指摘するように、「法的拘束力はないものの、先住民族に係る政策のあり方の一般的な国際指針としての意義は大きく、十分に尊重されなければならない(36)」ものである。各国政府と先住民族コミュニティとの二〇年以上にわたる交渉の成果として国連宣言が採択された意義について、国民国家が「自由な、事前の説明に基づく同意」なく先住民族を国民国家に統合した結果、国民を単位とする集団的決定によって先住民族の利益が侵害され続けるという状態が生まれ、それ故に国民国家には先住民族の利益を保護し、回復させるため、国連宣言に定められた「先住民族の権利」を先住民族に保障するよう努める政治的責任があることを各国政府が認めた、ということがいえる。(37)

3　鈴木宗男議員による「先住民族宣言」採択に関する質問主意書

衆議院議員鈴木宗男は政府への、国連総会における「先住民族宣言」採択に関する質問主意書で、①国連で採択された「先住民族宣言」を知っているか、②「先住民族宣言」の内容を説明されたい、③「先住民族宣言」に対する政府の評価、④我が「先住民族」に属する民族はどの民族か、⑤日本は国連総会で「先住民族宣言」に賛成したか、⑥アイヌ民族が先住民族であることは明白ではないか、⑦「先住民族宣言」に賛成したならば、先住民族の政治的自決権、土地・領土・資源の権利等をアイヌ民族に対して適用すべきではないか、としている。(38)

二〇〇七(平成一九)年九月二五日付政府の「答弁書」は、①については承知している、②について、「宣言」は、「先住民族が集団又は個人として、国際連合憲章、世界人権宣言、及び国際人権法において認められたすべての人権及び基本的自由を完全に享受する権利を有することを始め、先住民族及びその個人の種々の権利及び自由について述べたものである」、③及び⑤について「我が国は、宣言について、基本的には、人権の保護に資するものとして賛成票を投じたところである」、④について、「現在のところ、国際的に確立した定義がなく、宣言においても、「先住民族」の定義についての記述はないことから、我が国として宣言にいう「先住民族」に該当する民族がどの民族を指すのかについて、お答えすることは困難である」、⑥及び⑦について、「アイヌの人々が、アイヌ語や独自の風俗習慣を始めとする固有の文化を発展させてきた民族であり、いわゆる和人との関係において、日本列島北部周辺、取り分け北海道に先住していたことについては、歴史的事実として認識しているが」、「アイヌの人々が宣言にいう「先住民族」であるか、また、宣言において述べられた権利を適用すべきかについて、お答えすることは困難である」と述べている(39)。

この答弁書で、「先住民族」について、国際的に確立した定義がないことから、アイヌの人々が「先住民族」であるかどうか答えられないとしているのが、注目される。

そこで、北海道選出の国会議員の今津寛衆議院議員、風間昶参議院議員、鈴木宗男衆議院議員、橋本聖子参議院議員、鳩山由紀夫衆議院議員が世話人となって、二〇〇八(平成二〇)年三月二六日、「アイヌ民族の権利確立を考える議員の会」が設立総会を開いた(40)。この会は、政府が一日でも早くアイヌ民族が先住民族であるとの認知を行い、七月に北海道で開催予定のG8サミット(主要八カ国首脳会議)のホスト国として声明を発することが日本の利益にかなうという趣旨で作られ、超党派で活動することが確認された。北海道ウタリ協会は、関東圏に在住するウタリとともに、同年五月二二日、アイヌ民族の先住権確立のための請願行進を行い、加藤忠理事長が衆参両議長宛の請願書を衆参両議院面会所前で出迎えた国会議員に手渡した(41)。

四　アイヌ民族を先住民族とすることを求める国会決議

1　国会決議の経緯

二〇〇八(平成二〇)年六月六日に衆議院および参議院両院で、「アイヌ民族を先住民族とすることを求める決議」が全会一致で採択された。すなわち、六月六日午前の参議院本会議で、西岡武夫議員ほか六名の発議により、同決議案が委員会審査を省略して提出され[42]、同日午後に開かれた衆議院本会議でも、笹川堯議員ほか一二名の発議により委員会審査を省略して提出され[43]、それぞれ全会一致で採択されたのである。

衆議院本会議では、笹川議員より決議案の説明があった。笹川議員は、「長い歴史の中で、あらゆる困難と辛苦に耐えながら生活されてまいりましたアイヌ民族の皆さんに対し、心から感謝とご同情を申し上げます」という言葉で始まり、「これまで、一国一民族一言語という誤った認識を多くの国民が持っておりましたが、この認識が本日の決議により、歴史的英断をもって改められますことは大変意義深いことであります」と述べている。この決議案の議決後、町村信孝内閣官房長官の所信表明があった[44]。参議院では、西岡武夫議員による趣旨説明があり、ついで、町村信孝内閣官房長官より所信表明がなされた[45]。

2　国会決議の内容

国会決議は、まず、「我が国が近代化する過程において、多数のアイヌの人々が、法的には等しく国民でありながらも差別され、貧窮を余儀なくされたという歴史的事実を、私たちは厳粛に受け止めなければならない」と述べている。そして、次の二つの施策を早急に講じるべきことを明らかにしている。

第一に、政府は、「『先住民族の権利に関する国際連合宣言』を踏まえ、アイヌの人々を『日本列島北部周辺、とりわけ北海道に先住し、独自の言語、宗教や文化の独自性を有する先住民族』として認めること」。

第二に、政府は、「同宣言における関連条項を参照しつつ、高いレベルで有識者の意見を聞きながら、これまでのアイヌ政策をさらに推進し、総合的な施策の確立に取り組むこと」。

このように、国会決議は、アイヌ民族に対する差別と困窮を余儀なくさせた歴史的事実を確認し、アイヌを先住民族として認めること、および、新たな総合的施策の確立を政府に求めたのである。

3　国会決議の意味

国会決議といわれているのは、衆議院と参議院で同一内容の決議案を決議していることによるもので、実際上は、両議院の決議である。衆議院の先例によると、「決議は、内閣に対する不信任、特別委員会の設置、国交又は領土に関する議院の意思表明、外国あるいは外国諸機関に対する感謝、永年在職議員に対する表彰、祝賀、慰問、弔詞その他国政に関する諸般の事項に関してなされる[46]」。また、決議に対しては、「その議決の後、内閣総理大臣又は主管国務大臣が意見を述べるのが例である[47]」。

議院の決議の法的効力については、日本の場合は、「内閣に対する要望、勧告、警告等又は単に意見の表明といった内容を有し、法規範を定立するものではないので、たとえ両院一致の決議であっても、法律と同様の効果を認めるわけにはいかない」とされ、しかし、「内閣は行政権の行使について国会に連帯して責任を負っていることから（憲法六六条三項）、各院の決議は、内閣に対して政治的・道義的拘束力を有している」と解されている[48]。

五　内閣官房長官の所信表明と官房長官談話

衆議院および参議院で決議が採択された後、前述のように、町村信孝内閣官房長官が登壇して、決議に対して次のような所信を述べている[49]。町村内閣官房長官は、「アイヌの人々に関しましては、政府はこれまでも、平成八年のウタリ対策のあり方に関する有識者懇談会報告書等を踏まえ、文化振興等に関する施策を推進してきたところであります」という言葉で始まり、国会決議の内容であるアイヌの人々に対する差別と困窮の歴史的事実を確認して、アイヌを先住民族として認め、総合的なアイヌ施策の確立に取り組む考え方を示した。最後に、アイヌの人々が民族としての尊厳と誇りを保持し、継承することは、「多様な価値観が共生し、活力ある社会を形成する共生社会を実現することに資するとの確信のもと」に、アイヌ政策の推進に取り組む姿勢を明らかにしている。

衆参両院での所信表明のほか、同日付で、「アイヌ民族を先住民族とすること求める決議」に関する内閣官房長官談話が公表された。官房長官談話は、五つの項目より構成されている。

1．本日、国会において「アイヌ民族を先住民族とすることを求める決議」が全会一致で決定されました。

2．アイヌの人々に関しては、これまでも平成八年の「ウタリ対策のあり方に関する有識者懇談会」報告書等を踏まえ文化振興等に関する施策を推進してきたところですが、本日の国会決議でも述べられているように、我が国が近代化する過程において、法的には等しく国民でありながらも差別され、貧窮を余儀なくされたアイヌの人々が多数に上ったという歴史的事実について、政府として改めて、これを厳粛に受け止めたいと思います。

3．また政府としても、アイヌの人々が日本列島北部周辺、とりわけ北海道に先住し、独自の言語、宗教や文化の独自性を有する先住民族であるとの認識の下に、「先住民族の権利に関する国際連合宣言」における関連条項を参照しつつ、これまでのアイヌ政策をさらに推進し、総合的な施策の確立に取り組む所存であります。

4．このため、官邸に、有識者の意見を伺う「有識者懇談会」を設置することを検討いたします。その中で、アイヌの人々のお話を具体的に伺いつつ、我が国の実情を踏まえながら、検討を進めて参りたいと思います。

5．アイヌの人々が民族としての名誉と尊厳を保持し、これを次世代へ継承していくことは、多様な価値観が共生し、活力ある社会を形成する「共生社会」を実現することに資するとの確信のもと、これからもアイヌ政策の推進に取り組む所存であります。

内閣官房長官談話で具体的に言及されたのは、「有識者懇談会」を設置することと、その中で、アイヌの人々の話を具体的に聞くということである。

第三節　「アイヌ政策のあり方に関する有識者懇談会」の設置と報告書の提出

一　アイヌ政策有識者懇談会の設置

内閣官房長官の諮問機関として、「アイヌ政策のあり方に関する有識者懇談会」が二〇〇八(平成二〇)年八月に設置された。委員として、安藤仁介(国際法学)、佐々木利和(歴史学・アイヌ史)、佐藤幸治(憲法学)、高橋はるみ(北海道知事)、常本照樹(憲法学)、遠山敦子(元文部科学大臣)、山内昌之(歴史学・民族学)のほか、アイヌ民族を代表して、加藤忠(北海道アイヌ協会理事長)が加わっている。前回の「ウタリ対策のあり方に関する有識者懇談会」では、アイヌ民族の関係者は利害関係者なので委員に加えないという理由で参加できなかったことを考えると改善されている。座長には、憲法学界の重鎮で、行政改革会議委員、司法制度改革審議会会長として政府関係の審議会でも実績の有する佐藤幸治が就任した。

二〇〇八年八月一一日に第一回会議を開き、翌二〇〇九(平成二一)年七月二九日に報告書の決定に至るまで、一〇回の会議を持っている。会議とは別に、アイヌの意見を聞く現地視察・意見交換が三回にわたって行われている。現地視察ないし意見交換の場所として、①北海道(札幌市、白老町、平取町、千歳市)、②東京(アイヌ文化交流センター)および③北海道(釧路市阿寒町、白糠町)が選ばれている。[50]

一〇回にわたる会議では、前半は委員および外部有識者からのヒアリングに充てられ、後半では基本的な論点の検討と報告書の作成に充てられている。委員からのヒアリングは、第二回会議で加藤委員および高橋委員、第三回会議で安藤委員および常本委員、第四回会議で山内委員および佐々木委員が行い、外部有識者からのヒアリングは、第五回会議で、国立科学博物館研究主幹篠田謙一「自然人類学から見たアイヌ民族について」および千葉大学大学院教授中川裕「アイヌ語学習の未来に向けて」が行われている。

常本委員によると、政策提言については、懇談会がゼロから発案したものではなく、北海道アイヌ協会の理事長が理事会の議を経て、第二回会議で提示した政策要望に基づき、その可及的実現を基本線として行われたことが指摘されている(51)。

加藤委員の発表内容に関し、その要点のみを挙げると次のようである(52)。

・アイヌ民族を先住民族であると認めること

「国際連合を尊重するという日本政府の一貫した方針及び国際的なルールを尊重するという憲法九八条二項の精神などを踏まえ、先住民族であるアイヌ民族には、「先住民族の権利に関する国際連合宣言」を十分に、そして余すことなく尊重していただき、これからの日本国内における政策立案を積極的に導き出すことができるよう、心から期待している」。

・先住民族の活動への国の援助

「アイヌの自立的活動を促進するための自立化基金の創設を要望しましたが、アイヌ民族自らの活動を支援することについては、国の援助は必要不可欠です」。

・政策立案にあたっての基本的観点

同化政策による「「民族的アイデンティティ」、内心への脅迫」、「「人」と「土地・資源」との繋がり」、「法制史の変遷過程」、「アイヌ民族の「生活実態」」の四つの観点から、「立法措置による新しい総合施策」が必要である。

・主な政策提言

教育の充実への支援、アイヌ研究・民族教育への支援、遺骨の返還・慰霊、広義の文化振興、文化振興等の基盤としての土地・資源の利用、啓発・教育の重要性である。

・新たな立法措置

「施設実施に係る資金については、これまで当協会などが要望していた自立化基金を創設するにも、国費を継続確保するにも、いずれにしても、国民すなわち国会での理解を得た予算を伴う立法措置が不可欠です」。

懇談会での作業の実情について、佐藤幸治座長は、「専門的立場からのそれぞれのお話、それを踏まえての議論そして、何よりも現地視察とそこでの関係者との意見交換、就中、アイヌの方々との会話は、私にとって驚きであり、政治・社会のあり方について深く考えさせられるものがありました。特に、会議における北海道アイヌ協会理事長である加藤忠委員のお話、ご意見は、抑制されたものであるだけにかえって切々と訴えるものがあり、強く心を動かされました。それは私だけにとどまらず、委員の皆さんの共通した印象ではなかったかと思います。そのことが会議の報告書に強く反映されていると私は思っています」と語っている(53)。

第一〇回会議が、二〇〇九(平成二一)年七月二九日に開かれ、報告書が確定し、同日、河村建夫内閣官房長官に提出された。

二　アイヌ政策有識者懇談会報告書の主な内容

報告書の本文はA4判四二頁で、「1 今に至る歴史的経緯、2 アイヌの人々の現状とアイヌの人々をめぐる最近の動き、3 今後のアイヌ政策のあり方」の三部構成になっている。以下、報告書の主な内容を取り上げ紹介する。(54)

1　今に至る歴史的経緯

(1) アイヌ文化の形成

七世紀に入ると、北海道で擦文文化の時代が始まり、一三〜一四世紀ころにかけ、狩猟、漁撈、採集を中心に一部では農耕も行う生活の中で自然とのかかわりが深く、海を渡って交易を盛んに行うアイヌ文化の特色が形成されていくのである。

(2) 近代におけるアイヌ文化への打撃

明治維新直後の一八六九(明治二)年、蝦夷地一円は北海道と改称されて、蝦夷地の内国化が図られ、大規模な和人の移住による北海道開拓が進められることになった。アイヌの人々は、戸籍法の制定に伴いその意に関わらず「平民」に編入されたが、開拓使の通達により区別が必要な場合は「旧土人」とすることとされた。また、明治政府は、文明開化の流れの中、民族性の異なるアイヌ文化の独自性を留意せず、家を焼く風習はもとより、女子の入れ墨、男子の耳環も禁止された。こうした同化政策は結果的に、民族独自の文化が決定的な打撃を受けることにつながった。

（3） 近代的土地所有制度の導入によるアイヌの人々の生活の貧窮

明治政府による近代的な土地所有制度の導入により、アイヌの人々は狩猟、漁撈、採集の場が狭められ、さらに狩猟、漁撈の禁止も加わり貧窮を余儀なくされた。

（4） 北海道旧土人保護法の施行

一八九九（明治三二）年に施行された北海道旧土人保護法は、「当時のアイヌの生活状況等をめぐる諸問題について一通りの対策を示したもの」である。土地については、「当時の農家一戸当たりの標準経営面積と考えられた一万五千坪を基準としたものであったが、既に和人に対する土地の払い下げが進んだ後であり、アイヌの人々に下付された土地には農地に適さないものも少なくなかった」し、また、「農業指導はほとんど行われず、アイヌの人々の貧窮を十分改善するには至らなかった」。

2 アイヌの人々の現状とアイヌの人々をめぐる最近の動き

（1） アイヌの人々の現状

二〇〇六（平成一八）年度の北海道アイヌ生活実態調査によると、道内に二万三七八二人のアイヌの人々が居住している。また、一九八八（昭和六三）年の東京都調査によると、都内に約二七〇〇人のアイヌの人々が居住していると推計されている。二〇〇八（平成二〇）年一〇月に実施した北海道大学アイヌ・先住民研究センターの「北海道大学アイヌ民族生活実態調査」によると、アイヌの人々の世帯における生活保護率は全道平均と比べて約一・五倍、全国平均と比べても約二・五倍になっている。また、大学への進学率は三〇歳未満の世代に限ってみても、全国平均の約半分である。

(2) アイヌの人々の文化活動等の取組み

一九九七(平成九)年のアイヌ文化振興法の制定により、文化振興関連施策が積極的に行われるようになった。他方、多くの人々が文化伝承等に関わっていくためには、アイヌの人々の生活の安定が必要になる。しかしながら、伝統文化を活かした産業活動など文化伝承等が雇用や生業につながる取組みは広がっていない。

3　今後のアイヌ政策のあり方

(1) 先住民族という認識に基づく政策展開

懇談会報告は、先住民族の定義について、「先住民族とは、一地域に、歴史的に国家の統治が及ぶ前から、国家を構成する多数民族と異なる文化とアイデンティティを持つ民族として居住し、その後、その意に関わらずこの多数民族の支配を受けながらも、なお独自の文化とアイデンティティを喪失することなく同地域に居住している民族である」と述べている。

常本委員は、「先住民族の権利に関する国際連合宣言」を含めて、先住民族の確立した統一的定義は存在せず、学術的にも、例えば、人類学において狭義にも広義にも用いられることがあるが、先住民族という地位に権利享有などの規範的効果を結びつける場合には何らかの指標を設けることが必要なので、二風谷ダム事件札幌地裁判決の定義などを含めて、これらを踏まえて定義を行った旨説明している[55]。

このような先住民族の定義から、懇談会報告書は、アイヌ民族を先住民族に当たるとしている。すなわち、「アイヌの人々は、独自の文化を持ち、他からの支配・制約などを受けない自律的な集団として我が国の統治が及ぶ前から日本列島北部周辺、とりわけ北海道に居住していた。その後、我が国が近代国家を形成する過程で、アイヌの人々は、その意に関わらず支配を受け、国による土地政策や同化政策などの結果、自然とのつながりが分断されて生活の糧を得る場を狭められ貧窮していくとともに、独自の文化の伝承が困難となり、その伝統と文化に深刻な打撃を受けた。しかし、アイヌの人々は、今日においても、アイヌとしてのアイデンティティや独自の文化を失うことなく、これを復興させる意思を持ち続け、北海道を中心とする地域に居住している。これらのことから、アイヌの人々は日本列島北部周辺、とりわけ北海道の先住民族であると考えることができる」としている。

今後のアイヌ政策は、「アイヌの人々が先住民族であるという認識に基づいて展開していくことが必要」であり、「国には先住民族であるアイヌの文化の復興に配慮すべき強い責任がある」ということである。なお、ここでいう文化とは、「言語、音楽、舞踊、工芸等に加えて、土地利用の形態などを含む民族固有の生活様式の総体という意味で捉えるべき」であるとして、「生活様式の総体」という広い意味で理解している。

(2) 政策展開に当たっての基本的な理念

① アイヌのアイデンティティの尊重

憲法の人権規定の中では、一三条の「個人の尊重」が基本原理であり、我が国における法秩序の基礎をなす原則規範である。アイヌというアイデンティティを持って生きることを積極的に選択した場合、国はその選択を可能にする政策を行う責任がある。なお、「個々のアイヌの人々のアイデンティティを保障するためには、その拠り所となる民族の存在が不可欠であるから、その限りにおいて、先住民族としてのアイヌという集団を対象とする政策の必要性・合理性も認められなければならない」。

② 多様な文化と民族の共生の尊重

アイヌという民族が存在していることはきわめて有意義である。「多様でより豊かな文化を共有できるという意味で、国民一般の利益にもなる」。

(3)　具体的政策

懇談会報告書は、これまでのアイヌ文化振興施策等に加えて、今後のアイヌ政策は、「①国民の理解の促進（教育、啓発）、②広義の文化に係る政策の推進（民族共生の象徴となる空間の整備、研究の推進、アイヌ語をはじめとするアイヌ文化の振興、土地・資源の利活用の促進、産業振興、生活向上関連施策）を重点として整備すべきであり、③国としてこれらを実行するために必要な推進体制等を整備すべきである」と述べて、ここで具体的政策が提案されている。

①　国民の理解の促進

「アイヌの歴史、文化等についての国民の理解の促進を図るに当たっては、児童・生徒の発達段階に応じた一定の基礎的な知識の習得や理解の促進が肝要である」。また、それとともに、新たなアイヌ政策の円滑な実施にとって、国民各層の幅広い理解を促進していくことが必要不可欠である。

②　広義の文化に係る政策

ア　民族共生の象徴となる空間の整備

懇談会報告書の具体的施策として提案されている民族共生の象徴となる空間の整備は、「本報告書のコンセプト全体を体現する扇の要となるもの」という重要な地位が与えられている。その内容は、「アイヌの歴史や文化等に関する教育・研究・展示等の施設を整備することや伝統的工芸技術等の担い手の育成等を行う場を確保する」こと、「過去に発掘・収集され現在大学等で保管されているアイヌの人骨等について、尊厳ある慰霊が可能となるような慰霊施設の設置等の配慮が求められ」、「これらの施設を山、海、川などと一体となった豊かな自然環境で囲み、国民が広く集い、アイヌ文化の立体的な理解や体験・交流等を促進する民族共生の象徴となるような空間を公園等として整備する」ことである。

イ 研究の推進

アイヌに関する研究の現状としては、財団法人アイヌ文化振興・研究推進機構による研究、研究成果の出版助成、一部の大学や研究機関等による学術的・専門的研究が、小規模で行われている。総合的かつ実践的な研究の推進を図るために、「早急に、アイヌに関する研究やアイヌの人々も含めた研究者の育成等を戦略的に行う研究体制を構築していくことが必要」であり、「具体的には、先駆的にアイヌに関する研究等に取り組んでいる機関の機能、体制等を拡充強化し、当該研究機関が中核・司令塔となってアイヌに関する研究のネットワーク化や研究者の育成を担うこととし、中長期的にはアイヌに関する総合的かつ実践的な研究の推進体制へと発展させていくべきである」と述べて、研究者の育成を含めた研究体制の整備の必要性を明らかにしている。また、「アイヌの人々に対する高等教育機関における教育機会の充実等の自主的な取組への支援も重要である」ことも指摘されている。

ウ アイヌ語をはじめとするアイヌ文化の振興

「アイヌ文化振興法制定以降、アイヌ語などアイヌ文化の一部に対する振興施策が充実されたことにより、アイヌ語学習等への若い世代の参画が見られるなど文化伝承の裾野が着実に広がってきている」が、「アイヌ語を学びたい、アイヌ文化に触れたいというニーズに対して、それに応える場や機会が限られていたり、指導者や教材が不足している等の課題があり、必ずしも十分に対応し切れていない」。

エ 土地・資源の利活用の促進

現在、行われているアイヌの伝統的生活空間（イオル）の再生事業の実施地域の拡充や国公有地、海面・内水面での自然素材の利活用に関する関係者の必要な調整の場の設置を進めていく。

オ　産業振興

「アイヌ文化の伝承等を促進していくためには、文化伝承等の活動と経済活動との連携が重要」である。そのための方策として、伝統的なアイヌ工芸品等の販路拡大、アイヌ・ブランドの確立、アイヌ文化の適切な観光資源化や観光ルート化などに取り組む必要がある。

カ　生活向上関連施策

「現在、北海道において、奨学金、生活相談、就業支援、農林漁業の生産基盤等の整備、工芸技術研修に関する支援」を行っている。北海道外在住のアイヌの人々には施策が講じられていないという課題もある。このため、北海道外のアイヌの人々の生活実態調査を行った上で、「全国的見地から必要な支援策を検討し実施していくことが求められる。その際、支援策の適用に当たってアイヌの人々を個々に認定する手続等が必要となる場合には、透明性及び客観性のある手法等を慎重に検討すべきである」ことが特に指摘されている。

③　推進体制等の整備

現行のアイヌ政策は、アイヌ文化振興法に基づく施策ごとに一ないし複数の省によって行われており、アイヌ政策全体に関する総合的な窓口は置かれていない。今後は、「全国的見地から国が主体となって総合的に政策を推進するとともに、アイヌの人々の意見等を政策に反映する体制や仕組みを構築する必要がある」とされている。アイヌの人々の意見を踏まえた効果的な政策の推進や実施状況の検証が図られていくことが明示されていることは重要な点である。

なお、国会等におけるアイヌ民族のための特別議席についても、懇談会報告書は言及しており、「国会議員を全国民の代表とする憲法の規定等に抵触すると考えられることから、実施のためには憲法の改正が必要となろう」という立場に立っている。

4 立法措置の必要性

「おわりに」で注目されるのは、「立法措置」の検討を求めていることである。すなわち、本報告書で提言しているさまざまな政策は、「国として一体的に捉えて取り組むことが求められ」、「国としての継続的かつ着実な取組が強く期待されているところであり、それだけに、そのような国の姿勢と覚悟を法律のかたちで具体的に示すこと、いわゆる立法措置がアイヌ政策を確実に推進していく上で大きな意義を有すると考えるものである」としている。

三 新聞の反応

有識者懇談会報告書が提出された翌日の二〇〇九(平成二一)年七月三〇日付『北海道新聞』は、「複権への一歩を確実に」という表題の社説を掲載している。まず、報告書がアイヌ民族を先住民族として認め、国は同化政策でアイヌ民族の暮らしや文化に打撃を与えたことを指摘して、国は生活・教育支援や文化復興に強い責任を持って新たな総合的施策に主体として取り組むことを求めたことに関し、「文化振興に限定した従来の施策の幅を広げ、バランスの取れた内容にまとめたこと」を評価している。次に、報告書が立法措置の必要性を明記したことに触れ、「多様な政策の推進には、その理念や施策の立案、実施体制などを定めた法律が欠かせない」として、法案作成に取り組むことを政府に求めている。さらに、報告書がアイヌの受難の歴史を詳述し、国の責任を明示したことは適切で、国民の理解の促進のための取組みを求めている。

全国紙では、二〇〇九年八月一日付『読売新聞』社説は、「歴史と文化を踏まえた政策に」という表題で報告書について論じている。まず、報告書が「アイヌ民族の歴史を正面から論じ、国には「アイヌの文化の復興に配慮すべき強い責任がある」と指摘した」点を捉えて、「国主導による積極的なアイヌ政策の展開を求めた提言と言えよう」という評価を与えている。次に、アイヌ政策を確実に推進していくため、「新法の制定も今後の課題となる」ことを指摘している。結びとして、「報告書は、補償や原状回復は求めず、国民の理解促進やアイヌ文化振興策の拡充に重点を置いたことは、妥当な結論」としている。

二〇〇九年八月二日付『朝日新聞』は、「アイヌ政策　先住民族と認める法律を」という表題で、社説で報告書を取り上げている。まず、「歴史の反省に立ち、先住民族と共生する社会に向けた政策づくりを」という懇談会の提言により、先住民族であるアイヌの人々に対する国の取組みがようやく動き出したことを指摘する。懇談会報告が「「国の政策として近代化を進めた結果、先住民族であるアイヌの人びとの文化は深刻な打撃を受けた」「国にはアイヌ文化の復興に配慮すべき強い責任がある」と明言した」ことに触れている。次に、報告が、先住民族としての土地・資源の利用についても、「「一定の配慮」を求め」「「アイヌ民族の日」の制定や、「民族共生の象徴」となる自然公園の整備も提言している」ことを指摘してから、社説の表題にもあるように、「まず国会で、先住民族としてのアイヌの存在を明確に認める法律をつくること」を求めている。さらに、結びでは、「先住民族が胸を張って活躍することで、国民全体が多様な価値観や文化を共有できる。こうした日本を早く築きたい」と述べている。

第四節　アイヌ政策の新たな展開に向けて

一　「アイヌ政策推進会議」の設置

アイヌ政策有識者懇談会報告を受けて、二〇〇九（平成二一）年一二月にアイヌ政策推進会議が設置された(56)。アイヌ政策推進会議を設置する趣旨は、アイヌの人々の意見を踏まえつつ総合的かつ効果的なアイヌ政策を推進するためである。内閣官房長官を座長に、アイヌ民族側から相当数の構成員が加わっている。発足時の構成員名簿を見ると、座長に内閣官房長官平野博文、座長代理小川勝也内閣総理大臣補佐官のほか、アイヌ民族側から加藤忠北海道アイヌ協会理事長、阿部一司同副理事長、川上哲同副理事長、丸子美記子関東ウタリ会会長、能登千織北海道白老町学芸員の五名が加わり、構成員全体の三分の一を超えている。そのほか、有識者として懇談会に引き続き安藤仁介京都大学名誉教授、佐々木利和国立民族学博物館教授および常本照樹北海道大学教授の三名、あらたに国際法学の横田洋三中央大学教授、大西雅之鶴雅グループ代表が加わり、高橋はるみ北海道知事、上田文雄札幌市長の合計一四名である。アイヌ政策の総合的な窓口として、内閣官房アイヌ総合政策室が設けられている。推進会議は、必要に応じて作業部会を開催することができることになっている。

二　「民族共生の象徴となる空間」作業部会報告

１　作業部会の設置

アイヌ有識者懇談会報告書の「コンセプト全体を体現する扇の要となる」「民族共生の象徴となる空間」の検

討は、アイヌ政策推進会議の民族共生の象徴となる空間作業部会で行われた。作業部会は、佐々木利和国立民族学博物館教授が部会長になり、北海道アイヌ協会から、加藤忠理事長、川上哲副理事長（二〇一一年二月三日まで）、菊地修二副理事長（二〇一一年二月四日以降）、佐藤幸雄事務局長が加わったほか、篠田謙一国立科学博物館人類研究部人類史研究グループ長、常本照樹北海道大学アイヌ・先住民研究センター長が構成員になっている。二〇一〇（平成二二）年三月に第一回会議を開催し、翌二〇一一（平成二三）年五月三一日の第一三回会議で、作業部会報告の取りまとめを行っている。この作業部会報告[57]は、二〇一一年六月二四日に開催の第三回アイヌ政策推進会議に提出された。

2　作業部会報告の主な内容

(1)　民族共生象徴空間の基本的考え方

・先住民族であるアイヌの尊厳を尊重し、我が国が将来へ向け、多様で豊かな文化や異なる民族の共生を尊重していくためには、アイヌの歴史、文化等の国民理解の促進やアイヌ文化の復興・発展に関する中心的な拠点が必要である。

・空間の意義は、「アイヌの人々」にとっては、心のよりどころになるものであり、「国民一般」にとっては、多様で豊かな文化を享有できるものであり、「国際的」にみても、民族の共生、文化の多様性の尊重という複合的なものである。

・象徴空間の役割は、「広義のアイヌ文化復興」、「アイヌの歴史、文化等に関する国民の理解の促進」、「将来の発展に向けた連携・協働」の拠点となることである。

・アイヌ文化振興等に関するナショナルセンターとして、国の主体性の下、教育、研究、展示等を行う中核的な文化施設を核とする。

⑵　**具体的な機能等**

・アイヌの歴史・文化等を総合的・一体的に紹介し、各地域の博物館等のネットワークの拠点となる文化施設（博物館等）を、国立を含め、国が主体となって整備し、展示機能を核として、調査研究機能やキュレーター、文化伝承者等の人材育成機能も併せ持たせる。

・伝統的家屋（チセ）等の施設の活用や空間内の自然空間（山、海、川等）における文化伝承活動を行う環境を整備する。

・文化施設等の周辺において、憩いの場等を提供する公園的な土地利用が望まれる。

・各大学等に保管されているアイヌの人骨について、遺族等への返還が可能なものについては返還し、返還の目途が立たないものについては、国が主導して象徴空間に集約し、尊厳ある慰霊が可能になるよう配慮する。

・集約の対象となる人骨を特定し、人骨の返還や集約の進め方に関する検討を行うため、各大学等の協力を得て、アイヌの人骨の保管状況等を把握する。

⑶　**候　補　地**

・候補地の要件として、設定した自然環境、人材、施設等に照らし、北海道白老町が候補地にふさわしいと判断し、白老町においては、ポロト湖畔周辺の区域が中心区域として最もふさわしいと想定した。

⑷　**他の地域の取組等との連携・役割分担**

・象徴空間の機能、施設等と、地域特性を踏まえた地域固有の取組とが連携・役割分担し、全体として効果的なアイヌ文化の振興等が図られるよう配慮することが重要である。

(5)　今後の検討課題等

・地元にある既存の博物館等の活用の在り方、アイヌ文化振興法に基づく事業等の活用方法を精査することも必要である。
・各般の課題が残されていることから、引き続きアイヌ政策推進会議の下で作業部会を開催し、専門的見地から検討を継続していくことが必要である。
・象徴空間の具体化に当たって、必要に応じて立法措置を講じることも含めて適切な検討が行われることが望まれる。

3　作業部会報告に対する新聞の反応

アイヌ有識者懇談会報告で、報告のコンセプト全体を体現する「扇の要」の政策として位置づけられていた「民族共生の象徴となる空間」の全体像が、作業部会報告で明らかにされている。この報告に対して、二〇一一(平成二三)年六月二八日付『北海道新聞』は、社説で評価し、今後の課題を指摘している。まず、社説は、報告の要点を、「胆振管内白老町に設置する大規模公園「象徴空間」について、アイヌ文化の振興、国民の理解の促進、将来の連携・協働の拠点となる「ナショナルセンター」として整備するとした。省庁横断で実現するため、新法の必要性にも触れた」とまとめて、「これまでアイヌ民族側が求めてきた内容をほぼ盛り込んでおり、評価できる」としている。

次に、今後の課題として、日本で前例のない施設なので、「省庁の垣根を越えて一体で推進することが、特に大事」であること、「アイヌ民族側の積極的なかかわりが極めて重要」になること、「既存の施設や制度との連携」も課題であることを指摘して、「専門知識を持った担い手を育て、職場を提供することも、拠点として果たすべき大きな役割だろう」という言葉で結んでいる。

三　「民族共生の象徴となる空間」の具体化に向けての検討

1　検討の経緯

「民族共生の象徴となる空間」作業部会報告を受け、政府では、内閣官房が中心となり、象徴空間の具体化に向けた検討に着手し、政策推進作業部会においても、政府の検討状況を聴取した。政策推進作業部会は、二〇一一（平成二三）年八月三一日の会議より、それまで二つあった「民族共生の象徴となる空間」作業部会と「北海道外アイヌの生活実態調査」作業部会がそれぞれ任務を終了して、「政策推進作業部会」に一本化した。政策推進作業部会の役割は、アイヌ政策有識者懇談会報告（二〇〇九（平成二一）年七月）で提言された政策のフォローアップならびに前述した二つの作業部会報告（二〇一一（平成二三）年六月）の趣旨を実現するための検討であり、そのため、主に、①「民族共生の象徴となる空間」の具体化、②北海道外アイヌの生活実態調査を踏まえた全国的見地からの施策の展開、③国民の理解を促進するための活動の問題が検討の対象とされた。

政策推進作業部会は、常本照樹北海道大学アイヌ・先住民研究センター長が部会長に就任し、委員は、北海道アイヌ協会から加藤忠理事長、阿部一司副理事長、菊池修二理事、佐藤幸雄事務局長が加わり、丸子美記子関東ウタリ会会長、石森秀三北海道博物館長、大西雅之鶴雅グループ代表、佐々木利和北海道大学アイヌ・先住民研究センター客員教授、篠田謙一国立科学博物館研究調整役、本田優子札幌大学副学長である（委員の肩書は二〇一六（平成二八）年一二月一六日現在の名簿による）。

政策推進作業部会は、二〇一二(平成二四)年六月一日に「「民族共生の象徴となる空間」の更なる具体化に向けて」という報告を出し、政府に対し、「民族共生の象徴となる空間」基本構想を早期に取りまとめ、具体化に取り組むべきであることを提言した。

2　「民族共生の象徴となる空間」の基本構想および基本方針の決定

政府は、二〇一二(平成二四)年七月三一日に、アイヌ政策関係省庁連絡会議において、「民族共生の象徴となる空間」基本構想を取りまとめ、象徴空間における整備、取組みの方向性を明らかにし、象徴空間の主要施設等について定めるとともに、二〇二〇(平成三二)年に開催される東京オリンピック・パラリンピック競技大会に合わせて一般公開することにした。

次いで、二〇一四(平成二六)年六月一三日、「民族共生の象徴となる空間」の整備及び管理運営に関する基本方針が閣議決定された。そこで、象徴空間が、①アイヌ文化復興の中核的な役割、②アイヌの人々の遺骨およびその副葬品の慰霊およびその管理を担うこととされた。また、象徴空間の管理運営については、アイヌの人々の主体的参画を確保しながら、①象徴空間を総合的かつ一体的に管理運営するための基本計画および中期事業計画の策定、②施設を一体的に運営し、活動の実施に当たる一の運営主体の指定、③運営協議会の設置が明らかにされている。さらに、象徴空間の一般公開は、二〇二〇年となっている。

象徴空間の主要施設となる博物館および公園については、二〇一五(平成二七)年七月には、文化庁が「国立のアイヌ文化博物館(仮称)基本計画」を、二〇一六(平成二八年)四月には、国土交通省が「国立の民族共生公園(仮称)基本計画」を、それぞれ策定した。

3　「民族共生象徴空間」基本構想（改定版）の作成

各省事務次官で構成されているアイヌ総合政策推進会議は、二〇一六（平成二八）年七月二二日に、それまでの政府における検討およびアイヌ政策推進会議作業部会における議論の経過を踏まえて、「『民族共生象徴空間』基本構想（改定版）」を作成した。主な改定の内容は、以下のとおりである。

① 本年五月に開催されたアイヌ政策推進会議において、空間全体については「民族共生象徴空間」、博物館については「国立アイヌ民族博物館」、公園については「国立民族共生公園」を正式名称として了承する。

② 国立アイヌ民族博物館と国立民族共生公園から構成され、白老町ポロト湖畔に整備される「中核区域」、ポロト湖東側の高台に整備される「慰霊施設」について、それぞれ整備方針が決定された。

③ 民族共生象徴空間の管理運営については、さまざまな関係者の意見を踏まえながら取組みが進められるよう、関係機関・団体等により構成される「象徴空間運営協議会」を活用する。民族共生象徴空間は、アイヌ文化の伝承活動が盛んな地域との連携により、民族共生象徴空間に関する取組みの全国的な拡大とそのネットワーク化を図ることとする。

四　研究の推進に関する状況

1　アイヌ文化振興・研究推進機構

アイヌ文化振興法に基づいて設置されているアイヌ文化振興・研究推進機構は、事業の五つの柱の一つに、

「アイヌに関する総合的かつ実践的な研究の推進」を挙げて、研究助成と出版助成を行っている。その予算額も年間二〇〇〇万円弱である。アイヌ文化振興・研究推進機構は、機構自らが研究員を擁してアイヌに関する研究を行っているわけではない。前述のように（本章第一節一3(5)）、二〇〇一（平成一三）年に同機構は、「アイヌ研究推進センター（仮称）の基本構想」を作成し、研究センターの創設を国に要望したが、立ち消えになったという経過がある。その際に、アイヌ研究センター構想をまとめた当時の理事長である佐々木高明は、「アイヌ文化振興法一〇年」と題する講演の中で、「国立のアイヌ研究センターを整備することは、終始アイヌの方々の強い要求でありますし、海外の状況を見ても、主要な先進国家には少数民族に関する整った研究機関は必ずあるものです」、「このような大きな問題が、アイヌ文化振興法の枠内の問題としてまだ残っていますので、今後の展開に大きな期待を寄せたいと思っています」と述べていたところである。(58)

2　北海道大学アイヌ・先住民研究センター

(1)　北海道大学におけるアイヌ語・アイヌ文化研究の経緯

北海道大学は、一九三七（昭和一二）年一〇月に学内措置で「北方文化研究室」を設置した。(59) この研究室の組織上の特徴は、専任の研究員を置かず、北方文化に関心を有する学内の研究者の共同利用施設として、北方文化の総合的な研究を図ろうとするものであった。また、研究資料の収集が設置目的の一つであり、その核となったのは、札幌農学校以来図書館に集積されてきた図書・写本・地図等であった。一九三七年一二月に開かれた第一回例会で、研究室の方針として、「根本的・科学的研究」に重点をおき、時流や国策に無関係であったことを示している。

北方文化研究室の研究紀要である『北方文化研究報告』は、一九三九（昭和一四）年三月から年二回発行され、戦局の悪化のため一九四二（昭和一七）年の第六輯をもって一時休刊したが、そこに掲載された論文はいずれも独創性に富む力作ぞろいで、北方文化研究室の声価を高めた。

アイヌに関する研究では、農学部助教授を兼務し北方文化研究室の嘱託として創設当初より研究と管理業務に従事した高倉新一郎は、一九四二年に大著『アイヌ政策史』を出版している。本書は、著者が同化論者であるという今日の観点からは、本質的ともいうべき限界があるが、社会科学的立場から、前近代から一八九九年の「北海道旧土人保護法」の制定に至るまでの各時代のアイヌ「政策」とアイヌ社会とのかかわりについて分析を加えたアイヌ研究の古典ともいえる業績である(60)。高倉は北大植民学の本来的業務に携わりながら、それと並行するかたちでアイヌ研究を本格化させて『アイヌ政策史』を完成させた点に関して、次のような植民学の学説的な位置づけがなされている(61)。すなわち、高倉は、「過剰人口論を支柱とした移植民論、移民政策への提言という北大植民学の本流から外れたものであって、新渡戸〔稲造〕の転出によって東大へと受け継がれた植民論の政治的側面、特に民族問題が矢内原〔忠雄〕を経由して北大に回帰したもの」というのである(62)。ただし、矢内原忠雄と高倉新一郎との相違点として、「矢内原が同化主義を否とし自主主義を希求するのに対し、高倉はあくまで同化主義を肯定し、その枠内で議論を展開する点である」ことが指摘されている(63)。

アイヌ民族の出身で、アイヌ語・アイヌ文化研究の第一人者である知里真志保は、一九四三（昭和一八）年六月三〇日に北方文化研究室嘱託に発令された(64)。知里は同年六月一六日に健康上の理由で樺太庁立豊原高等女学校を退職し、故郷の登別に戻っていたところであった。知里は、一九四九（昭和二四）年六月に法文学部講師に就任し、一九五八（昭和三三）年に三月に文学部教授に昇任、講師や教授になった後もこの研究室のメンバーとして活躍し、病没するまで『北方文化研究報告』で論文発表を行い、研究活動の重要な場とした。この間、知里は、一九五四（昭和二九）年一二月に北海道大学より文学博士の学位を授与されている。学位請求論文は、主論文「アイヌ語法研究―樺太方言を中心として」『樺太庁博物館研究』第四巻四号（一九四二年）、参考論文一「アイヌ語植物名の研究」、参考論文二「アイヌ語に於ける母音調和」、参考論文三「アイヌ語の助詞」であった。なお、『北方文化研究報告』は、一九五〇（昭和二五）年に復刊し（第七輯）、一九六五（昭和四〇）年まで毎年一回発行された。

一九四七（昭和二二）年に法文学部が創設され、さらに、一九五〇（昭和二五）年に文学部が開設されるに至って、北海道を含む北方諸地域の総合的研究機関設置の要望が高まった。文学部は、一九六四（昭和三九）年七月に学内措置として、ユーラシア文化研究室を開設した。一九六六（昭和四一）年三月に、北方文化研究室とユーラシア文化研究室を併合・継承する文学部附属の「北方文化研究施設」の設置が官制として認められた。[65] 第一部門（考古学）は一九六六年に出発したが、第二部門（文化人類学）は一九七三（昭和四八）年になってようやく設置された。

しかし、文学部の改組が一九九五（平成七）年に行われた際に、北方文化研究施設は廃止され、新たに文学研究科・文学部に大講座として北方文化論講座が設けられた。「北方文化論講座は、北方地域（ユーラシア・日本・北アメリカ）の考古学、文化人類学、民族言語学の研究を推進するという目的のもとに、研究と教育を担当することになった」。文学研究科・文学部の説明によると、「北方文化研究施設は『北方文化研究』二一巻を刊行し、研究も一応の成果を得て当初の役割を果たしたので、文学部の改組に伴い一九九五年にその幕を閉じた」のである。[66]

(2)　アイヌ・先住民研究センターの設置

北海道大学は、二〇〇七（平成一九）年四月にアイヌ・先住民研究センターを学内共同研究施設として設置した。同研究センターの設置に先立つ二〇〇五（平成一七）年一二月に、北海道大学は「先住民族と大学」と題するシンポジウムを開き、「総長ステートメント」を公表した。[67] そこで、中村睦男総長は、北海道大学におけるアイヌ北方民族の研究の中で生じた二つの事柄に言及した。一つは、「医学部では、一九三三年以来、アイヌ人類学の学術研究のためアイヌ人骨を収集し、長年保持してきましたが、一九八二年六月に、その取り扱いについて、北海道ウタリ協会から北海道大学に強い要請があり、同協会と話し合いがもたれました。その結果、一九八四年七月に納骨堂を建立し、アイヌ人骨一〇〇四体を納骨するとともに、医学部関係者を中心に募金による基金を設け、北海道ウタリ協会の主催によりイチャルパを毎年行っております」という、医学部人骨問題である。[68]もう一つは、文学部が管理する古河講堂の一室から人間の頭骨六体が発見された事件で、そのうち一体は韓国に返還され、三体はサハリンに返還されている。

これに対して、総長ステートメントは、「北海道大学は、民族の尊厳に対する適切な配慮を欠いていたことを真摯に反省するとともに、これらの経験を深く記憶に刻み、その上で今後の進むべき方向を検討し、自らの責務を果たしてまいりたいと考えております」と述べている。

アイヌ・先住民研究センターは、「先住民族に関する学際的で高度な研究教育を行うとともに、我が国の多様な文化の発展に寄与することを目的として」設置され、「人文科学のみならず、社会科学、自然科学の研究者を含む先住少数民族の専門機関としては我が国では初の組織になります」と、設置に当たって、北海道大学の広報誌は記している。[69]北海道ウタリ協会の広報紙『先駆者の集い』も、同センターの設置とその趣旨を説明し、「アイヌ民族との協同を掲げ、ウタリ協会とも協力体制を敷き、研究会、講演会、シンポジウムなどを行っている」ことを紹介している。[70]

(3)　アイヌ・先住民研究センターの拡充

研究センター設置当初は、専任教員一名であったのが、二〇一〇(平成二二)年度より、国からの予算上の特段の配慮により研究センターの拡充が実現し、学内からの配置換えも含め専任教員が合計六名になり、専門領域も歴史学(佐々木利和教授)、文化人類学(北原次郎太准教授)、言語学(丹菊逸治准教授)、考古学(加藤博文教授)、博物館学(山崎幸治准教授)、法律学(落合研一助教)にわたり、アイヌ・先住民の総合的な研究が可能になった

（二〇二一年七月一日現在）。北海道大学の他の部局の教員と兼務する兼務教員は、常本照樹センター長を始め一二名になっている。専任教員のうち、北原次郎太准教授は、アイヌ民族出身で、博士論文を『アイヌの祭具　イナウの研究』と題する著書として出版している(71)。

アイヌ・先住民研究センターの役割について、同センターのウェブサイトでは、①社会への発信と教育、②学際的な研究、③実践的な文化伝承等への貢献、④アイヌ政策推進への助言が挙げられている(72)。ここで注目すべき点として、「アイヌ政策の推進への助言」があり、当センターは、「アイヌ民族や各国の先住民族に関する研究に特化した国内唯一の研究拠点であることから」、「国において進められているアイヌ政策の総合的推進に対してセンター自身の研究成果に基づく専門的助言をするとともに、アイヌ民族の声並びに諸外国の経験を伝える役割を担っています」とセンター長が述べるように、シンクタンク的な役割も担っている(73)。

長らく国立民族学博物館でアイヌ展示と調査研究を担当してきた大塚和義は、北大アイヌ・先住民研究センターに期待することについて、「大学という、教育を本分とする組織の一部であり、多様な学問領域の視点から総合的にアイヌについて研究する人材を基礎から育成する役割が期待されている」と述べている(74)。アイヌ民族に関する専門家を養成する大学院については、北海道大学は、大学院文学研究科を二〇一九年度に組織改編し、アイヌ民族の歴史や文化などを総合的に学べるコースを新設することにしている。アイヌ・先住民研究センターの教員が指導に当たることになっている。

3　札幌大学ウレシパ・プロジェクト

二〇〇九（平成二一）年に提出されたアイヌ有識者懇談会報告書は、アイヌの人々自身が研究に携わる機会が限られ、アイヌの研究者の人材育成が進んでいないことを「研究の推進」の課題の一つに挙げており、また、「アイヌの人々に対する高等教育機関における教育機会の充実等の自主的な取組への支援も重要である」ことを指摘している。

このような自主的取組みとして、札幌大学は本田優子副学長の主導により、二〇一〇年に「ウレシパ・プロジェクト」を設置した。アイヌ語で「ウレシパ」とは、「育て合う」という意味である。ウレシパ・プロジェクトは、「ウレシパ奨学生制度」、「ウレシパ・カンパニー制度」、「ウレシパ・ムーブメント」を三つの柱にしている。[75] ウレシパ奨学生制度は、「意欲あるアイヌの若者に対して、授業料相当額（入学金を含む）を給付する制度」である。その目的は、「北海道の先住民族であるアイヌの若者たちに、高等教育および自民族の文化と歴史を学ぶ機会を提供する」ことである。アイヌ文化に関心を持つウレシパ・カンパニーは、優秀なウレシパ奨学生に対して卒業後の採用も優先的に考慮してもらうことになっている。

このようなアイヌ民族だけを対象とする奨学生制度は前例のないものとして注目に値し、アイヌの人材育成の成果が期待される。[76]

二〇一三（平成二五）年三月には、「一般社団法人札幌大学ウレシパクラブ」を設立した。その活動内容は、①学習（基本活動）（アイヌ語、アイヌ文化、アイヌ史、アイヌ民族に関わる社会情勢、芸能、その他世界の先住民族環境など）、②実践（ウレシパ・フォーラム、ウレシパ・フェスタ、ウレシパ・ツアー）、③広報（会報、ブログ、Facebook）である。組織構成は、学生会員、教職会員、カンパニー会員、一般会員である。

（1）『先駆者の集い』特別合併七四・七五号（平成九年一二月）一二頁に掲載された笹村二朗理事長から会員へのメッセージを参照。

（2）『第一四〇回国会参議院内閣委員会会議録』第六号（平成九年四月四日）二頁。

（3）『先駆者の集い』一〇一号（平成一七年一月）四～六頁。
（4）策定された基本構想、および検討委員会の委員長である佐々木高明の「伝統的生活空間の再生」と題する基調講演要旨は、北海道ウタリ協会『イオル―二〇〇五イオルフォーラム報告書』（二〇〇六年）に掲載されている。
（5）同右九頁。
（6）同右。
（7）佐々木高明「アイヌ文化振興法一〇年―その意義と残された問題」アイヌ文化振興・研究推進機構『平成一九年度普及啓発講演会報告集』（二〇〇八年）三〇頁。
（8）榎森進『アイヌ民族の歴史』（草風館・二〇一五年［第四刷］）六一五頁、小笠原信之『アイヌ共有財産裁判』（緑風出版・二〇〇四年）一三頁以下参照。
（9）『先駆者の集い』前掲（注1）一〇～一二頁。
（10）以下、滝沢正「アイヌ民族共有裁判の経過」「アイヌ民族共有財産裁判の記録」編集委員会編『百年のチャランケ』（緑風出版・二〇〇九年）二八頁以下、小笠原・前掲書（注8）三四頁以下参照。
（11）裁判所ウェブサイト http://www.courts.go.jp/app/files/hanrei_jp/423/015423_hanrei.pdf。
（12）それぞれ、「アイヌ民族共有財産裁判の記録」編集委員会編・前掲書（注10）四七八頁以下、五〇〇頁以下に掲載されている。
（13）両者の証人尋問調書は、同右書四一六頁以下に掲載されている。
（14）裁判所ウェブサイト http://www.courts.go.jp/app/files/hanrei_jp/011/015011_hanrei.pdf。
（15）村松弘康「共有財産はアイヌ民族の永遠の宝である」「アイヌ民族共有財産裁判の記録」編集委員会編・前掲書（注10）四六～四七頁。
（16）井上勝生の意見書は、井上勝生「アイヌ民族共有財産裁判―歴史研究者の意見書」今西一編『世界システムと東アジア――小経営・国内植民地・「植民地近代」』（日本経済評論社・二〇〇八年）一四九～一七八頁で公刊されている。この意見書は、①北海道旧土人保護法による管理当時から行政当事者自身によって、共有財産の指定と管理に問題があることが、証言されていたこと、②共有財産の指定と管理自体が、先住少数民族であるアイヌ民族の民族固有の経済活動を破滅させたこと、③共有財産の専権的かつ不透明な管理に、アイヌ民族から、抗議や批判の活動がなされていたこと、④被控訴人は、共有財産の形成および指定と管理の調査について、事実上不可能としているが、アイヌ民族史や近現代史の専門家などが加われば、可能であること、という四つの問題を設定し、資料および史料に基づいて、①〜④についていずれも肯定する答えを提出している。その中で、北海道旧土人保護法による共有財産の管理は、「アイヌ民族の地位上昇に、それほどは役立たなかった」のであり、むしろ「アイヌ民族の地位上昇を阻害する面が大きかったのである」とし、「形成当時、巨額であったアイヌ民族共有財産は、現在、わずかに一二九万円余が残され」、「その経過は正確に調査、報告される必要があろう」という指摘(同論文一七七頁)を行っている。

(17) 吉田邦彦『東アジア民法学と災害・居住・民族補償〈前編〉』(信山社・二〇一五年)一七三〜一七五頁、同じく、同『多文化時代と所有・居住福祉・補償問題』(有斐閣・二〇〇六年)三五五〜三六〇頁参照。

(18) 『先駆者の集い』一一四号(平成二〇年一二月)四頁。

(19) 同右紙一一六号(平成二一年三月)八頁の「事務局だより」では、「四月一日から、民族名であるアイヌ協会に名称が変わります。本来は誇らしいはずの「アイヌ」を、心ない人たちによって不当な使われ方をしてきたため、今現在でも「アイヌ」という言葉に怯え、苦しんでいる人も少なからずいらっしゃると思います。これから将来にわたり、子供や孫たちが何のためらいもなく「アイヌ」と名乗れる社会をつくっていくために、この機会を力強い第一歩としなくてはなりません。そのためには一人ひとりの自覚と団結が必要であると考えています。手を携え頑張っていきましょう」という文章が記載されている。

(20) 以下、『先駆者の集い』前掲(注1)二頁参照。

(21) 以下、同右紙七七号(平成一〇年三月)四〜六頁参照。

(22) 同右紙八五号(平成一二年九月)四頁。

(23) 大竹秀樹「日本政府のアイヌ民族政策について―国際人権監視機関から考える」『現代と文化』(日本福祉大学研究紀要)一二一号(二〇一〇年)一四五頁。

(24) 同右一四六頁。

(25) 同右。

(26) 「人種差別撤廃条約第一回・第二回定期報告(仮訳)」は外務省のウェブサイト http://www/mofa.go.jp/mofaj/gaiko/jinshu/99/index/html および『先駆者の集い』八三・八四合併号(平成一二年三月)二一頁以下に掲載されている。

(27) 大竹・前掲論文(注23)一五〇頁。

(28) 最終見解についての仮訳は、外務省のウェブサイト http://www.mofa.go.jp/mofaj/gaiko/jinshu/saishu.html に掲載されている。
(29) ＩＬＯ第一六九号条約の仮訳は、ＩＬＯ駐日事務所のウェブサイト http://www.ilo.org/tokyo/standards/list-of-conventions/WCMS_238067 を参照。
(30) 安藤仁介『アイヌ・台湾・国際人権』(財団法人世界人権問題研究センター・二〇一一年)一〇頁。
(31) 常本照樹「「先住民族の権利に関する国際連合宣言」の採択とその意義」北海道大学アイヌ・先住民研究センター編『アイヌ研究の現在と未来』(北海道大学出版会・二〇一〇年)一九四頁以下参照。なお「国連宣言」に関する最新の著書として、小坂田裕子『先住民族と国際法―剥奪の歴史から権利の承認へ』(信山社・二〇一七年)が刊行されている。
(32) 常本・同右論文一九五頁。
(33) 常本・同右論文二〇四頁によると、各国の投票時の演説には、音声版と文字版があり、両者が必ずしも一致しないことがあって、日本政府の場合にもずれが一つあり、音声版では集団的権利は認められないといっていたが、文字版では集団的権利のことは記載されておらず、土地に関する話がかなり詳しく書いてあることが指摘されている。
(34) 常本・同右論文二〇五頁。
(35) 常本照樹「「先住民族であるとの認識」に基づく政策と憲法」高見勝利先生古稀記念『憲法の基底と憲法論』(信山社・二〇一五年)五二八頁。
(36) 『アイヌ政策のあり方に関する有識者懇談会報告書』(二〇〇九年)二五～二六頁。
(37) 落合研一「「先住民族に関する国連宣言」とアイヌ政策」『法律時報』八五巻一二号(二〇一三年)六六頁。
(38) 『第一六八回国会衆議院質問』第二四号(平成一九年九月一四日提出)。
(39) 『第一六八回国会衆議院答弁』第二四号(平成一九年九月二五日受領)。
(40) 『先駆者の集い』一一三号(平成二〇年三月)七頁。
(41) 同右紙一一四号(平成二〇年一二月)五頁。
(42) 『第一六九回国会参議院会議録』第二五号(その一)(平成二〇年六月六日)二～三頁。
(43) 『第一六九回国会衆議院会議録』第三七号(平成二〇年六月六日)二頁。
(44) 同右会議録二～三頁。
(45) 前掲参議院会議録(注42)二～三頁。

（46）衆議院事務局編『衆議院先例集 平成六年版』（衆栄会・一九九四年）四二八頁。
（47）同右書四二九頁。
（48）浅野一郎・河野久編『新・国会事典〈第三版〉』（有斐閣・二〇一四年）一四八頁。
（49）前掲衆議院会議録（注43）二～三頁、参議院会議録（注42）三頁。
（50）二〇〇八年（平成二〇年）一〇月一三日から一五日までの第一回の北海道現地視察については、『先駆者の集い』一一五号（平成二一年一月）四頁に記載され、また、意見交換の概要は、別添差込資料に掲載されている。同年一一月二三日の東京での現地視察の意見交換の概要は、『先駆者の集い』一一六号（平成二一年三月）四～七頁に掲載されている。
（51）常本照樹「憲法はアイヌ民族について何を語っているか」松井茂記編著『憲法を考える』（有斐閣・二〇一六年）七七頁。
（52）加藤忠委員の有識者懇談会での発表内容で印刷物になっているものとして、『先駆者の集い』一一四号（平成二〇年一二月）の挟み込み資料にした「第二回アイヌ政策のあり方に関する有識者懇談会加藤委員（理事長）発表」、「第二回アイヌ政策のあり方に関する有識者懇談会加藤理事長発表要旨」北海道アイヌ協会『アイヌ民族の概説―北海道アイヌ協会活動を含め』（平成二八年三月三一日）一六～二二頁がある。加藤委員の発表内容については、北海道アイヌ協会の理事会の議のほか、アイヌ関係関東四団体の意見も聞いて作成されたもので、当時時間の制約も含め可能な範囲の合意を得たものといわれている。
（53）佐藤幸治『日本国憲法と先住民族であるアイヌの人々』（北海道大学アイヌ・先住民研究センターブックレット第一号）（同センター・二〇一三年）一三～一四頁。
（54）首相官邸ウェブサイト http://www.kantei.go.jp/jp/singi/ainu/dai10/siryou1.pdf 参照。
（55）常本・前掲論文（注51）八七頁。
（56）アイヌ政策推進会議の設置と、二〇一〇（平成二二）年一月二九日に開かれた第一回会議での加藤忠北海道アイヌ協会理事長の発表内容は、『先駆者の集い』一一八号（平成二二年二月）六～七頁に掲載されている。
（57）首相官邸ウェブサイト http://www.kantei.go.jp/jp/singi/ainusuishin/shuchou-kukan/houkokusho.pdf。
（58）佐々木・前掲講演（注7）三〇頁。
（59）以下、秋月俊幸「北方文化研究室」北海道大学『北大百年史―部局史』（ぎょうせい・一九八二年）一三八〇～一三八四頁、高倉新一郎『北方文化研究室顚末』北海道大学『北大百年史―通説』（ぎょうせい・一九八〇年）九六二～九七五頁参照。
（60）榎森進『アイヌの歴史』（三省堂・一九八七年）二三八頁は、高倉新一郎『アイヌ政策史』を「アイヌ史研究の古典ともよびうるもの」と評価しながら、時代的な制約として「植民史」という視点であること、また、「旧土人保護法もまたその内容は一般の社会事業と選ぶところなきに至りつつある」とする結論部分に対する問題点を指摘している。

(61) 竹野学「植民地開拓と「北海道の経験」―植民学における「北大学派」」北海道大学百二十五年史編集室編『北大百二十五年史―論文・資料編』(北海道大学・二〇〇三年)一八五頁。

(62) 北大植民学の本流に対し、「高倉新一郎『アイヌ政策史』は近世・近代初頭という真正の植民地時代の北海道を対象とし、根本矛盾たるアイヌ民族問題を追究することにより、北大植民学が誇りうる学問的遺産となる」という評価は、田中慎一「植民学の成立」北海道大学編『北大百年史―通説』(ぎょうせい・一九八二年)六〇一頁による。

(63) 竹野・前掲論文(注60)一九九頁[注76]、高木博志「ファシズム期、アイヌ民族の同化論」赤澤四朗・北河賢三編『文化とファシズム』(日本経済評論社・一九九三年)二七二頁。永井秀夫『日本の近代化と北海道』(北海道大学出版会・二〇〇七年)二九九頁は、「矢内原は植民政策、同化政策というのは大変悪い政策である、つまり先住民のそれまでの伝統的な生活を破壊する、それから先住民の自尊心を傷つける、むしろ自尊心をなくさせてしまうという意味で同化政策は良い政策ではないといってい」るのに対して、「日本の植民政策、アイヌ政策、沖縄政策は同化が基本線です」と述べて、両者の違いを指摘している。

(64) 知里真志保の人と学問に関する最近の文献として、北海道大学北方研究教育センター編『知里真志保―人と学問』(北海道大学出版会・二〇一〇年)がある。以下、同書二一九頁以下に掲載されている小坂博宣「北海道大学時代の知里真志保」参照。

(65) 北海道大学『北大百年史―部局史』(ぎょうせい・一九八〇年)二六二～二六五頁。

(66) 北海道大学百二十五年史編集室編『北大百二十五年―通説編』(北海道大学・二〇〇三年)三六二頁。

(67) 総長ステートメントは、北海道大学アイヌ・先住民研究センターのウェブサイト http://www.cais.hokudai.ac.jp/wp-content/upload/2012/03/Statement of Former_president に掲載されている。

(68) 北海道大学医学部におけるアイヌ研究とアイヌ人骨収蔵の実情については、北海道大学『北海道大学医学部アイヌ人骨収蔵経緯に関する調査報告書』(二〇一三年)一一頁以下に記載されているように、一九二一(大正一〇)年の発足以来、北海道大学医学部においてはアイヌ研究は重要な研究テーマであった。また、アイヌ納骨堂建設と供養祭の実施の経緯については、前記調査報告書八二～一〇八頁参照。

「アイヌ人骨に係わる供養祭基金」については、基金の引渡しに際し一九八八(昭和六三)年に北海道ウタリ協会と北海道大学医学部で「確認書」を取り交わした。それによると、①北海道大学医学部は基金二一〇〇万円を北海道ウタリ協会に引き渡すること、②ウタリ協会は基金を善良なる管理のもとに運営すること、③ウタリ協会が行う、一九八九年度以降の供養祭に要する経費は基金の利息を充当すること、但し、一九八八年度分については、別途一〇〇万円を支払うこと、④一九八八年度以降実施される供養祭に係る資金計画は、一九八八年三月九日両者で話合いされた結果に基づくものとすること、但し、設営に要する経費は北大医学部が負担するものとする、⑤前記④の資金計画中に移動が生じたときは、両者で改めて協議するものとすること、⑥北大医学部は、アイヌ人骨の収集及びその保存並びに研究等にかかる歴史的経過とその問題、さらに、納骨堂建設、前記①の基金の創設経過も含めて人事異動により関係職員が変っても正しく継承されるよう配慮すること、の六項目をその内容としている(確認書は、北海道大学の前記調査報告書一〇五頁および北海道ウタリ協会機関紙『先駆者の集い』四七号(昭和六三年一〇月)北海道ウタリ協会編『アイヌ史―北海道アイヌ協会・北海道ウタリ協会活動史編』(北海道ウタリ協会・一九九四年)六七一～六七二頁に掲載されている。『先駆者の集い』四七号には、「海馬沢博氏逝く」という見出しで、昭和五五年一一月から北大学長、北大医学部に対し二十数回にわたり、北大医学部のアイヌ人骨保管に関する問題提起をし、納骨堂建設に力を尽くした海馬沢博氏が昭和六二年一二月に亡くなったことを報じ、アイヌ人権問題等で活躍された先輩のご冥福をお祈りしたい旨記している(同右書六七二頁)。なお、海馬沢博の北海道大学批判と北大医学部の対応については、前記調査報告書八二～九一頁に記載されている。

(69) 『北大時報』六三七号(平成一九年四月)一六頁。

(70) 『先駆者の集い』一一一号(平成一九年一二月)五頁。

(71) 北原次郎太『アイヌの祭具 イナウの研究』(北海道大学出版会・二〇一四年)。なお、北大アイヌ・先住民研究センター叢書として、北大アイヌ・先住民研究センター編『アイヌ研究の現在と未来』(北海道大学出版会・二〇一〇年)、水谷裕佳『先住民パスクア・ヤキの米国編入』(北海道大学出版会・二〇一二年)、佐々木利和『アイヌ史の時代へ』(北海道大学出版会・二〇一三年)が刊行されている。

(72) http://www.cais.hokudai.ac.jp/aboutcenter.

(73) 常本照樹「日本国憲法下で「アイヌ政策のシンクタンク」(インタビュー)」『学士会報U7』五三号(二〇一四年)は、「シンクタンク」の用語を使い、センター設置の経緯、現状およびアイヌ民族の将来を考えた研究と教育の課題を語っている。

(74) 大塚和義「国立民族学博物館におけるアイヌ研究と博物館活動の過去・現在・未来」『国立民族学博物館研究報告』三六巻一号(二〇一一年)一三七頁。

(75)　札幌大学ウレシパクラブ『ウレシパ　オルシペ―アイヌ文化で育てあう日々』(かりん舎・二〇一三年)は、ウレシパクラブの創設三年の歩みをまとめた記念誌である。

(76)　本田優子教授の情報によると、ウレシパ奨学生の実績は、一期生(二〇一〇年)六名入学のうち、三名が卒業し、二名がアイヌ関係の職場に就職、一名がアイヌ文化伝承者研修生、二期生(二〇一一年)四名入学のうち、三名が卒業し、一名が博物館学芸員、一名がウレシパ・カンパニーに就職、三期生(二〇一二年)五名入学のうち、二名がアイヌ関係外の職場に就職、一名が大学協定校に留学の後、一般企業に就職、四期生(二〇一三年)三名入学のうち、二名がアイヌ文化伝承者研修生、一名が一般企業に就職、二〇一七年度在学生は、四年生二名、三年生三名、二年生四名、一年生三名である。ウレシパ・カンパニーは、二〇一〇年一五社、二〇一三年二〇社、二〇一六年二七社になっている。

第五章　アイヌ民族法制をめぐる憲法問題

第一節　憲法による人権保障の体制

一　明治憲法における人権保障の体制

日本最初の成文憲法として成立した大日本帝国憲法は、君主によって一方的に制定され、国民に付与された、いわゆる欽定憲法で、通常明治憲法といわれている。明治憲法は、一八八九（明治二二）年二月一一日に公布され、翌年一一月二九日に施行されている。

1　人権規定の存在

明治憲法は人権の保障については、第二章「臣民権利義務」において、一九条から三〇条までの規定で、ほぼ各国憲法の認める権利を列挙していた。まず、所有権については、二七条で、所有権は侵されることがない権利であるが、公益のために必要な処分は法律の定めるところによってなし得ることが規定されていた。すなわち、公益の必要がある場合に、法律の定めるところによれば財産権の制限が可能と解されていた[1]。旧土人保護法第二条は、アイヌに下付された土地の所有権に相続以外の譲渡の禁止など大幅な制限を課していた。土地所有権の制限について、政府側の説明は、内地人に土地を奪われるのを防ぎ、アイヌの土地所有権を保護するためということであった（本書第一章第二節三）。同法の一九三七（昭和一二）年改正では、下付された土地の所有権の制限が緩和され、北海道庁長官の許可により譲渡や物権の設定が可能になった（第一章第五節三1(1)）。ただし、国会の審議で所有権に対する憲法論が展開されていたわけではなかった。

次に、法の下の平等に関しては、「日本臣民ハ法律命令ノ定ムル所ノ資格ニ応シ均ク文武官ニ任セラレ及其ノ他ノ公務ニ就クコトヲ得」（一九条）という公務就任の平等の規定だけであった。このことは、近代憲法に不可欠な平等原則が徹底せず、不完全であったことを示すものと評されている(2)。また、憲法の保障する公務就任の平等は、「憲法ハ唯門閥政治、階級政治ヲ排シ」というように、門閥による差別を禁止する意味を有するにすぎなかった(3)。これに対して、佐々木惣一が、差別の禁止事由として、「門閥、社会的階級ヲ主タルモノトシ、民族別、出生地方別等モ亦之ニ属ス(4)」と述べて、「民族」を挙げているのは、当時として注目すべき見解であったと評価されている(5)。美濃部達吉にあっては、憲法で規定する権利義務は、「限定的列記ニ非ズシテ例示的規定ナリ(6)」として、憲法で規定する権利が例示的であり、限定的なものではないという立場に立って、職業選択の自由、営業の自由、契約の自由などの経済的自由権を挙げているが、平等原則には特に触れていない。

いずれにしろ、明治憲法下でアイヌ民族への差別や土地所有権の制限を憲法上の問題として捉える学説は存在しなかったし、北海道旧土人保護法の制定（本書第一章第二節）や一九三七年の改正（本書第一章第五節）に当たっての議会での議論でも憲法が問題になることはなかった。

2　違憲立法審査権の不存在と法律による人権の保障

明治憲法には、裁判所の違憲立法審査権を認める規定は存在していない。学説は、違憲立法審査権に関し、肯定説と否定説に分かれていた(7)。しかし、有力な学説である美濃部達吉は、法律の内容が憲法に抵触するか否かは「立法権者自身ガ最高ノ解釈権ヲ有シ、裁判所ハ自己ノ見解ヲ以テ此ノ解釈ニ対抗スルノ権能ヲ有スル者ニ非ズ」と述べて、憲法の最高の解釈権は裁判所ではなく、立法者にあるという立場に立っていた(8)。そして、アメリカでは憲法の解釈上違憲立法審査権が認められているのは、「米国憲法ニ特有ナル原則」であると排除している。同じく有力な学説である佐々木惣一も否定説であった。(9) 判例でも、法律に対して違憲立法審査権を行使したものは存在しない。

裁判所の違憲立法審査権を否定する美濃部の論拠は、立法者自身が憲法の最高の解釈権を有するという考え方である。憲法が保障する人権を具体化するのは、国民の代表機関である議会の制定した法律である、という考え方によって裁判所の違憲立法審査権を否定したのは、成文憲法を持たないイギリスや成文憲法を持つフランスなど多くの国で見られ、違憲立法審査権を認めたアメリカは例外であったというのは、美濃部の指摘する通りであった。

二　日本国憲法における人権保障の体制

1　憲法による違憲立法審査権の付与

一九四六(昭和二一)年一一月三日に公布され、翌年五月三日に施行された日本国憲法は、第六章「司法」のなかに、「最高裁判所は、一切の法律、命令、規則又は処分が憲法に適合するかしないかを決定する権限を有する終審裁判所である」(八一条)という規定をおいて、最高裁判所に明示的に違憲立法審査権を与えている。また、地方裁判所や高等裁判所のような下級裁判所も違憲立法審査権を有するものと解されている。違憲審査権の行使が刑事事件、民事事件、行政事件のような具体的な争訟事件の存在を前提にして憲法裁判を行う司法裁判所型か、それとも法律、命令等が制定されたときに、その合憲性を直接争うことができる憲法裁判所型であるかが、解釈上問題になった。

警察予備隊の設置維持に関する一切の国家行為が憲法九条に違反して無効であることを求めた警察予備隊違憲訴訟において、最高裁判所の見解が明らかにされた。すなわち、最高裁一九五二(昭和二七)年一〇月八日大法廷判決[10]は、憲法によって付与された違憲立法審査権は、具体的な争訟事件を前提にして、司法権の範囲内で行われる司法裁判所型であると判断した。この判決によって、日本の違憲立法審査権は司法裁判所型であるという判例の立場が確立し、学説の通説もこれを支持している。

本書の第三章で扱った二風谷ダム事件札幌地裁判決(第三章第三節五)、第四章で扱った共有財産訴訟(第四章第一節三)は、ともに行政訴訟の中で、憲法違反を争っているのは、このような理由によるものである。

2　基本的人権の保障

日本国憲法は、第三章「国民の権利及び義務」に置かれた一一条で、人権を不可侵の自然的な権利として基礎づけている。規定された人権も、自由権、社会権、参政権および国務請求権が列挙されている。憲法で規定されている人権は限定的ではないと解され、憲法に直接規定されていない人権が「新しい人権」として認められるか否かが、大きな論争点になっていくのである。

3　国際法の遵守義務と国際人権法の誕生

憲法九八条二項は、「日本国が締結した条約及び確立された国際法規は、これを誠実に遵守することを必要とする」と規定し、国際法を遵守する国の義務を明らかにしている。この規定から、条約の効力が法律に優位する解釈が導き出されている。さらに、憲法上の人権の論議に弾みをつけているのが、国際人権法の誕生である。憲法と国際人権法との関係については、国際人権法の専門家が指摘するように、「人権は本来各国の国内法特に憲法によって保障されてきたものであって、国際人権法の規範は、そのことを前提としつつ、国内法による人権保障を補完するものと位置づけられる」のであり、「国内法特に憲法による人権保障と国際人権法による補完的な人権保障とを併せ用いて、より実効的な人権保障を行うという、現代国家にとって重要な課題が存在する」ということである。(11)

第二節　国際人権条約による人権の保障

一　人権の国際的保障

1　国際連合の下における国際人権規範の発展

一八世紀後半に成立しアメリカ独立宣言（一七七六年）やフランス人権宣言（一七八九年）を原型にする人権宣言は、近代立憲主義的憲法の重要な部分を構成している。一九四六（昭和二一）年に制定された日本国憲法も、基本的人権の尊重を最も重要な根本原理の一つにしている。近代憲法の人権保障は国家対国民の間の関係で考えられていた。しかし、日本国憲法が施行されてから七〇年にわたる人権保障の展開のなかで、特にアイヌ民族を含む少数者（マイノリティ）の人権保障に大きな影響力を与えているのが、人権の国際的保障である。(12)

伝統的な国際法の下では、国際法が国民の権利について規律することはほとんどなかった。しかし、第二次大戦におけるナチズムやファシズムの残虐な戦争による人権侵害を経て、国際社会における平和が維持されるためには、各国の国内で人権が尊重されることが不可欠であると考えられるようになった。国際連合憲章（一九四五年）は、国連は「人種、性、言語又は宗教による差別のないすべての者のための人権及び基本的自由の普遍的な尊重及び遵守」を促進しなければならないと定めている（五五条ｃ）。国連憲章のいう人権の具体的内容を定めた文書として、一九四六年の国連総会で採択されたのが、世界人権宣言である。世界人権宣言は条約ではなく、法的拘束力を有する文書ではない。しかし、世界人権宣言は、一連の国連の人権活動において、すべての国連加盟国が遵守すべき基準として日常的に用いられており、その相当部分は慣習国際法化しているという見方が一般的であるとされている(13)。

2　国際人権条約の国際的実施措置

世界人権宣言に掲げられた人権を条約で保障するのが、一九六六年の国連総会で採択された国際人権規約である。国際人権規約のうち、日本は、一九七九（昭和五四）年に社会権規約（Ａ規約ともいう）および自由権規約（Ｂ規約ともいう）を批准している。自由権規約の正式の名称は、「市民的及び政治的権利に関する国際規約」である(14)。

国際人権条約による人権保障の制度は、大きく、国際的実施と国内的実施（国内裁判所による実施）に分かれる。国際人権条約の国際的実施を確保するための措置として、最も基本的な制度が、国家報告制度（政府報告書審査）であり、自由権規約にも報告制度（四〇条）が定められている(15)。国家報告制度は、各締約国が、条約の国内実施の状況についての報告書を条約機関に定期的に提出し、条約機関の審査を受ける制度である。報告審査は、慣行により、審議の場に締約国代表を招請し、質疑応答を行う。審議後は、各条約機関が、当該国の条約実施状況について評価する事項や懸念する事項、勧告等を述べた所見を採択する(「総括所見」ないし「最終見解」といわれる)。さらに、条約機関は、締約国の報告審査によって得られた知見や条約規定の解釈に関し、すべての締約国に向けて「一般的意見」の形で自らの見解を公表している。

国際人権条約の国際的実施の制度について、個人通報制度(申立制度)も重要である。一九六六年に国連で採択された国際人権規約のうち、日本は社会権規約と自由権規約を批准したが、第一選択議定書はまだ批准していない。(16) 自由権規約を批准し、かつ第一選択議定書も批准した国については、その国の管轄下にある個人は、締約国による人権侵害を申し立てる個人通報を、自由権規約の下に設置されている委員会に行うことができる。この委員会は、「自由権規約委員会」と呼ばれており、委員会は自由権規約違反の有無について判断して見解を出すことになっている。二〇一六年三月時点のデータでは、自由権規約の締約国一六八カ国のうち第一選択議定書を批准しているのは、一一五カ国となっている。(17) 個人通報制度は、当該事案における規約違反の有無について判断し見解を出すという準司法的な制度とされており、(18) 日本が受け入れない理由として、従来政府からは、条約機関による通報審査は司法権の独立を脅かすということが挙げられているが、(19) この点については、なお検討が必要である。

3　自由権規約に関する政府報告によるアイヌ民族の承認

一九九五(平成七)年に日本が批准した人種差別撤廃条約(「あらゆる形態の人種差別の撤廃に関する国際条約」)も、アイヌ民族に関わる人権条約である。また、アイヌ民族に関わるが、日本が批准していない条約である「独立国における原住民及び種族民に関する条約」(一六九号)は、国連の専門機関として位置づけられている国際労働機関(ＩＬＯ)が担当する人権条約である。

少数民族の権利を保障した自由権規約第二七条に関する政府報告および自由権規約委員会による審査は、アイヌ民族が少数民族であることを日本政府が承認するにあたって大きな影響力を持った。まず、一九八〇(昭和五五)年一〇月に提出された第一回政府報告は、日本には少数民族は存在しないという内容であった(第二章第二節一2)。次いで、一九八六(昭和六一)年一二月に提出された第二回政府報告は、独自の宗教および言語を保存し、また独自の文化を保持しているアイヌ民族の存在を認めるに至っているが、第二七条の諸権利は否定されていないというものであった(第二章第三節四2)。そして、アイヌ民族が自由権規約第二七条の少数民族であることを明示的に記載したのが、一九九一(平成三)年一二月に提出された第三回政府報告である(第三章第一節二)。さらに、一九九七(平成九)年六月に提出された第四回政府報告では、ウタリ対策のあり方に関する有識者懇談会報告書が、アイヌ民族の先住性を認め、アイヌ文化振興のための立法措置を含む適切な措置を講ずる旨の提言をしていることが記載されており、また、翌年一一月に行われた規約委員会による審査で、政府はアイヌ文化振興法が制定されたことを説明している(第三章第四節五)。二〇〇六(平成一八)年一二月に提出された第五回政府報告に対する自由権規約委員会の最終見解では、アイヌ民族を国内法で先住民族として明確に認めることなどが勧告されている(第四章第二節二1)。

報告審査制度の意義としては、「条約委員会と締約国の建設的対話を通じ、当該条約において規定されている義務の実施を締約国に促す」ことが挙げられている[20]。アイヌ民族の場合においても、自由権規約委員会と日本政府との「建設的対話」により、アイヌ民族を少数民族として認めるという結果が得られたものと評価できる。

二　条約の国内法的効力

1　一般的受容方式

条約を締結した場合に、当該条約が国内法としてどのような効力を有するか、という問題は、各国の憲法に委ねられている。条約はそのまま国内法としての効力を有すると解する一般的受容方式と、条約はそのままの形では国内法として適用できず、事前にその内容を法律として変形する必要があるとする変形方式に分かれる。日本国憲法の場合には、条約締結に対する国会の承認(六一条)と、条約に国内法的効力を認めてきた明治憲法以来の慣行とを合わせて、「日本国が締結した条約及び確立された国際法規は、これを誠実に遵守することを必要とする」と定めた九八条二項の文言とともに解釈すると、一般的受容方式をとっていると解釈されてきた。[21] 一般的受容方式をとると、自由権規約のように国内法的効力を有する条約のうちでも、自動執行力のある規定は、国内法による具体化がなくとも、そのまま国内法として直接適用できることになる。

次に、国内的に受容された条約と、憲法、法律それぞれに対する効力の優先順位が問題になる。

2　憲法と条約との優先関係

(1)　学　説

憲法と条約の内容が矛盾している場合に、憲法の効力が条約の効力に優先すると解するのが、憲法優位説であり、これとは反対に、条約の効力が憲法の効力に優先すると解するのが条約優位説である。憲法学説の展開状況を概括的に見ると、憲法施行直後から一九五一年までは条約優位説が有力であったのが、一九五〇年代後半に憲法優位説が優勢になり、その後多数説になっていったのである。(22) 第二次大戦前の軍国主義に対する反省と国際連合中心の国際的な法秩序の形成に対する期待が条約優位説を支えていた。しかしその後、東西冷戦の進行、サンフランシスコ平和条約および日米安全保障条約を軸とする日本の西側陣営への加入という背景の下で、条約優位説は日米安全保障条約の日本国憲法に対する優位を意味するようになり、憲法優位説が憲法の平和主義擁護という実践的意味を併せ持ちながら多数説になっていくのである。

条約優位説は、憲法九八条二項で言明する条約の誠実な遵守の趣旨を徹底させるために憲法より強い形式的効力を認めることが必要であること、憲法の最高法規性を規定する憲法九八条一項で憲法より効力の劣る国内法の諸形式を列挙する中で条約が除かれていること、裁判所の違憲審査権を定める八一条で審査の対象になる国法の諸形式の列記から条約が除外されていることなどをその根拠に挙げている。(23)

通説である憲法優位説が、ほぼ共通して根拠として挙げているのは、条約の締結権と承認権は憲法を根拠にするのであるから、条約の締結権者や承認権者は憲法に違反しない条約のみを締結し、承認する義務を負っていること、条約締結手続は憲法改正手続に比べて簡易であるから、簡易な条約締結手続によって、実質的に憲法改正と同じ効果をもたらすことはできないこと、憲法九八条一項および八一条が条約を明示していないのは、条約を除外する趣旨ではなく、条約が憲法に優越する根拠にならないことである。

憲法優位説に立っても、すべての条約に対して憲法が優位することになるのかどうかは、問題である。憲法の内容と条約の内容によって、四つの類型に分けられる。(24) 第一に、憲法と条約の内容が完全に一致する場合、第二に、憲法よりも同一趣旨の条約の人権保障の内容が広かったり具体的に詳細である場合、第三に、憲法の保障内容が条約より広範な場合、第四に、憲法と条約が矛盾する場合である。問題になるのは、第二の場合で、国際人権条約は憲法と人権保護という方向性は共通しているが、人権条約の方が広く、あるいは厚く人権を保護している場合には、憲法九八条二項の条約の誠実な遵守の規定を根拠に、憲法の解釈基準に条約を用いる、憲法の条約適合的な解釈によって、条約に「間接的な憲法的地位」を認める見解が憲法学説から主張されている。[25] このような見解は、憲法優位説を否定するものではないが、憲法解釈に複数の可能性がある場合において、可能な限り、国際人権条約に適合的なものを選択するという意味での解釈を、憲法九八条二項が要請すると解することにより、憲法解釈に拘束を加えるという意味で憲法優位説を修正するものである。

国際人権法の専門家からも、憲法と条約の効力関係について、憲法九八条二項の条約遵守義務は、条約の性質に応じて異なる取り扱いを求めるという立場を肯定して、人権条約について、次のような見解が主張されている。すなわち、「日本の国内法秩序における条約と憲法との関係は、人権条約に関しては、多数国間に共通の普遍的な人権基準を設定した条約としての人権条約を「誠実に遵守する」（憲法九八条二項）という観点から、具体的な事案において、関連する憲法と条約の規定に照らし、より手厚い人権保障の方に実効性を与えるべく、適切な解釈・適用を行うことによって解決されるべきもの」というのである。[26]

⑵　政府見解

政府見解も、憲法優位説に立っている。例えば、一九五四（昭和二九）年参議院外務委員会で佐藤達夫内閣法制局長官は、憲法改正手続と条約締結手続を比較して、「その簡易手続によるところの条約の形を以て、重大な手続を要するものとされている憲法の条章が覆えされる、或いは変更されるというようなことは、この憲法が認めているはずがないというのが一般的な私は考え方であろうと思うわけであります。その意味におきまして我々といたしましては、条約は憲法には優先し得ないものである、憲法に違反する条約ができた場合には少なくとも国内法的には、これは無効であるというような考え方を、ずつと堅持して参つておるわけであります」と答弁している(27)。ただし、条約のうちでも、外交官の治外法権のような「確立された国際法規」と降伏文書や平和条約のような「一国の安危にかかわるような問題に関する件」については、憲法より条約が優位すると解されている(28)。

学説においても、「確立された国際法規」あるいは本来的に国際事項と目すべきもの（領土や降伏に関する条約）は、憲法に優位すると解する条件付き憲法優位説も有力に主張されている(29)。このような見解は、国際人権条約の規定のうちでも、「確立された国際法規」に匹敵する内容の規定については、条約の優位を導きうるもので、妥当な見解である。

(3)　砂川事件最高裁判決

最高裁判所は、日米安全保障条約の合憲性が争われた砂川事件に関する一九五九（昭和三四）年一二月一六日大法廷判決(30)で、憲法優位説の立場から条約が違憲審査権の対象になることを認めつつ、日米安全保障条約のような高度の政治性を有する条約は、「一見極めて明白に違憲無効」の場合以外は違憲審査権が及ばないと判断している。判例の立場では、憲法は形式上は条約に優位するが、実際上は憲法と条約が併存することになる。

(4)　人種差別撤廃条約第四条(a)(b)の留保

条約を締結する際に条約が憲法に違反する疑いがある場合には、条約に留保を付して、条約の一部の規定について自国に対する適用を排除できることになっている。アイヌ民族に関わる国際人権条約のうちでは、人種差別撤廃条約の場合に例がある。人種差別撤廃条約第四条(a)(b)は、人種差別を扇動する行為やそのような団体への参加を犯罪として処罰することを求めた規定である。日本政府は、「同条に、「世界人権宣言に具現された原則及び次条に明示的に定める権利に十分な考慮を払って」と規定してあることに留意し、日本国憲法の下における集会、結社及び表現の自由その他の権利の保障と抵触しない限度において、これらの規定に基づく義務を履行する」という留保を付している。この留保によって、憲法で保障する表現の自由や結社の自由の侵害が起こらないようにされている。

3　条約と法律との効力順位

憲法前文の国際協調主義や憲法九八条二項の規定から判断して、条約の国内法的効力が法律の効力より上位にある点については、学説上異論のないところである。

政府見解も、憲法施行後より、条約の効力は、法律に優先するという立場に立っている。

一九五一（昭和二六）年の参議院外務委員会において、条約が国内の法規に優先する根拠を問う質問に対して、政府委員の西村熊雄外務省条約局長は、憲法九八条二項の規定を挙げてから、「こういう規定がなかつた明治憲法の下におきましても、条約が成立いたしますれば、それによって当然国内法としての効力も持ち、而もその効力は法律に優先するという解釈がなされておりました。この明治憲法下における有権的解釈のほかに新憲法の下におきましては、第十章の最高法規という規定において明文を以て明らかにされ」、「従来より以上に条約の効力は国内法規としての効力を持つと同時にその効力は法律に優先する」と答弁している[31]。この政府答弁で、条約の効力が法律に優位する根拠として、憲法九八条二項の規定の前に、明治憲法の有権的解釈の存在を指摘しているのが注目される。国際人権規約も条約として、法律より優位する効力を有している。

三　国際人権条約の国内裁判所における適用

1　国際人権条約

(1)　**日本が批准している国際人権条約**

日本が批准している国際人権条約は、「経済的、社会的及び文化的権利に関する国際規約」(社会権規約ないしA規約)(一九七九年批准)、「市民的及び政治的権利に関する国際規約」(自由権規約ないしB規約)(一九七九年批准)のほかに、「難民の地位に関する条約」(難民条約)(一九八一年批准)、「女子に対するあらゆる形態の差別の撤廃に関する条約」(女子差別撤廃条約)」(一九八五年批准)、「児童の権利に関する条約」(子どもの権利条約)(一九九四年批准)、「あらゆる形態の人種差別の撤廃に関する国際条約」(人種差別撤廃条約)(一九九五年批准)、「拷問及び他の残虐な、非人道的な又は品位を傷つける取扱い又は、刑罰に関する条約」(拷問等禁止条約)(一九九九年批准)、「障害者の権利に関する条約」(障害者権利条約)(二〇一四年批准)がある。

(2)　**国際人権条約による人権の豊富化**

国際人権条約の一つである国際人権規約は、社会権規約と自由権規約により、国際社会の変化や人間の尊厳・差別防止の国際理解の進展等を反映して、保障の内容において質的にも量的にも拡充しており、日本国憲法に明示的に示されないものも数多く盛られている。(32) また、個別の人権や人権主体を規定する国際人権条約も、人権を詳細に保障するものである。

２　国際人権条約の裁判所での適用の仕方

(1)　**直接適用と間接適用**

条約の国内での適用に関し、直接適用と間接適用の二つの方式がある。条約の国内での適用に関する先駆的な国際法学説である岩沢雄司によると、直接適用には、①条約が個人の国家に対する請求権の根拠とされる場合と、②条約が国家の行為を違法と認定する根拠とされる場合があるのに対して、間接適用は、「国内で裁判所や行政庁が国際法を国内法の解釈基準として参照し、国内法を国際法に適合するように解釈すること」と定義されている。[33] しかし、具体的な裁判判決で、国際人権条約が援用されている場合に、直接適用なのか、間接適用なのか、それとも単に参照されているのに過ぎないのか必ずしも明確でない場合も少なくない。

(2) 下級審裁判所における国際人権条約の直接適用

現実には、人権条約の規定は、さまざまな形態の訴訟で広く援用され、下級裁判所の裁判例では、特に自由権規約に関して、直接適用可能性を求めたものが蓄積されてきていることが指摘されている。[34] その例として、東京高裁一九九三(平成五)年二月三日判決[35]は、無料で通訳の援助を受ける権利という、従来の日本の国内法上根拠のない権利について自由権規約一四条三項(f)を適用して刑事訴訟法一八一条一項の規定の適用を排除し、通訳に要した費用の負担を命ずることは許されないと解している。また、徳島地裁一九九六年(平成八年)三月一五日判決[36]は、旧監獄法及び施行規則の条項が自由権規約一四条一項の趣旨に反する場合には無効となると判断している。

(3) 下級審裁判所における国際人権条約の間接適用

私人間(国民相互間)において国際人権条約により保障された人権が侵害された場合には、下級審裁判所では人権条約の間接適用の手法で人権の救済に当たっている判決がいくつか出されている。

まず、小樽市外国人入浴拒否事件に関する札幌地裁二〇〇二(平成一四)年一一月一一日判決[37]がある。原告ら三名(ドイツ人、アメリカ人、アメリカよりの帰化人)は、小樽市で公衆浴場を営む経営者により「外国人の方の入場をお断りします」という張り紙を掲げて入浴を拒否されたので、憲法一四条一項、自由権規約二六条および人種差別撤廃条約五条(f)等の違反を主張して、不法行為に基づく損害賠償および謝罪広告を求めた。札幌地裁判決は、「国際人権B規約及び人種差別撤廃条約は、国内法としての効力を有するとしても、その規定内容からして、憲法と同様に、公権力と個人の間を規律し又は、国家の国際責任を規定するものであって、私人相互の関係を直接規律するものではない」、「私人の行為によって他の私人の基本的な自由や平等が具体的に侵害され又そのおそれがあり、かつ、それが社会的に許容し得る限度を超えていると評価されるときは、私的自治に対する一般的制限規定である民法一条、九〇条や不法行為に関する諸規定等により私人による個人の基本的自由や平等に対する侵害を無効ないし違法として私人の利益を保護すべきである。そして、憲法一四条一項、国際人権B規約及び人種差別撤廃条約は、前記のような私法の諸規定の解釈にあたっての基準の一つになりうる」と判断して、損害賠償の請求を認めている。この判決は、民法一条、九〇条や不法行為に関する諸規定のような私法の一般条項を通して国際人権条約を間接的に適用する立場を明確にとっている。

人種差別撤廃条約の私人間への間接適用を明らかにした最近の判決として、京都朝鮮学校への「在日特権を許さない市民の会」等のメンバーの差別的表現に対する損害賠償を求めたヘイトスピーチ事件に関する大阪高裁二〇一四(平成二六)年七月八日判決[38]がある。

本判決は、人種差別撤廃条約は、憲法規定と同様、「公権力と個人との関係を規律するもの」であり、「その趣旨は、民法七〇九条等の個別の規定の解釈適用を通じて、他の憲法原理や私的自治の原則との調和を図りながら実現されるべきものである」と判断し、約一二二六万円の損害賠償の請求を認めている。なお、最高裁二〇一四(平成二六)年一二月九日第三小法廷決定は、上告を棄却した。

(4)　最高裁国籍法違憲判決による国際人権条約適用の意味

法律または行政処分が国際人権条約に直接違反すると判断した最高裁判決は未だ存在していない。国際人権条約が最高裁判所でどのように扱われたかという問題を議論する対象になっているのが、国籍法違憲判決である。

生後認知の子の日本国籍取得について、嫡出子であることを取得の要件としていた国籍法旧三条一項が憲法一四条に違反すると主張して争われた事件で、最高裁二〇〇八(平成二〇)年六月四日国籍法違憲訴訟大法廷判決[39]は、当該国籍法の規定を憲法一四条一項に違反すると判断した。本判決は、「諸外国においては、非嫡出子に対する法的な差別的取扱いを解消する方向にあることがうかがわれ、我が国が批准した市民的及び政治的権利に関する国際規約及び児童の権利に関する条約にも、児童が出生によっていかなる差別も受けないとする趣旨の規定が存する」と述べ、「以上のような我が国を取り巻く国内的、国際的な社会環境等の変化に照らしてみると、準正を出生後における届出による日本国籍取得の要件としておくこと」に立法目的との合理的関連性がないとして、違憲判断の理由づけの中で、自由権規約と児童の権利に関する条約に言及していることが注目されている。[40]

本判決が人権条約を援用していることの意味に関し、「これらは、あくまで内外の社会環境等に関する一つの事情として考慮されている[41]」とする理解から、「人権条約の規定を考慮に入れて、憲法一四条違反という結論を導いたということができ、大変注目されます[42]」という理解まで、異なった解釈が出されている。本判決が自由権規約と児童の権利に関する条約に言及している意味については明確ではないことは確かである。しかし、本判決の審理にあたっては、最高裁が、条約のみならず、自由権規約委員会や児童の権利委員会の総括所見のような条約機関の見解を考慮に入れて、憲法一四条違反という結論を導いた例として重要な意味を持つものと評価できる。[43]憲法学の佐藤幸治が、国籍法違憲判決に対して、「B規約や子どもの権利条約（「児童の権利に関する条約」）も重要な論拠として、憲法一四条一項違反を導いている点が注目されるところである[44]」という指摘を行っているのも同様の評価である。

(5)　最高裁判所に対する上告理由の制限

条約の効力が法律より優位するといっても、最高裁で国際人権条約違反を争うことが制度的に保障されていないという問題がある。現行の訴訟法上、刑事訴訟法では、最高裁への上告、特別抗告の理由が憲法違反または憲法解釈の誤り、判例違反に限られており（刑事訴訟法四〇五条、四三三条）、また、民事訴訟でも、上告理由は憲法違反または憲法解釈の誤りに限定されている(民事訴訟法三一二条)。

憲法学者として著名である伊藤正己元最高裁判事は、一九八九(平成元)年に開催された国際人権法学会創立記念総会での記念講演で、次のような指摘をして注目された。すなわち、「わが国の裁判所は国際人権規約を裁判規範として活用することにきわめて消極的な態度をとっていると考えられる」と述べて、最高裁への刑事訴訟法および民事訴訟法上の上告理由の制限について、「最高裁は、これらの条文を文字どおり「憲法」違背の主張に限ると解しているから、国際人権規約が条約としていかに重要な規範を含んでいても、その違反の主張は、「単なる法令違背」の主張にすぎないものとしてその実体判断に入ることなく簡略に処理されることになる」という指摘である。(45) そして、条約のうちでも「少なくとも国際人権規約のような世界的な効力をもつ条約は確立した国際法規でもあり、いっそう憲法に近似した効力が認められて然るべきとの論理が成立しないであろうか」という重要な問題提起がなされている。(46)

憲法に近似した効力を有する国際人権条約のような条約については、憲法違反に準じて、上告理由に該当するのではないか、という伊藤正己の提言に対しては、裁判所に委ねるのではなく、必要な立法措置をとることが筋であるという見解が出されている。(47) これに対して、憲法九八条二項から引き出される「法律に対する関係での条約優位説は、法律等の人権規約違反の主張を憲法違反に準ずるものとして扱い、上告理由に該当するものとすることができるであろうし、そのことを通して、国内法整備のためのインセンティヴ効果を期待することができるはずである」という見解が有力である。(48) さらに、近時の学説からは、条約の遵守義務を定めた憲法九八条二項から導き出された「国際法調和の原則」により、国際人権条約については、憲法と同等の配慮がなさるべきであるという立場により、「重要な条約規定について、安易に憲法の内容と同視したり、条約違反の主張に対して判断を示さないというような、下級裁判所による条約の瑕疵ある適用または無視が存在する場合には、憲法第九八条第二項に反するものとして最高裁判所への上訴を認め」る見解[49]も出されるに至っている。

3　札幌地裁二風谷ダム事件判決の意義

(1)　文化享有権の承認

一九九七(平成九)年三月二七日の札幌地裁二風谷ダム事件判決の意義は、第一に、日本の裁判判決上初めて、アイヌ民族が先住民族であることを認めたこと、第二に、自由権規約(B規約)二七条および憲法一三条を根拠にアイヌ民族に属する個人の文化享有権を認めたことにある。

本判決の概要およびアイヌ民族の先住民族性については、第四章ですでに取り上げているので、ここでは、少数民族の文化享有権の意味、文化享有権に関する憲法一三条と自由権規約二七条との関係について検討を加えたい。

本訴訟での事案の特色は、土地収用法という法律に基づく北海道収用委員会の事業認定と収用裁決という行政処分が違法かどうかを争い、違法とする根拠に自由権規約二七条と憲法一三条で保障されているアイヌ民族の少数民族としての文化享有権を挙げていることである。

(2)　自由権規約二七条

日本国憲法には、少数民族に関する規定は存在しない。これに対して、自由権規約は、少数民族の権利の規定を持っている。自由権規約二七条は、「種族的、宗教的又は言語的少数民族が存在する国において、当該少数民族に属する者は、その集団の他の構成員とともに自己の文化を享有し、自己の宗教を信仰しかつ実践し又は自己の言語を使用する権利を否定されない」と規定している。

自由権規約二七条の下での国家の義務は、少数民族の権利を侵害しないという消極的義務を負うだけではなく、権利の侵害を防止する積極的な義務を有すると解するのが、一般的な解釈である。[50] 本判決も、自由権規約は「少数民族に属する者に対しその民族固有の文化を享有する権利を保障する」とともに、「少数民族の文化等に影響を及ぼすおそれのある国の政策の決定及び遂行に当たっては、これに十分な配慮を施す責務を各締約国に課したものと解するのが相当である」と判示して、少数民族の文化等に十分な配慮を施す国の責務を明らかにしている。

また、自由権規約二七条は、所定の権利を集団の構成員である個人に対して認めるものであり、集団それ自体の権利を規定しているわけではない。[51] しかし、少数民族に属する者が「その集団の他の構成員とともに」自己の文化を享有する権利などを否定されないとしている点で、少数民族に属する人が「集団的にその権利を行使しうることを明確に認めたもの」なのである。[52] 本判決は、「アイヌ民族は、文化の独自性を保持した少数民族としてその文化を享有する権利」が自由権規約二七条で保障されると判示しているのは、権利を集団的に行使することを認めていると解される。

自由権規約と憲法との関係については、本判決は、少数民族の自己の文化を享有する権利を、「B規約との関係」、「憲法一三条との関係」で並行しているのでどちらの根拠を主たるものとしているのかは、必ずしも明らかではない。この問題について、学説は本判決を条約の「直接適用」と解するか、それとも「間接適用」と解するかを論じている。[53]

直接適用と捉える学説は、「実際には、規約は本件判断の中心的根拠とされている」のであり、直接適用したことは、アイヌ民族は「少数民族としてその文化を享有する権利をB規約二七条で保障されているのであって、わが国は憲法九八条二項の規定に照らしこれを誠実に遵守する義務がある」「B規約二七条制定の趣旨に照らせば、「少数民族の文化享有権の」制限は必要最小限に留められなければならない」などと述べられていることによく示されているという。[54]

これに対して、間接適用と解する学説は、本判決の「憲法一三条との関係」の終わりに近い個所で、憲法一三条の解釈について、「このように解することは、前記Ｂ規約成立の経緯及び同規約を受けて更にその後一層少数民族の主体的平等性を確保し同一国家内における多数民族との共存を可能にしようとして、これを試みる国際連合はじめその他の国際社会の潮流に合致するものといえる」という一文に注目し、自由権規約二七条を憲法一三条の解釈基準にするという、あるいは憲法一三条の規定を自由権規約二七条に適合する解釈を行うという、間接適用の手法を採っているとする。本判決では、憲法から文化享有権を導出することが、「国際社会の潮流に合致する」とする点に示されているように、「憲法規定を国際人権条約に適合的に解釈する手法をとっていると見うる点も重要である」と指摘するのが、間接適用と解する学説である。[55] 他の学説は、「人権条約の規定の多くは、憲法の人権規定と共通する内容を含みかつより詳細な定めをおいたものであるから、憲法の人権規定の解釈において、人権条約の規定の趣旨を取り込みそれに適合した憲法解釈を採用すること」が、間接適用の一つの形態であるとして、札幌地裁二風谷ダム事件判決をその例として挙げている。[56] 憲法の規定の解釈に条約の規定の趣旨を取り込み、条約適合的解釈を間接適用の一つの形態とする後者の見解の方が妥当である。

(3)　憲法一三条

憲法一三条は、「すべて国民は、個人として尊重される。生命、自由及び幸福追求に対する国民の権利については、公共の福祉に反しない限り、立法その他の国政の上で、最大の尊重を必要とする」と規定する。憲法一三条を文化享有権の根拠にする解釈は、本判決が提示した独創的な見解で、それまで学説が論じてこなかった考え方である。札幌地裁判決は、憲法一三条は「国民各個人の人格的価値を承認するという個人主義、民主主義の原理を表明したもの」であり、「その民族に属する個人にとって、民族固有の文化を享有する権利は、自己の人格的生存に必要な権利ともいい得る重要なものであって、これを保障することは、個人を実質的に尊重することに当たるとともに、多数者が社会的弱者についてその立場を理解し尊重しようとする民主主義の理念にかなう」と判示している。

憲法一三条は、憲法施行の初期では、さほど重要な規定とは認識されていなかった(57)。憲法注釈書でも憲法一三条にさいている頁数は少なかったし(58)、憲法一三条の法的性格に関しても、初期の学説は、憲法一三条が国民の権利の包括的な宣言で、抽象的な内容をもつ規定であり、そこから具体的な権利が導き出されることは少ないと解していた(59)。しかし今日では、憲法一三条は憲法の人権規定で最も議論される規定の一つであり、また、通説・判例ともに憲法一三条から具体的権利が導かれるものと解している。

今日の一三条論の嚆矢となった研究では、同条の趣旨は「国政によって、個人の人格を尊重するという基本原理をのべたもの(60)」とされ、個人の尊重と「人格」概念との関連が指摘され、人格概念を導入することによって、その後の活発な議論が生じていくのである(61)。また、後に二〇〇九(平成二一)年に報告書を提出した「アイヌ政策のあり方に関する有識者懇談会」の座長を務める佐藤幸治が憲法体系書において(62)、憲法一三条の幸福追求権を「基幹的な人格的自律権」と位置づけ、憲法第三章の「各個別的基本権規定によってカヴァーされず、かつ人格的生存に不可欠なものが、なお一三条によって保障される」という議論を展開したことも、憲法学説が憲法一三条の意味を認識する契機になった。

アイヌ有識者懇談会の委員になる常本照樹も、札幌地裁二風谷ダム事件判決が憲法一三条を根拠に少数民族に属する個人の文化享有権を認めた点を、次のように高く評価している(63)。本判決の独自の意義は、文化享有権を少数民族に属する個人の「人格的生存に必要な権利」として一三条に基礎づける点にある。「民族の文化は、個人の人格的生存に関わる自律的選択の文脈を提供し、有為な選択を可能にするものであり、これを個人の側からいえば、民族文化を享有することは人格的生存にとって極めて重要な意味を持つのである」。

佐藤幸治も、「「先住少数民族の文化権は、民族に属する個人に対して生き方の選択の文脈を提供するものであるから、個人の尊重にとって不可欠である」とし、「文化享有権」を憲法一三条の幸福追求権の内容の一つ」と解する常本説を引用して、「私の立場からもこの判決を高く評価してきた」と述べている。(64)

第三節　日本国憲法とアイヌ民族の権利

一　法の下の平等

1　憲法一四条一項後段の「人種」の意味とアイヌ民族

日本国憲法は、法の下の平等について、一四条一項で、「すべて国民は、法の下に平等であって、人種、信条、性別、社会的身分又は門地により、政治的、経済的又は社会的関係において、差別されない」と規定して、前段で、法の下の平等を一般的に保障するほか、後段では、差別を禁止する事由として、人種、信条、性別、社会的身分または門地を明示して、差別を禁止している。

(1)　憲法施行初期の学説

憲法施行初期の憲法注釈書および憲法概説書では、国家が差別的取扱いができない事由の一つである「人種」の解釈に関し、アイヌを「人種」に含めないと解する説と、アイヌを「人種」に含めるが、アイヌに対する差別を特に問題にしない説に分かれる。

前説を代表する学説は、人種の内容について、特に説明することなく、アメリカでは「現在においてもなお黒人に対する差別待遇がしばしば判例に現われているのであるが、わが国においてはあらゆる海外領土を喪失し、異人種にしてわが統治の下に服する者がほとんどなくなった今日、それは大きな意味をもちえない」と述べている(65)。

後説の例として、宮澤俊義『日本国憲法』の初版は、「人種」を理由とする差別とは、「たとえば、アイヌ人には選挙権を与えないとか、ニグロは公務員になれないとするとか、ユダヤ人の権利能力を制限するとかであるが、日本国民のあいだには、「人種」のちがいが少ないから、「人種」にもとづく差別は、実際に問題になることはあまりあるまい」と解している(66)。同書の改訂版では、「人種」の説明を加え、「人種とは、人間の人類学的な種類をいう。ニグロ、アーリヤン人、モンゴリヤ人などの区別は、ここにいう「人種」の区別である」という説明を前述の説明の前に加えている(67)。この説は、アイヌを人種の例に挙げているが、制限の場合として選挙権を与えないというような極端な例を挙げており、また、日本国民のあいだでは「人種」による差別が実際に問題になることはあまりないという立場に立っている。

以上のように、憲法施行初期の憲法学説では、アイヌ民族に対する差別の問題が、憲法一四条の法の下の平等の問題になることが意識されていなかったといえる。

(2) 初期の憲法学説に対する批判

一九八四(昭和五九)年に北海道ウタリ協会が作成した「アイヌ民族に関する法律(案)」の起草に当たって顧問役として活躍した元北海道新聞論説主幹の山川力は、宮沢俊義の諸著書を引用して、「人種」に基づく差別は「実際に問題になることはあまりあるまい」という見解は、「宮沢以後の憲法学者にも、そして当然のことながら政治的にも、有形、無形の影響がおよんでいる」という批判を加えていた。[68] また、山川は、北海道旧土人保護法を引用する唯一の憲法学説として橋本公亘の憲法体系書を指摘している。[69] 橋本は、人種を理由に異なった取り扱いをしている例として北海道旧土人保護法を取り上げ、「弱小民族を保護する立法その他の措置は合理的な根拠があるから、もちろん憲法に違反しない」と判断しつつ、ここで、北海道旧土人保護法が「現在どのように運用されているかつまびらかではない」というコメントを加えて合憲の判断をしている点をとらえて、山川は、「憲法学というものは、そもそもなんなのだろうか」という疑問を発している。[70]

憲法学の江橋崇は、山川力の憲法学者に対する批判を受けた形で、「確かに、憲法学者による日本国憲法の解釈では、アイヌ民族にたいする差別はほとんど無視されてきたといってよい」という立場から、アイヌ民族に対する差別を問題にする先駆的学説として、次の二つの説を紹介している。一つは、阿部照哉説で、「わが国はこれまで人種的には比較的まとまりのある国家であり、人種差別が大きな問題になることはなかった。アイヌ人問題はその例外であり、今後は帰化人について問題になりうる」としている。[71] もう一つは、小林直樹説で、「わが国では、血のミトスや人種的偏見にもとづく差別は、事実問題として朝鮮人やアイヌの人々に対してみられるほか、それにやや類するもの〔中略〕として、いわゆる未解放部落問題がある。これらは今日では、直接に「法の下の平等」に触れるような事件になることは少ないが、就職・結婚・住宅問題などの社会関係で、不当な差別がしばしば行われている。こうした憲法の精神に反する社会的な差別は、――差別する側の心の貧しさや欠陥を示すものであり、同時に社会の閉鎖性を反映するものであるが、――民主社会において許しえない現象であり、一日も早く克服されなければならない」ことを指摘している。[72] ここで問題にされている差別は、法制度のような国家による差別ではなく、就職、結婚、住宅問題のような私人相互間、国民相互間における差別の問題である。

北海道旧土人保護法を法的差別の観点から検討し、問題を的確に指摘したのが、江橋崇である。すなわち、

「北海道旧土人保護法」がかつて対象としていた、アイヌの人々に対する授産、医療、生活扶助、教育、農業奨励などの生存配慮に、社会権確保の上での差別がないかどうか、おなじく「北海道旧土人保護法」がおこなった財産権処分の制限が正当な私権制限とみなされうるかどうか、がおのおの問題になる」と指摘している。[73]筆者も、北海道旧土人保護法の制定過程と運用の実際を検討し、北海道旧土人保護法がアイヌを先住民族として自立させるものではなく、和人に同化するものであり、その存在意義をほとんど失っていることを指摘した。[74]

(3)　学説の現状

現在の憲法学説で一九九七(平成九)年に廃止された北海道旧土人保護法ないし同年に制定されたアイヌ文化振興法に言及する主な憲法体系書および注釈書を見てみると、次のようになっている。

①　北海道旧土人保護法違憲説

北海道旧土人保護法を違憲とする立場に立っていたのが浦部法穂である。[75]すなわち、人種差別撤廃条約は、狭い意味での人種による差別だけでなく、民族等による差別を、ともに同根の差別として捉えるものであり、憲法一四条一項後段の人種による差別の禁止も、同様に解する必要がある。したがって、民族等による別異取扱いは、人種による別異取扱いと同様に原則的に絶対に禁止されると解している。日本の問題としては、特にアイヌ問題が重要であり、一八九九(明治三二)年制定の「北海道旧土人保護法」は、「アイヌ」の保護を名目にしながらも、アイヌ民族を「北海道旧土人」として別異に取り扱うものであり、「旧土人」という用語の不適切性ともあわせて、憲法一四条一項に反するものというべきであったと解している。この見解の特色は、アイヌ民族を他の日本人とは別に法律を制定して取り扱うこと自体が、原則的に憲法一四条一項後段で禁止される「人種」による差別に当たると解するところにある。このような考え方によると、アイヌ民族に限り文化振興を国の責務とするアイヌ文化振興法の合憲性も問題になるのかどうかは明らかでない。

② アイヌ文化振興法を積極的格差是正措置と捉える説

芦部信喜は、憲法一四条一項後段の「人種」について、「日本では、アイヌ人・混血児・帰化人が問題となるが、特に注目されるのはアイヌ民族問題である」ことを指摘して、「北海道旧土人保護法がその存在意義をほとんど失ってしまったので、新しい観点から対策を盛った法律の制定が望まれている」ことを早くから主張していた(76)。さらに、芦部は、積極的格差是正措置の問題に言及し、「アメリカと同じ積極的差別解消措置として、わが国でも、被差別部落解消のための同和対策とともにアイヌ民族の保護対策など特別措置が講じられてきたが、近時アイヌ民族問題については、一八九九年(明治三二年)に制定された北海道旧土人保護法がその存在意義をほとんど失ってしまったので、新しい観点から対策を盛った法律の制定が望まれていたところ、一九九六年、アイヌの文化の振興とその伝統に関する知識の普及・啓発に関する新法(平成九法五二)が成立した」ことを明らかにしている(77)。さらに、芦部は、人種差別の問題としてアイヌ問題を認識し、アイヌ文化振興法制定を積極的格差是正措置の問題としていち早く捉えた学説として注目されるのである。同じく、アイヌ文化振興法制定時に、積極的格差是正措置との関係で問題を論じたのが、市川正人である(78)。アイヌ文化振興法を積極的格差是正措置の問題として、その当否や違憲審査基準の問題を取り上げることは、今日の学説でも引き継がれている(79)。

③ 人権享有主体としてのアイヌ民族を位置づける説

佐藤幸治は、二〇〇九(平成二一)年に「アイヌ政策のあり方に関する有識者懇談会」の座長として報告書を取りまとめた後に、前著を全面的に書き直した憲法体系書『日本国憲法論』を出版した。まず、本書の「はしがき」で、「書斎生活に戻ってから唯一例外的にアイヌ政策のあり方に関する有識者懇談会の委員を引き受けたが、アイヌ民族が辿った徳川期以降の悲哀の歴史と、なおそこに強く生きる人間の姿に深い感銘を覚えるとともに、人間社会のあり方につき深刻な省察を迫られた」として、「アイヌ有識者懇談会」での経験により学問的興味を刺激されたことを述べている。次に、本文ではアイヌ民族に関し次のように取り上げている。憲法一四条一項後段の「人種」について、「人種」とは、「皮膚・毛髪・体型などの身体的な共通の遺伝的特徴によりなされる人類学的区別をいう。日本では、アイヌ民族に属する人、混血児、帰化人などがこの関係で問題となりうる」[80]と説明する部分は他の学説と同じである。

佐藤幸治が提起した新しい点は、「基本的人権の享有主体」の節の「国民」に関し、「人間存在の属性にかかわる問題」として、高齢者と「先住民族」を扱っていることである[81]。本書は、先住民族としてのアイヌの文化が深刻な打撃を受けた歴史を踏まえ、一九九七(平成九)年のアイヌ文化振興法の制定に始まる国の本格的な取組みの中で、国が主体となってアイヌ文化の復興に強い責任があることを訴えた有識者懇談会報告が出された経緯を説明している。そして、「報告書は、政策展開にあたっての基本理念として、「アイヌのアイデンティティの尊重」や「多様な文化と民族の共生の尊重」などを掲げ、それを受けた「具体的政策」の実施を求めている」ことを明らかにしている。

さらに、アイヌ民族の人々の固有の問題を取り上げたことと、佐藤幸治憲法学の核となっている基本的人権(人格的自律権)の普遍性との関係について、「いぶかる向きもあるかもしれない」という疑問を想定し、それに対して、次のように答えている。すなわち、「この疑問に対しては、個人は真空の中で自律性を確立し維持するわけではなく、基本的人権の保障を考えるにあたって、様々な環境に生れおちる個人がその自律性を確立・維持するため必要とする条件に対しても一定の配慮が必要であると考えるべきではないかと答えたい」と述べている[82]。このように佐藤幸治は[83]、憲法体系書の中で先住民族としてのアイヌ民族を基本的人権の享有主体として位置づけた学説として評価できる。「人権主体の多元化」は、「人一般の権利」として主張された近代的人権観念と区別される「人間の属性を持つ類的存在に着目する」現代的人権観念の特徴であるという指摘がなされている[84]。

(4) その他の学説

以上紹介してきた学説のほかにも、人種差別の問題としてアイヌ民族差別を指摘して、アイヌ文化振興法の制定や北海道旧土人保護法の廃止を記述する学説が多くなっている(85)。

2 憲法一四条一項前段と後段との関係

憲法一四条一項は、前段で、一般的に法の平等を規定し、後段では、具体的な差別禁止の事由として、「人種、信条、性別、社会的身分又は門地」を挙げている。憲法一四条一項の前段と後段の関係について、学説史的に見ると大きく次の三説に分類できる。

第一説は、いわゆる立法者非拘束説ないし法適用平等説で、前段の「法の下に平等」とは、法を具体的に適用する国家機関である司法および行政のみを拘束し、立法者を拘束するものではないが、後段所定の事項については、立法者を含むすべての国家機関が国民を差別してはならないことを規定したものと解する見解である(86)。

第二説は、いわゆる立法者拘束説ないし法定立平等説で、前段の「法の下に平等」とは、法の適用だけではなく、法の定立も規制して、司法および行政のみならず、立法者も拘束すると解し、後段所定の事項については、前段の保障内容を例示したものと解する見解である(87)。

第三説は、前段の「法の下に平等」については第二説と同様に立法者をも拘束するものと解しながら、後段の規定については、特別の法的意味を認め、強い保障を受けると解する見解である。その先駆的な学説である伊藤正己は、憲法一四条の「後段は前段の一般原則を具体化し重要な場合を列挙したのであるが、裁判規範として特殊の意味をもつ」ことから、「前段の場合は差別的な立法もなお合憲性の推定が存し、違憲の主張者にそれが合理性を欠くことの証明が求められるのに対し、後段所定の事由による差別の場合は、逆にむしろ合憲の主張者に合理的差別の論証が要求されると解しえないであろうか」と主張したのである[88]。憲法一四条一項の前段と後段の関係の問題と法律の合憲性を裁判所で判断する違憲審査基準の問題を結びつける第三説に対して、「近時、この特別意味説が学説上有力になっている」と評した芦部信喜は、「後段列挙の事由による差別は、個人尊厳の原理に著しく反する点で、原則として不合理であるから、平等原則との適合性は厳格な基準で審査されなければならず、合憲だと主張する側(公権力)はその理由を論証する責任を負う、と解するのが妥当であろう」という立場で、違憲審査基準の問題を論じている[89]。そこでは、①少なくとも憲法一四条の後段の人種や門地については、「「厳格審査」のテスト」(「厳格審査基準」ともいう)、②経済的自由に属するかそれに関連する社会・経済的な要素の強い規制立法について平等原則が争われる場合には、「合理的根拠の基準」(「合理性の基準」ともいう)、③憲法一四条一項後段の信条、性別、社会的身分等に関しては、「実質的な合理的関連性の基準」(厳格な合理性の基準)ともいう)という三段階の審査基準が提示されている。このような現在の学説で有力である立場は、筆者も基本的に支持しているところである[90]、一九九七年に廃止された北海道旧土人保護法のような人種による差別が問題になる法律には厳格審査基準が適用されることになる。厳格審査基準によると、①立法目的(当該差別的取扱いの目的)がやむにやまれぬ公共的利益すなわち必要不可欠な公益を追求するものであること、②この公益に奉仕するために選択された手段が右目的の達成に是非とも必要であること、を論証するきわめて重い責任を政府が負うとする基準である[91]。

3　形式的平等と実質的平等

平等といっても、その内容は一義的に明確ではない。まず問題になるのは、形式的平等と実質的平等の区別である。歴史的経過を見ると、一九世紀から二〇世紀にかけての市民社会における法の下の平等は、すべての個人を法的に均等に取り扱い、その自由な活動を保障する形式的平等として捉えられていた。資本主義の進展にともない、形式的平等の取扱いから持てる者と持たざる者との間に事実上の不平等が生ずることになった。二〇世紀の社会福祉国家においては、社会的・経済的弱者に対して、より厚く保護を与えるため、一方では、生存権や労働基本権のような社会権が人権として登場するとともに、他方では、平等の観念に実質的平等（結果の平等）の考え方が加わってきている。一般的にいうと、形式的平等とは、人の現実のさまざまな差異を一切捨象して原則的に一律平等に扱うこと、すなわち基本的に機会均等を意味し、それに対して、実質的平等は、人の現実の差異に着目してその格差是正を行うこと、すなわち配分ないし結果の均等を意味するといえる(92)。

憲法一四条で規定された法の下の平等が、形式的平等のみを保障したのか、実質的平等も含むかという点について、通説的見解は、憲法一四条の規定する法の下の平等自体は法的取扱いの不均等の禁止を意味するにとどまり、実質的平等の実現は憲法二五条の生存権その他の社会権が担うところであって、そのための法的取扱いの不平等が「合理的区別（差別）」として憲法一四条に違反しないという限度で、実質的平等が憲法一四条にかかわると解している(93)。しかし、通説にあっても、法の下の平等は、形式的平等に限ると解する考え方と(94)、それとも、平等の主要な意味は形式的平等であるが、実質的平等の思想を抜きには考えられないと解する考え方によって(95)、積極的格差是正措置が憲法一四条の許容する「合理的区別（差別）」に当たるかどうかの判断に影響が出てくる可能性がある。後者の考え方によると、実質的平等の趣旨が最大限に考慮されなければならないと解する結果、実質的平等を達成するために形式的平等を制限する法令等が合憲になる可能性が高くなるといえよう。

4　積極的格差是正措置

積極的格差是正措置（優先処遇、ポジティヴ・アクション、アファーマティヴ・アクションともいう）は、実質的平等の実現を国が積極的義務として担うものである。積極的格差是正措置は、日本の憲法学界では、一九八〇年代初頭に、アメリカ合衆国で問題になっているアファーマティヴ・アクションや逆差別の問題が紹介され、法の下の平等の問題に新しい素材を提供した(96)。アメリカ合衆国では、過去において差別された有色人種や女性に対して、大学入学定員や雇用の特別枠を設けて優先的に扱う積極的格差是正措置が法の下の平等で許容される限度を超えるかどうかが争われ、限度を超えた場合に、差別されてきた者を優遇しすぎて「逆差別」になり、法の下の平等に違反するという問題がある。この問題を取り上げた連邦最高裁判所バッキー判決は一九七八年に出されている(97)。

アメリカにおけるアファーマティヴ・アクションが抱える光と影の問題について、安西文雄は、不平等に歪んだ社会的環境の是正という「光」の部分が存在するほか、「影」の部分として、①マジョリティがマジョリティに属するがゆえに冷遇されること、②優先処遇を受けるマイノリティも劣等者として扱われ被害を受けること、③優遇されるマイノリティに近似した状況にありながら、優遇の対象から外されるマイノリティがあることを指摘している(98)。

憲法一四条の解釈として、積極的格差是正措置が認められるかどうかについて、浦部法穂は、それが「機会の平等」の実質的確保として正当化される根拠はあるが、「逆差別」の問題も生じうるし、アメリカでも、差別解消に役立つかどうかについても、疑問視する見解が少なくないなどの議論があり、アファーマティヴ・アクションが、実際には、なお検討されるべき課題も少なくないことを指摘している(99)。積極的格差是正措置を認める条件を提示するのが、阪本昌成である。阪本は、積極的格差是正措置を政策として導入することは可能であるが、その場合にあっても、①歴史的差別と現在の被差別との因果関係が認められる領域で、②少数派集団の構成員であることだけを理由とする固定的な優遇措置ではなく、③実質的な平等が達成されるまでの一時的な措置であること等の条件で初めて許容されるという[100]。なお、国際人権法では、積極的格差是正措置は、あくまで暫定的に取られるべき特別措置として理解されている[101]。

日本では、積極的格差是正措置は、特に、男女共同参画をめぐって議論され、具体化されてきている[102]。先住民族であるアイヌ民族は、明治政府の北海道開拓政策により、生活の基盤であった土地利用権や漁撈・狩猟が制限され、アイヌ語をはじめ民族独自の文化や習慣が禁止・制限され、さらにさまざまな局面で差別を受けたという歴史から、独自の文化や伝統の回復、生活状況の改善のための積極的格差是正措置が必要とされる状況に置かれていることは確かである[103]。アイヌ文化振興法は、先住民族の重要な要素である独自の文化の維持・振興という点に対象を絞り、国の積極的義務を認めているので、憲法違反の問題は生じていない。今後、国の特別措置の対象を教育や生活の改善の領域まで拡大するかどうか、拡大するならばどのような形で行うのか、国の特別措置が格差是正に実際に役に立つのか、さらに暫定的な措置としてどのような期限をつけるかなど考慮すべき課題は少なくない。

前述のように、人種による差別については、違憲審査基準として、最も厳しい「厳格審査基準」が適用されるというのが、学説の主張するところである。積極的格差是正措置がなされた場合に、同様の違憲審査基準を適用すべきかという問題に対して、学説はまだ十分論議してきてはいない。芦部信喜は、「人種による差別は、その合憲性が最も厳格な基準によって司法審査される」という文章にカッコ書きで、「もっとも、積極的差別解消措置の合憲性が争われる場合は、いわゆる逆差別の問題も生じるので、「厳格な合理性」の基準による[ただし、最近の合衆国最高裁判所判例では、積極的差別解消措置の場合にも最も厳格な審査基準が適用されている]」として、中間の基準を適用する立場に立っている[104]。筆者も、実質的平等を図る優遇措置に対し、基本的には中間の基準である「「厳格な合理性」の基準」によるものと考えている[105]。中間の基準によると、立法目的が重要なものであり、目的と手段との間に実質的な関連性があることを公権力の側が論証しなければならないことになる。積極的格差是正措置については、立法府の裁量が必要なので、中間の基準を適用するという説が妥当である。

5　法の下の平等の私人間適用

北海道は、アイヌ生活実態調査を定期的に行っており、二〇一三(平成二五)年の調査項目にも「アイヌの人たちに対する差別」がある。「もの心ついてから今までの差別の状況」について、「差別を受けたことがある」が二三・四%、「自分に対してないが、他の人が受けたのを知っている」が九・六%、「受けたことがない」が三五・五%になっている。[106] また、「差別を受けたことがある」又は「自分に対してないが、他の人が受けたのを知っている」と答えた人に対して、「どのような場面で受けましたか」と聞いたところ、「六、七年以前」は「学校で」が最も多く七七・四%、次いで「結婚のことで」が二八・三%であるが、「最近六、七年」になると、「職場で」が五〇・〇%で最も多く、次いで「就職のとき」、「学校で」がそれぞれ二一・四%となっている。

二〇〇一(平成一三)年に出された人権擁護推進審議会(会長塩野宏、会長代理野中俊彦)答申(「人権尊重の理念に関する国民相互の理解を深めるための教育及び啓発に関する施策の総合的な推進に関する基本的事項について」)の中で、「人権に関する現状」においてアイヌに関し次のように述べられている。すなわち、「アイヌの人々に関する課題として、結婚や就職に際しての差別の問題のほか、差別発言などの問題がある」というのである。[107]
この答申は、人権の理念について、「歴史的には、主として、公権力によって侵されないという意味で理解されてきたが、人間はどのような関係においても人間として尊重されるべきものであるということにかんがみれば、人権は、国や地方公共団体といった公権力の主体との関係においてだけでなく、国民相互の関係においても尊重されるべきもの」という考え方に立っているのが、特徴である。[108] また、本答申は、人権救済機関として、独立の行政機関の設置を提言している。この答申を踏まえて、人権擁護法案が作成され、二〇〇二(平成一四)年に国会に提出されたが、廃案になり、人権擁護法は未だ制定されていない。

結婚、就職、学校での差別は、多くの場合は、私人同士の間、国民同士の間の問題で、法の下の平等が私人間でどのように適用されるかという憲法解釈上の問題がある。近代憲法の伝統的観念によると、憲法によって保障される人権はもっぱら国家権力に対して国民の権利・自由を守るものと考えられていた。これに対して、私人といっても、使用者と労働者の関係のように、社会的・経済的強者と弱者という関係にあっては憲法の人権規定を適用する必要が出てきた。そこで、憲法学説では、憲法の人権規定は私人間に適用されないとする無適用説(無効力説)、憲法の人権規定を私人間に直接適用する直接適用説(直接効力説)、民法九〇条の公序良俗規定のような私法の一般条項を媒介にして、憲法の人権規定を間接的に適用する間接適用説(間接効力説)のような見解の対立が生まれてきた。学説の通説は、間接適用説である。[109]なお、この問題については、無適用説を再評価する見解が唱えられ、[110]新たな論点になっているが、ここでは触れない。

最高裁判所の判例も、一九七三(昭和四八)年一二月一二日の三菱樹脂事件大法廷判決[111]をリーディング・ケースとして、間接適用説の立場に立っている。憲法一四条の法の下の平等に関する判例を挙げると、女子若年定年制を定めた会社の就業規則に関し、最高裁一九八一(昭和五六)年三月二四日判決[112]は、「就業規則中女子の定年年齢を男子より低く定めた部分は、専ら女子であることのみを理由として差別したことに帰着するものであり、性別のみによる不合理な差別を定めたものとして民法九〇条の規定により無効であると解するのが相当である(憲法一四条一項、民法一条ノ二参照)」と判示して、間接適用説の立場に立っている。入会権の資格を世帯主および男子孫に限定する慣習に基づく入会団体の会則について、最高裁二〇〇六(平成一八)年三月一七日判決[113]は、「男子孫要件は、専ら女子であることのみを理由として女子を男子と差別したものというべきであり」、「性別のみによる不合理な差別として民法九〇条の規定により無効であると解するのが相当である」とし、さらに、「男女の本質的平等を定める日本国憲法の基本理念に照らし、入会権を別異に取り扱うべき合理的理由を見出すことはできないから」、「男子孫要件による女子孫に対する差別を正当化することはできない」と判示して、憲法一四条の法の下の平等に関し、間接適用説の立場から公序良俗違反で無効と解している。

二　先住権（先住民族の権利）

1　問題の経緯

(1)　北海道ウタリ協会の「アイヌ民族に関する法律（案）」（一九八四年）

一九八四（昭和五九）年に北海道ウタリ協会が作成し、公表した「アイヌ民族に関する法律（案）」は、「先住民族の権利」や「先住権」という表現を使っていないが、その内容は、「先住民族の権利」ないし「先住権」を主張するものである。この法律案の骨子は、①基本的人権、②参政権、③教育・文化、④農業漁業林業商工業等、⑤民族自立化基金、⑥審議機関である（本書第二章第二節三）。

(2)　「北海道ウタリ問題懇話会」の報告書（一九八八年）

北海道知事が設置した「ウタリ問題懇話会」は、一九八八（昭和六三）年に報告書を提出し、「アイヌ新法」の根拠を「先住権」に求めている（本書第二章第三節六）。すなわち、「一般に、先住民族の居住するないし居住していた土地及びそこにある資源に対する権利、伝統文化を維持し発展させる権利、さらには一部には政治的自決権を内容とする権利」である先住権は、「いまだ法的に明確に確立されてはおらず、またその内容について検討すべきことが残されている」。しかし、一八九九（明治三二）年に日本政府がアイヌを日本国民に同化させることを目的に「北海道旧土人保護法」を制定したことは、「北海道に土着する民族としてのアイヌが存在することを認めたことを意味する」のであるから、「先住権」がアイヌ民族の地位を確立するための「アイヌ新法（仮称）」を制定する、一つの有力な根拠になり得るとしている。ウタリ問題懇話会は、北海道ウタリ協会の「アイヌ民族の権利に関する法律（案）」を下敷きにして、憲法上可能がどうかの検討に重点を置き、国会および地方議会におけるアイヌ民族の特別議席については、憲法違反の疑いが濃厚であるという理由で否定したほかは、北海道ウタリ協会案の骨子を、①アイヌの人たちの権利を尊重するための宣言、②人権擁護活動の強化、③アイヌ文化の振興、④自立化基金の創設、⑤審議機関の創設に再編成している。

(3) 「ウタリ対策のあり方関する有識者懇談会」の報告書（一九九六年）

内閣官房長官が設置した「ウタリ対策のあり方に関する有識者懇談会」は、一九九六（平成八）年に報告書を提出した。この報告書は、国連の人権委員会の下に設置された作業部会で「先住民族の権利に関する国連宣言案」を検討していることを紹介し、これまでの意見交換の中で「先住民の定義問題、同宣言案に規定されている集団的権利と既存の個人の人権との整合性、自決権の取扱い等は厳しい対立をはらんだ議論となっている」ことを指摘する。そして、「我が国におけるアイヌの人々に係る新たな施策の展開については、我が国の実情に合った判断をしていく必要がある」とする。その場合に、報告書は、「我が国からの分離・独立等政治的地位の決定にかかわる自決権や、北海道の土地、資源等の返還、補償等にかかわる自決権という問題」は、新たな施策の展開の基礎にできないことを述べている。「先住民族の権利」ないし「先住権」のうちでも、政治的自決権や土地・資源の返還、補償等にかかわる自決権に対しては、報告書は、否定的な見解を明らかにしている。

ウタリ対策有識者懇談会報告書は、先住権に関して、新しい施策の基本理念と展開は、「関係者の間にあるいわゆる「先住権」をめぐる様々な要望に、今日我が国として、具体的に応える道である」と述べている。この報告書の立場について、「これは、この報告書に基づいてすぐに立法作業が始められることが予定されていたため、直ちに具体化できる内容のみを盛り込むという現実的なアプローチをとられたことによるのであり、先住権の主張等を原理的に否定したものではない」といえよう(114)。

ウタリ有識者懇談会が課題としたのは、アイヌが先住民族であるかどうか、先住民族であるとすると当面どのような施策がなされるべきかという問題であった。先住民族に関しては、アイヌの民族性と、先住性まで認め、当面実施すべき施策を、アイヌ文化の保存振興とアイヌに対する理解の促進という民族の核となる文化の保存振興に限定したところにある。

(4)「アイヌ政策のあり方に関する有識者懇談会」の報告書(二〇〇九年)

内閣官房長官が設置した「アイヌ政策のあり方に関する有識者懇談会」は、二〇〇九(平成二一)年七月に報告書を提出した。同報告書は、二〇〇七(平成一九)年九月に国連総会で採択された「先住民族の権利に関する国際連合宣言」に言及し、「国連宣言は、先住民族と国家にとって貴重な成果であり、法的拘束力はないものの、先住民族のあり方の一般的な国際指針としての意義は大きく、十分に尊重されなければならない」と述べて、その意義を認めている。有識者懇談会の座長であった佐藤幸治も、講演の中で、「もともとこの国連宣言は「宣言」であって、厳密には法的拘束力のあるものではないというい方もできますが、国際社会において長年にわたる議論・交渉を通じて生み出されたものでありまして、一般的な国際的指針としての重みを」持っていることを指摘している(115)。また、国連宣言の法的拘束力の問題について、慣習国際法の形成との関係で議論すべきという観点から、宣言の規定の中には慣習国際法を反映しているものもあり、特に土地および天然資源のような核となる権利はどうか、という議論もなされているところである(116)。

アイヌの人々が先住民であることから特別の政策を導き出すことは、「事柄の性質に即応した合理的理由」に当たるので、憲法一四条の平等原則に違反しないとしている。ただし、国会等におけるアイヌ民族のための特別議席の付与については、「国会議員を全国民の代表者とする憲法の規定等に抵触する」ことから、「実施のためには憲法の改正が必要であろう」という立場に立っている。さらに、特別議席以外の政治的参画の可能性については、「諸外国の事例も踏まえ、その有効性と合憲性を慎重に検討することが必要な中長期的課題」としている。

政策展開にあたっての基本的理念の一つに、「アイヌのアイデンティティの尊重」が挙げられ、この理念は、憲法一三条の「個人の尊重」から導き出されている。すなわち、「自己が他の多くの日本人と異なる文化を持つアイヌという存在であるという意識（すなわちアイヌのアイデンティティ）を持って生きることを積極的に選択した場合、その選択は国や他者から不当に妨げられてはならない」とともに、国に「アイヌ語の振興などを含む精神文化を尊重する政策については強い配慮が求められる」というのである。

個人と集団との関係について、「個々のアイヌの人々のアイデンティティを保障するためには、その拠り所となる民族の存在が不可欠であるから、その限りにおいて、先住民族としてのアイヌという集団を対象とする政策の必要性・合理性も認められなければならない」としている。さらに、具体的政策の「推進体制等の整備」の項目の中では、「アイヌの人々の意見等を政策に反映する体制や仕組みを構築する必要」があり、具体的には、「アイヌの人々の意見等を踏まえつつアイヌ政策を推進し、施策の実施状況等をモニタリングしていく協議の場等の設置が必要である」と述べて、アイヌ政策の推進に当たってアイヌ民族の意見を反映させる必要性を明らかにしている。実際上も、アイヌ有識者懇談会の報告書を受けて設置された「アイヌ政策推進会議」（二〇〇九（平成二一）年一二月）には、アイヌ民族側から五名の委員が参加し、全体の構成員の三分の一を超えている。

2　憲法学説による議論の状況

アイヌ民族の憲法問題は、「人種」による差別として憲法一四条の法の下の平等ないし平等原則に違反しないか、さらに、過去において差別されたアイヌの人たちに積極的格差是正措置をとることが、合理的な根拠を有する区別として、同じく憲法一四条に違反しないかという問題の論議から始まっている。アイヌ民族の「先住権」の問題が憲法上の論点として取り上げられ、集団的権利として主張されるならば、憲法で認める人権の範囲を逸脱していないか、という議論が始められたのは、一九九〇年代になってからである。ここでは、代表的な学説を見てみたい。

(1)　憲法二五条の生存権に根拠を求める見解

その先駆的学説は、一九九一(平成三)年に公刊された江橋崇の論文である[117]。江橋は、一九八四年に公表された「アイヌ新法案」を紹介し、そこには、「今日の、「常識」が支配する日本の憲法学では、こうした先住権の主張は「非常識」の一語で片付けられるであろう」として、次のような二つの問題点を指摘している[118]。

問題点の第一は、先住権が先住民族の集団の権利として主張されるならば、日本国憲法の人権論の中では認めにくいものがあるということである。日本国憲法は、一三条で個人の尊重を人権理論の基礎に据えていることからも明らかなように、個人主義的色彩の強い憲法である。ところが、先住民としての権利が認められると、その集団に属する個人は、それと違った生き方を選びにくくなる。日本国憲法は、宗教団体や政治結社、労働団体など、集団的権利を否定してはいないが、個人の尊重の原理から制限が加えられている。先住権についても、日本国憲法の下で認められるためには、先住民族のうちで伝統的な生活様式を維持・発展させようとするものの権利が束ねられており、逆に、血統的にも先住民族たりうる者には、別の生き方を選び取る自由が保障されなければならない。この点では、北海道ウタリ問題懇話会が先住権をアイヌ新法制定の「一つの有力な根拠」と評価した際に、法律の対象となるアイヌの定義は、「アイヌとしての血があること及び本人の自発的意志の尊重という二つの要素」で決まると述べ、個人の自主的な選択権を認めていることが評価される。したがって、先住権の主張は、「伝統的な生活様式の維持、発展や選び取った者の生存権の集合的な主張」であるというのである。

問題点の第二は、先住権が土地・資源への特別の権利を含んでいる点にある。アイヌが固有の文化を維持・発展させようとするならば、土地や資源の特別な利用が必要である。土地や資源が回復不可能な場合には、補償金や特別基金を設けて、伝統的文化の維持・発展に使う必要もある。そこで、江橋崇の主張は、憲法二五条の生存権を根拠にアイヌの土地や資源の特別の利用を権利として正当化するために、二つの法理論が認められなければならないとする。第一に、アイヌ民族の伝統的な生活様式の選択や伝統文化の維持・発展が、アイヌ民族の人々にとって「健康で文化的な生活」である必要がある。アイヌ民族に固有の生存権である。第二に、アイヌ民族に特有の土地や資源の所有・利用が、彼らの生存権の確保に直結し、それを支える基礎であることが認められる必要がある。

これら二つの点が是認されると、アイヌ民族の先住権の主張は、憲法上の人権の主張として認められるというのである。憲法二五条の生存権は、「健康で文化的な最低限度の生活を営む権利」として、「最低限度の生活」に着目し、「最低限度の生活」を下回る者に対し国が給付を与える権利として、一般に解釈されている。これに対して、江橋の特徴は、「最低限度」を除き、「健康で文化的な生活」に着目して、独自の「文化」を伝統的に有するアイヌ民族は、日本民族とは異なった幸福の観念が成立し、「そういう文化の中で生きようとする人々に対して、その幸福感を無視して、日本民族的な「健康で文化的な生活」を押し付けることは、生存権の名による抑圧に転じる危険性がある。先住権の主張は、まさにこの危険性を問う」ものであるとする。(119)

このような見解は、憲法二五条について、「最低限度の生活」を保障する部分をひとまず除外して、「文化的な生活」を営む権利の部分から多数派国民とは異なった伝統的文化を有するアイヌの民族的生活様式の選択や伝統文化を維持する権利を導き出している。内野正幸は、憲法二五条にいう「文化的な」という意味は、「経済面での生活を修飾するだけの目立たぬ言葉として捉えられてきた」が、「文化的な生活」は、「自分のおかれた生活環境の最低限の文化的側面を自律的に選択できることこそ大切である」とし、また、文化権には、文化的自由と給付請求の二つの側面があることを指摘している[120]。江橋説は、内野のいう文化権にも近く、文化権は従来憲法二五条で十分に議論されてこなかった問題である。江橋説は、生存権には自由権的側面があるという点では、憲法一三条を根拠に先住民族に属する文化享有権を認める二風谷ダム事件札幌地裁判決や後に見る有力学説と共通点が存在しており、かつ、先住民族への施策に対する国の積極的義務を引き出すには、社会権である生存権に根拠を求めることには理由があるといえる。いずれにしろ、江橋論文は、先住権に含まれる憲法上の問題点を指摘し、先住権を憲法上の権利として正当化する先駆的な学説として評価できる。

(2)　集団的権利としての先住権を認める見解

憲法学者として、先住権の問題に先駆的に取り組んでいる吉川和宏は、一九九二(平成四)年にオーストラリア最高裁判所第二マボ判決を検討し、この判決が、「ルールを持った先住民の存在を認めそこで適用されていたルールを先住権として尊重する方式」を取っていることを紹介している[121]。そして、「先住権の承認のためには先住性だけ承認されればよいと考えるならば、領域取得の根拠という政治的にもセンシティブな問題に深入りしないこのアプローチは、一つの現実的な方法といえるかもしれない」という評価を与えている。また、北海道ウタリ問題懇話会報告書(一九八八(昭和六三)年)が、先住権の根拠として、「アイヌ民族が北海道(北方領土の島々を含む)などに先住していた事実は明らかであり、また明治三二年(一八九九年)に日本政府がアイヌを国民に同化させることを目的に「北海道旧土人保護法」を制定したことは、北海道に土着する民族としてのアイヌが存在することを認めていたことを意味するものである」という見解も、同様のアプローチを試みているものであることを指摘している[122]。しかし、先住性の承認なくして先住権の保障はありえないが、先住性と先住権保障を連結する論拠としては、領土取得方式の帰結ないし植民地法制の特殊性と人権保障の二つが考えられるものとしている[123]。

吉川は、先住権が憲法上の権利として成立するか否かの問題を検討し、江橋崇が生存権に根拠を求めた点については、生存権の保障内容を「いわばライフ・スタイルに対する保障にまで拡大することが果たして適当であるか疑問である」と批判する[124]。吉川によると、先住権は慣習に依拠して成立する権利であることを本質とするので、「先住者が集団の権利として享受していたものは、やはり原則的にその形で保障されるべきである」から、原則的には憲法上の権利としては成立しないが、憲法上の権利として成立しなくとも、時代と状況の中で生じてくる合理的要求を法律による権利保障として認めるべきであるとする[125]。その場合に、憲法一四条に反しないことが必要で、植民地主義の負の遺産に着目すれば、アイヌ民族に漁業権や狩猟権の創設や補償について特別な権利を認めることは、「合理的差別」として正当化できるし、アファーマティヴ・アクションにも該当し得るとする。あとは、「国民の代表機関である立法府の判断にかかっている」のである。

吉川によると、先住権の補償の要求は、「先住者が新たな支配者によって一方的に否定ないし簒奪された権利の回復を求める」ものであり、先住権は、内容として集団の権利を含み得るもので、憲法上の根拠を有しないが、憲法で許容される範囲で法律によって保障される権利であるというのである。

(3)　憲法一三条の幸福追求権に根拠を求める見解

①　先住権や先住民政策に関する研究およびアイヌ政策の推進に中心的な憲法学者として取り組んでいる常本照樹は、先住権の問題についても多くの業績を発表してきている[126]。先住権については、アメリカ合衆国における

ように、条約および憲法をはじめとする国内法に先住民族の特別な法的地位を定める規定がある場合はともかく、わが国のように実定法上の根拠を求めることができず、しかも、たとえばコモン・ロー上の権利として司法的にも確定することが期待できない場合には、先住権の根拠をより普遍的な根拠に求めざるを得ないことになり、そこで参照されるのが国際社会での議論である(127)。

先住権とは単一の権利ではなく、複合的な権利であり、その核心には民族の自律性に固有の権利である政治的自決権と自律的生活の基盤である土地に対する権利があり、さらに、民族固有の文化を維持発展させる権利がそれに不可分のものとして存在するというのである(128)。もとより、これはあくまでもフレームワークを定める議論であり、具体的な権利内容や実現方法は個々の民族の置かれている状況やそれを取り巻く国家のあり方によって異なりうるものである。ただ、先住権の実現にいろいろなヴァリエーションがありうるとしても、その決定を行うのは支配国家だけではなく、その決定のプロセスに権利を持つ当事者である民族の十分な参加が保障されなければならない。

先住権のような新しい権利を創設する場合には、積極的に憲法を含む既存の法体系に直接の根拠を求める必要はなく、憲法等に抵触しない限り先住民族の自決権に基づく諸権利を承認することが可能である。平等原則との関係では、先住権は先住民族への特別処遇を行うものであるが、アイヌと「和人」との区別に合理性があれば認められるものである。

先住権の性格は、諸外国では民族が権利の主体になる集団的権利と解されている。基本的な性格が集団的権利であることは日本国憲法の基本原理である個人主義に抵触しないか、という問題がある。常本は、次のような論理で先住権が憲法に抵触しないことを説明している。

一つの論法として可能と思われるのは、民族構成員たる個人の自律を保障するためには、選択の文脈を提供する民族の存在が不可欠であり、そしてマジョリティの干渉からマイノリティである民族の存在を保護するためには民族に特別の権利を認めなければならない、とする考え方である。すなわち、個人の生き方は、自分の属する集団、コミュニティ、民族などといった存在の伝統に含まれるモデル、ストーリーなどを見ながら決定されていくのであり、だとすれば、民族は、個人の生き方の文脈を提供するものであり、その意味で個人の自律権ないし選択の自由を意味するものとするために不可欠な存在であるから、その存在を保障するために権利主体性を認めるべきだという見方である[129]。

民族の構成員たる個人の自律的選択を可能にするために、選択の文脈を提供する民族という集団の存在が不可欠であるという見方によって、憲法一三条の下で集団としての民族の権利主体性と個人主義を両立させることが可能になるのみでなく、そうすることが要請されるというところに、この見解の独創性がある。憲法一三条を根拠に個人の生の自律的選択の自由と選択の文脈を提供する先住民族という集団の存在を両立させようとするところに、前述した二風谷ダム事件札幌地裁判決(第五章第二節三3)との共通点があるといえる[130]。

論者は、その後のアイヌ政策への関与の経験を踏まえて、先住民族としての権利・利益の実現過程に着目し、最近の論文では、「実体的先住民族概念」(ないし「権利志向的先住民族概念」)と「手続的先住民族概念」(ないし「プロセス志向的先住民族概念」)との区別に基づいて、日本においては、当面は「手続的先住民族概念」により、「国策によってその民族をマイノリティたる立場に追い込み、その利益に深刻な打撃を与えたというプロセスに着目し、そこにほかの少数民族に対するよりも重い国の責任を求める」という意味で、「手続的先住民族概念」によるべきことを明らかにしている[131]。「実体的先住民族概念」は、国際社会において、「国連宣言の中に掲げられているような自決権ないし自治権や土地に対する権利などを中心とした特別の実体的権利を有する民族であると考えられている」ものを指すとする[132]。そして、民族の人権主体性について定説がなく、実際にも例えばアメリカにおけるインディアンの部族政府のような民族自治組織が形成されていない状況では、アイヌ政策の根拠を「手続的先住民族概念」に求め、さらに民族文化の復興を憲法一三条の「個人の尊重」原理に基礎づけて進めるという政策が取られるのが妥当であるというのである。(133)その結果として、アイヌの人々のなかにアイヌのアイデンティティをもって生活する人々が増え、アイヌ民族に対する国民の理解が進んでいったならば、「実体的先住民族概念」にもとづく政策の展開も視野に入ってくるというのである。(134)

②　市川正人は、「アイヌ新法と先住権」と題する論稿を表して、先住権に関する憲法上の問題点を説明している。(135)自由権規約二七条で保障されている少数民族の文化享有権は、憲法一三条の幸福追求権の一内容をなすが、憲法一三条の文化享有権は、少数民族に限らず、自己が属する民族の文化享有権である。(136)しかし、実際に問題になるのは、少数民族の文化享有権の侵害の有無であり、とりわけ、ダム建設工事のような国の行為が、同化政策によって大きく損なわれた先住民族(具体的にはアイヌ民族)の文化を享有する権利を侵害する場合には、権利の制限を正当化する必要性が強く要求されるのである。

先住権は、これまでの国際的論議では、基本的には先住民族の集団的権利として捉えられている。土地・資源に対する権利、伝統文化を維持発展させる権利、政治的自治権などは、個人主義に立脚する日本国憲法上の権利として位置づけることはできないが、個人の権利として捉えうるものは、日本憲法上の権利として解しうる余地はある。(137)先住権を憲法上の権利として位置づけるのが困難な場合には、条約の国内適用、先住権を保障する法律の制定というアプローチがあるが、その場合には、憲法の個人主義原理と矛盾しないことと、憲法一四条の平等との関係が問題になる。憲法一四条との関係では、国が同化政策によって損なわれた先住民族の文化・伝統を回復させるための積極的格差是正措置として認められる可能性は大きい。アイヌ文化振興法は、実質的には憲法で も保障されていると解される、アイヌ民族に属する者の文化享有権を保障するものといえる。文化振興法の範囲を超える、経済的自立、生活の格差の解消、差別の解消などは課題として残されていることを指摘している。さらに、国際法上確立されつつある先住権に応えようとしてアイヌの人々に特別の措置をとることは、特別扱いの限界について憲法一四条の関係で慎重な検討は必要であるが、憲法上望ましいという立場をとっている。(138)

③　高作正博は、個人主義と多文化主義を同時に含む「個人の尊重」原理を具体化するものとしての「文化享有権」が、アイヌ民族の権利の根拠になるという議論を展開している。(139) まず、先住権については、「先住権の概念自体が先住民族を権利主体とするものであり、憲法一三条の個人主義、リベラリズムとの関係で重大な問題を惹起する」ことを指摘する。(140) 次に、積極的格差是正策（アファーマティヴ・アクション）に言及し、その正当化が過去の差別を解消するための一時的措置に求められ、多文化主義の一政策としての優遇措置という意味合いをそこに見いだすことは困難であること、また、積極的格差是正策は、「結果として集団の権利を認めることに帰着するのではないか、また集団の権利のみを有利に扱う逆差別に帰するのではないか」という問題点を指摘する。(141)

高作が依拠するのは、憲法一三条の「個人の尊重」の原理を具体化、現実化した「文化享有権」で、「自己の属する共同体の文化・価値伝統を主体的に解釈することにより形成されたアイデンティティを形成する権利」であり、また、憲法一三条の幸福追求権の内容となるものである。(142) このような文化享有権はアイヌ民族のような少数民族に限らず、民族としての沖縄県民の権利、外国人の人権など、文化間の対立の側面から取り上げるべき問題が存するという。

⑷　「第三世代の人権」論と先住権

「第三世代の人権」が国際人権の領域で、第三世界の国々の国際社会における「要求」と密接に関わって、一九七〇年代から主張されるようになり、日本の憲法学界では、一九八〇年代後半から議論されるようになった。(143)「第三世代の人権」を提唱したのは、ユネスコの人権・平和部の部長であったK・ヴァサク（K. Vasak）である。

「第一世代の人権」は、一八世紀の末に包括的かつ普遍的なものとして定式化された、自由を確保するための市民的および政治的権利を基本的な内容とするものである（自由権に当たる）。「第二世代の人権」は、社会主義思想やキリスト教思想の影響を受けて、人間が平等になることを要求する、経済的・社会的・文化的権利からなり、国家にその実現を要求できる「債権の権利」(droit de créance) として性格づけられる（社会権に当たる）。「第三世代の人権」は、友愛と連帯の精神によってもたらされる「新しい人権」であり、「発展への権利」、「平和への権利」、「環境への権利」、「人類の共同財産への権利」および「人道的援助への権利」が具体的に挙げられている。権利としての新しさは、第一に、それまで国家に委ねられていた問題が人権として語られること、第二に、国家に対抗しうるものと同時に、国家に要求しうるものであること、第三に、「社会活動におけるすべての行為主体、即ち個人、国家、公的および私的団体ならびに国際共同体の努力によってしか実現されえない」ことである。

「第三世代の人権」について、岡田信弘は、フランスの人権研究者の擁護論と批判論を丹念に紹介しており、そこでの議論は日本の人権問題を考えるうえにも直接役立つものであるので、岡田の論文に依拠して議論をまとめてみたい[144]。批判論が提出する問題点は、第一に、人権の主体は原則として個人であり、集団ではなく、義務主体は国家や個人が考えられているが、第三世代の人権ではいずれも不明確であること、第二に、単なる願望に過ぎないものを権利とすると、人権のインフレーションをもたらし、人権の価値を縮減させること、第三に、道徳的権利と法的権利を区別することが重要で、裁判的に実現可能なものだけが真の人権であることである。

これに対して、擁護論が反論する点は、第一に、人権の義務主体が明確でない点については、第一および第二世代の人権も、その誕生のときには義務主体のはっきりしない願望であったこと、さらに、人権の現代的特質は法的性質が何であれすべての権力に対抗しうるもので、その意味で不確定な義務主体を有するものではないこと、第二に、集団的権利については、ロビンソン・クルーソーのように無人島で生活するのでないかぎりは、権利の行使は必ず他者との関係、すなわち集団的側面を有すること、また、連帯の権利にも個人的権利の側面が存すること、第三に、裁判的に実現可能なものだけが人権ではなく、法的な手段以外の方法で人権を実現することも可能で、政治的方法による実現があることである。

岡田は、第三世代の人権論を日本の議論に引き寄せて検討するなかで、先住民族の人権の問題に言及し、この議論からすれば容易に先住民族の人権享有主体性が認められることになろうという[145]。しかしその場合にあっても、団体そのものに権利主体性を認めず、集団的権利を集団的に行使される個人の権利として定義づける学説に注目し、仮に集団や団体に権利を認める場合にあっても、それはその構成員の人権の確保や実現のためであるという視点が重要であるとする。最後に、「わが国において今後ともきちんと考察され続けなければならないアイヌ民族の人権のあり方に関して、第三世代の人権論をめぐる議論は検討のための材料を提供しているように思われる[146]」という重要な指摘をしている。

ここで取り上げられているのは、フランスの学説であるが、フランス憲法は伝統的に「一にして不可分の共和国」を国家像の基本理念として、先住民族の存在を認めていないことを考慮する必要がある。現行一九五八年憲法も第一条で、「フランスは、不可分の、非宗教的、民主的かつ社会的な共和国である。フランスは、出自、人種あるいは宗教の区別なく、すべての市民の法の前の平等を保障する」と規定している。「一にして不可分の共和国」の実際的帰結として、マイノリティに対する態度として、マイノリティが、集団として法的保障の対象となることが原理的に拒否されるべきということになる[147]。フランス政府は、フランスには先住民は存在しないという態度をとり、自由権規約の批准に際して、現行憲法第一条を引き合いに出して、種族的、宗教的または言語的少数者の権利を規定した第二七条に自国への適応に当たって法的効力を排除する「留保」を行っている。また、フランス型憲法裁判所である憲法院は、一九九九年六月一五日判決で、憲法第一条は、「出自、文化、言語あるいは信仰の共同体によって定義づけられる何らかの集団に集団的権利が承認されることを禁じる」と判示している。[148] フランスの人権研究に関する学説の多くが、集団的権利に厳しい態度をとる背景にあるのは、このようなフランス独自の憲法状況の存在が関係していることも否定できない。

(5) 集団の人権を否定する見解

一九九八(平成一〇)年に開催された日本公法学会第六三回総会で、横田耕一は、「「集団」の「人権」」と題する報告を行い、先住権を憲法に抵触しないと解し、認めようとする学説を批判し、「集団」の権利を認めるためには憲法改正が必要であるとする見解を展開している。[149] 先住民族であるアイヌ民族の「先住権」の主張は、北海道ウタリ協会が一九八四(昭和五九)年にまとめた法律案に見られ、その目標は民族のアイデンティティの確保にあり、そのための、政治的・社会的・経済的・文化的権利要求が提起されているといえるとする。[150] しかし、「その中核をなす理念は「自決」であり、独自の社会関係を自らの力で維持し発展させることが目指されていると理解される」のであるから、このためには、「「民族自決権」的な包括的権利を、アイヌ民族構成員たる「個人」ではなく、アイヌ民族「集団」が持つ必要があり、とりわけ征服者との間の条約締結もないまま一方的に征服され収奪されてきたアイヌ民族にとっては、こうした自律を可能とする「集団的権利」が民族の生き残りにとって不可欠なものと考えられる」として、「先住権」は本質的に集団的権利であると解している。[151]

先住権の核心に自決権があるといっても、具体的な権利内容や実現方法は、個々の民族の置かれている状況やそれを取り巻く国家のあり方によって異なるものである。[152] 北海道ウタリ協会が求めた「先住権」では、分離独立の要求ではなく、アイヌの声を実質的に国政や地方自治に反映させる手段としての国および地方議会での特別議席の要求であったのである。

これに対して、横田は、「先住権」を理念的に「民族自決権」的な包括的権利をアイヌ民族「集団」が持つ必要があるという立場から、次のような批判を加えている(153)。

まず、アイヌ民族の主張を近代法の下での諸権利に分解し、そのいくつかを実現するというアプローチは、おそらく同化という結果になるという。また、「文化や伝統を生態的・実体的に把握し、それを保護し振興するという思考の行く着くところは博物館化が関の山である」とし、一九九七年のアイヌ文化振興法は、「先住権は認めておらず、文化・伝統の振興に限定されている点で、課題を将来に残している」ことを指摘している(154)。

次に、「先住権」と憲法の個人尊重主義を両立させようとする見解に対しては、「あえて個人尊重主義に立つ従来の学説との連続性を強調すればするほど、権利内容が希薄になっていくように思われる」として、「アイヌ民族の権利」を「個人」の「生存権」を「一つに束ねたもの」とする江橋説や憲法一三条から個人の文化享有権を導く二風谷ダム事件札幌地裁判決の理論構成は、アイヌ民族の存在を保障する理論として問題があるとする。また、憲法一三条の下で個人尊重主義と民族の権利主体性を両立させようとする常本説に対しては、「どこか無理があり、アイヌ民族の権利のある側面に問題を限定することになりはしないか」という疑問を提出している。

結論として、横田は、アイヌ民族の「集団としての権利」は、個人主義の文脈を離れて、アイヌ民族の主張に即して、「人権」とは別個の重要な「権利」として構成する方がよく、そのためには憲法改正が必要であると述べている(155)。

二〇〇七年に国連総会で採択された「先住民族の権利に関する国際連合宣言」では四六カ条に及ぶ権利を規定しており、そのうち個人の権利として構成されるものから、政治的自治権や土地・資源に対する管理権などのように集団の権利として構成されるものまでさまざまな権利が見られる。先住民族の権利に関する国連宣言を基盤にして、現実には日本の先住民族の実態に即して適用が可能な先住権を選び出し、あるいは作り直す必要がある。

このような観点から見ると、「先住権」を集団の権利として一括して、憲法上認められるないし許容される「人権」ではなく、憲法改正を必要とするという横田の議論は、集団的権利を認める場合に当たって生ずる重要な問題点を指摘するものであるが、アイヌ民族を先住民族として位置づけて、憲法の枠内で多数派国民の合意を取りつつ先住民政策を国に要求しているアイヌ民族の意向に必ずしも添わないのではないか、という疑問がある。(156)

(6) 個人の権利を原則にしつつ、集団的性格を認める見解

二〇〇四（平成一六）年の日本公法学会の研究総会で報告された佐々木雅寿「人権の主体―「個人」と「集団」の関係を中心に」は、先住民族であるアイヌ民族の人権の集団的権利の側面に着目している。(157) 佐々木は、人権主体として個人と団体が融和的であるという立場に立ち、近代国家の中で差別されてきた先住民族の場合に、「国家による同化政策に対抗し、自らの尊厳性やアイデンティティを維持するためには、集団として、国家や社会の多数派に対抗する必要性も」あり、「個人と先住民族集団は、融和的で相互依存的な関係と理解しうる」場合も多いとする。(158)

土地に対する権利、狩猟や漁業等の権利、自治権などを内容とする先住権は集団的権利であるが、先住権を人権として認めるためには、一方では、集団的権利である先住権を憲法の枠内に位置づける可能性を追求し続けるとともに、他方では、先住権を個人の権利として捉えつつ、集団的人権としての性格を最大限発揮する可能性を模索することも重要で、その方法の一つとして、「先住民個々人が、自律的選択の結果、先住民族の団体を結成し、その団体が一定の人権主体となる方法」を提示する。(159) 集団的権利の性格を有する要素として、次の三点が挙げられている。第一に、人権享有主体が、労働組合に労働基本権を、宗教団体に宗教活動の自由を認め、人一般ではなく、特定の団体が特定の人権の享有主体になることを認めているのと同様に、「社団法人北海道ウタリ協会」は、北海道に居住するアイヌ民族で組織され、定款で定める特定の目的を有している。第二に、団体の人権行使は人権の集団的行使としての性格を有するものである。第三に、現行法では、前近代的で集団的要素の多い

入会権が認められており、総有形態の入会権の内実は、先住民族の土地所有の形態とそれに基づく狩猟権にかなり類似する要素を持っていると考えられる。集団的な先住権に類似する入会権や、集団的権利に近い総有形態の財産所有も憲法上認められるとすれば、個人主義原理が集団的権利を排除する少なくともその妥当範囲を限定する必要がある。

個人と団体との人権調整については、先住民族の団体それ自体と伝統的な生活様式が不可欠の重要性を有することを顧慮すると、宗教団体に準じて、少なくとも、団体加入と離脱の自由が個々人に実質的に保障されている限り、団体の自治的な判断が尊重されるべきとする。

このように個人の権利から出発しつつ、実質的に集団的権利の側面を認めようとする佐々木雅寿の見解の基礎には、カナダ憲法の影響が推測される。カナダの一九八二年憲法は、一般的人権規定である人権憲章を設け、積極的格差是正策（人権憲章一五条二項）や多文化的伝統（人権憲章二七条）の規定を置き、さらに、先住民族に特別の権利を認める規定（一九八二年憲法第二章）を有している。カナダの人権理論では、集団の権利や集団の尊厳の尊重が見られ、多文化主義の一つの側面を示しているが、このような特徴が憲法の規定に由来するのか、集団的権利の保障に寛容なカナダ憲法の伝統的理論に関係しているのかは自明ではないという[160]。つまり、一定の集団的人権を許容するカナダ憲法の伝統的理論が存在する可能性を指摘している。また、カナダ連邦政府の先住民族政策の一つに自治権の承認があり、自治権を承認する政策の内容の一つとして、「交渉による解決」がある。自治権を承認する理由には、①先住民族と諸政府との間の対等なパートナーとしての関係を強化する必要性、②憲法上保障されている自治権を実現する具体的かつ実現可能な方法の必要性、③先住民族の尊厳を回復し、先住民族が自信を持って自立できるための手段を提供する必要性、④先住民族の抱える多くの社会問題を先住民族自身が解決するための有効な手段を与え、先住民族が自給自足し、経済的にも自立できるために行動する必要性が示されている。[161] ここで示されている先住民族の自治権は、モデルとして、重要な意味を持っているように思われる。

3　問題点の検討

(1)　権利享有主体としての個人と集団の関係

先住権が人権として認められるかどうかの問題に関する主な憲法学説を見てきた。この問題は人権とは何かという問題に帰結する。人権の概念については、まず問題になるのは、人権享有の主体が個人に限定されるのか、それとも「集団」も権利の享有主体になるかということである。[162]

第一世代の人権(自由権)においても、結社の自由は「結社」という集団の存在が問題になる。フランスで、第三世代の人権に対して批判的な立場をとるJ・リヴェロは、結社の自由について、①公権力の干渉なしに諸個人が結社をつくり、加入する自由という、個人の自由を集団的に行使する側面、②ひとたび結社がつくられたときに、結社の活動を展開し、資産を増大させる自由という、個人の自由ではなく、集団の自由の側面があることを認めている。[163] 日本の代表的憲法学説も、結社の自由を「双面的基本権」とし、①団体の結成ないし不結成、団体への加入ないし不加入、団体員の資格の継続ないし不継続(脱退)に関する個人の自由、②団体が団体としての意思を形成し、その実現のために活動する自由の双方について、公権力による干渉を受けないことを意味するとする。[164] ここで重要なことは、結社の自由には集団の自由という側面があるが、そこでいう集団の自由は、個人の自由の集団的行使として捉えられていることである。

第二世代の人権(社会権)に属する労働基本権(団結権、団体交渉権、争議権)は、原則的には「労働組合」という団体が権利の行使を担っている。労働組合の自由も、結社の自由と同じく、組合結成の自由および組合活動の自由という二つの側面がある。[165] そこで、結社の自由と異なり、労働基本権を社会権とする理由として、次のような集団的権利の側面があることを挙げることができる。

まず、団結権については、労働組合への加入強制の問題がある。採用後一定期間内に労働組合に加入しないと解雇する旨を定める使用者と労働者間の協定であるユニオン・ショップの合憲性・合法性の問題として議論されている。最高裁一九八九(平成元)年一二月一四日判決[166]は、ユニオン・ショップ協定そのものを違法とすることなく、ユニオン・ショップ協定によって労働者に特定の労働組合への加入を強制することは許されないので、ユニオン・ショップ協定のうち、他の労働組合に加入している者および他の労働組合を結成した者について使用者の解雇義務を定めた部分は公序良俗を定めた民法九〇条に違反して無効であると判断している。学説では、結社の自由とは別に特に労働者に保障された団結権の社会権としての特色からユニオン・ショップそのものは、労働者の組合選択の自由や他の労働組合の団結権に限定づけられることを条件に、ユニオン・ショップを有効とするのが多数である[167]。結社の自由の集団的自由としての側面と比べると、社会権である団結権における集団的権利としての側面は、ユニオン・ショップを認める場合には、労働組合に加入しない自由を一定の限定つきではあるが、制限できる点において、結社の自由より集団的権利としての性格を強めることになる。次に、団体交渉権について、労働組合は、使用者に対して労働条件の維持・改善のために交渉する権利を有することである。交渉の結果労使間で合意に達した事項は労働協約として締結され、労働協約は規範的な効力を有することになっている(労働組合法一六条)。すなわち、労働組合という集団は個々の労働者が有しない団体交渉権を持ち、そして、労働組合が使用者と締結した労働協約が個々の労働者の労働契約に法的に優位するという意味で、労働基本権の集団的権利としての性格が認められる。さらに、争議権についても、争議行為(ストライキ)は、個々の労働者には認められない労務提供義務の拒否を集団的に行うことによって、威力業務罪や脅迫罪などの刑罰を免れ(労働組合法一条二項)、また、債務不履行や不法行為責任を免れる(労働組合法八条など)という効果を持っている。

労働基本権は、結社の自由と比べて集団的権利の性格を有しているが、権利の享有主体である労働組合が、構成員の自発的な意思によって結成される集団であるいう点では、結社と異ならない。これに対して、第三世代の人権に属する先住民族の権利は、民族としての集団の存在が権利を認める前提になっているところに特徴がある。「先住民族」に関しては、国際的な統一見解はなく、先住民族を定義するのではなく当該集団が先住民族であるかどうかを自ら決めるべきであるという主張もあるが、その指標として挙げられている項目は客観的に決定されるものと思われる。[168]現在、アイヌ民族を代表する最大の集団である「公益社団法人北海道アイヌ協会」は、定款により入会は個人の申請を前提にしており、退会の自由も認められている。アイヌ民族という集団の存在が前提ではあるが、その集団に個人が所属するかどうかの判断は個人の自由に委ねられているのである。

結社の自由と先住民族の権利との対比に有益な指標を提示しているのが、樋口陽一である。[169]すなわち、結社の自由は結社する自由のコロラリー(論理的帰結)として承認されたのに対して、「言語・宗教・人種・広義のエスニシティ・歴史的経験と記憶の共有、などの標識でとらえられる諸集団を、それ自体実体的なものとしてとらえ、それらの集団への帰属を決め手として提出される諸権利」は、集団そのものが権利主体として認められる権利であるという区別を行い、「人権」概念の質的限定と量的拡張という指標を提示している。「人権」概念の質的限定では、人権が「切り札としての人権」を確保しようとする立場であるのに対して、「人権」概念の量的拡張によると、第三世代の人権に属する先住民族の権利も人権の枠内で捉えられることになる。樋口の提示する標識によると、先住民族の権利は、「人権」概念の量的拡張によって人権として認められることになる。

このように、第一世代の人権である結社の自由、第二世代の人権である団結権、第三世代の人権である先住民族の権利を比べてみると、個人と集団の関係に差異のあることは確かであるが、その差異はなお相対的なものであって、先住民族の権利であっても、個人の権利を原則にしながら、集団の権利を一定の範囲で認める点において、人権の概念で捉える意味があるといえよう。

(2)　集団的権利としての先住民族の権利の意義と限界

先住民族の権利に関して、前述の佐々木雅寿説は、個人と先住民族集団が融和的で相互依存的な関係にあるという認識から出発して、先住民族政策の一つに自治権の承認があり、自治権を承認する政策の内容の一つとして「交渉による解決」があると主張しているが、説得力のある見解である。論者自身が指摘するように、集団主義に寛容な理論が先住民族の権利を認める規定を持つカナダ憲法に特有のものであるか、先住民族の権利論として一般性を有するのか、なお今後の理論的な展開に待たなければならないことは否定できない。しかしながら、「交渉による解決」を承認する理由の一つに挙げられている、「先住民族の尊厳を回復し、先住民族が自信を持って自立するための手段を提供する必要性」は、先住民族に対して一般的に妥当する理由である。日本の場合にも、二〇〇九(平成二一)年に提出されたアイヌ政策有識者懇談会報告を受けて、アイヌの人々の意見を踏まえつつ総合的なアイヌ政策を推進するために、アイヌ政策推進会議および作業部会が設けられ、アイヌ民族の代表者が相当数参画している(本書第四章第四節一)。これは、「交渉による解決」と共通する精神に基づくものと解される。

さらに、「先住民族の権利に関する国際連合宣言」は、四六カ条の規定により構成されているが、権利の主体を「先住民族」とするもの、「先住民族及びこれに属する個人」(「先住民族は、集団又は個人として」)とするもの、「先住民族に属する個人」とするものが混在しており、集団だけではなく、個人の権利を保障した規定も存在している。この国連宣言が、各国の立法や行政上の施策でどのように具体化されるかという問題にも繋がっている。

先住民族の権利のうちでも、集団的権利そのものとして認められない権利がある。一九九六(平成八)年のウタリ有識者懇談会報告は、「我が国からの分離・独立等政治的地位にかかわる自決権や、北海道の土地、資源等の返還、補償等にかかわる自決権」は、アイヌ施策の展開の基礎に置くことはできないことを明言していた。また、先住民族の権利に関する国連宣言採択に際し、日本政府は、民族自決権は主権国家の領土主権を害さないものと宣言を解釈するとともに、集団的権利は認めないという立場を明らかにしている[170]。二〇〇九年に提出されたアイヌ政策有識者懇談会報告も、国会のアイヌ民族特別議席について、「国会議員を全国民の代表者とする憲法の規定等に抵触する」ので、憲法改正を必要とするという見解であった。少なくとも、政治的自決権およびそこから派生する議会での特別議席の付与については、憲法上許されないと解されている。

(3)　先住民族の権利の法的性格

第三世代の人権論に批判的立場をとる論者の理由の一つに、第三世代に属する権利は、道徳的権利であり、裁判的に救済されないことが挙げられている。日本国憲法下の先駆的な憲法学説として、人権論を体系化した宮沢俊義は、人権の根拠を「人間が人間であることにのみもとづいて――すなわち、ひとえに「人間性」を根拠として――当然に享有すべきものであるとする思想にもとづいている」と説明している[171]。そして、人権は、かならずしもつねに「裁判的救済を伴うとはかぎらない」ものであり、「権利」といっても、その「権利」性に違いがあるとしている[172]。

このように人権を広く捉える見解に対して、奥平康弘は、「人間が人間である以上、当然に具わっている」という命題の不確定性、不明確性から人権の意味内容が拡張する問題性を指摘して、その内容を厳密に精査し、篩に掛け、万人に迫れるようなものに選り抜き、かぎられたもののみを「人権」として打ち出す場合に初めて、「人権」論はパンチ力があると述べて、批判した[173]。奥平の批判は、直接には集団的人権に向けられているが、宮沢の人権論は裁判的救済を伴わないものを含めるので、裁判的救済を伴わない人権論への批判としても受けとめられる。愛敬浩二によると、奥平の限定的人権論は、憲法学の人権論の課題を裁判的救済の場面に限定するところにあり、その人権論に問題があるとすれば、アメリカ型違憲審査制を「特権化」していることを指摘している[174]。

裁判的救済を有するものに人権を限定すると、人権を救済する裁判制度の整備およびその運用の実際に人権の概念が依存することになる。裁判制度の改革や運用の改善は、市民や弁護士・学者のような専門家による人権の主張によって実現されることが多く見られる。制度改革の立法論の根拠に人権を援用する場合に、人権の概念は広く捉えられる。人権概念の限定は人権の裁判的救済の限定につながるといえよう。

日本において、人権の裁判的救済が変化した例として、生存権が挙げられる。社会権に分類される生存権は、学説では、国民に法的権利を与えたものではなく、国に対して政治的、道徳的な義務を課したもので、裁判的救済を受けないとするプログラム規定説が初期の学説の通説的見解であったのが、今日では、生存権に一定の裁判的救済を認める抽象的権利説が多数説になっており、具体的権利説も有力に主張されている[175]。最高裁判例でも、一九四八(昭和二三)年の食糧管理法違反事件判決[176]がプログラム規定説の立場に立っていたが、一九八二(昭和五七)年の堀木訴訟判決[177]は抽象的権利説の立場に立っていると学説において解されている[178]。

人権の概念が、理念的な性格のものから具体的なものに至るまで、多様なものを包摂していることから、人権を、「背景的権利」「法的権利」および「具体的権利」の三つに分けて、人権が時代の要請によって変化する意味を明らかにしようとするのが、佐藤幸治である[179]。「背景的権利」としての人権は、「それぞれの時代の人間存在にかかわる状況・要請に応じて種々主張される」もので、「法的権利」を生み出す母体として機能するものである。「法的権利」としての人権は、「背景的人権」が明確に特定しうる内実を持つまでに成熟し、かつ、とりわけ憲法の基本的人権の保障体系と調和するかたちで特定の条項に定礎できるとき、「法的権利」としての地位を獲得するものである。「具体的権利」は、「法的権利」のうちで、「司法的救済にふさわしい一層の明確性・特定性が求められることになる」というのである。

佐藤幸治説は、このような時代の変化に応じて人権の概念が変わり、司法的救済になじむまでの権利が生まれる過程を明らかにするもので、先住民族の権利の生成にとっても有益な視点を与えるものである。

(4)　先住民族政策における人権論の意味

アイヌ民族政策の仕組みを考える場合に、常本照樹は、二つの方向性があることを次のように明らかにしている。(180)一つは、先住民族の権利というものを想定し、アイヌが先住民族に当たることを論ずることによって一定の権利を導き出そうとする演繹的思考である。もう一つは、アイヌの人々自身が、その生活の中から自ら導き出した自分たちの将来像に関する具体的要求を検討の俎上に載せ、その実現可能性を追求する帰納的思考である。

演繹的思考については、「先住民族の権利に関する国際連合宣言」が手掛かりになる。国連宣言前文の最後の方に規定されているように、「地域ごと及び国ごとに先住民族の状況が異なること並びに国及び地域の特殊性並びに多様な歴史的及び文化的な背景の重要性が考慮されるべきであること」を踏まえて、アイヌ民族の状況と日本の歴史的・文化的背景を考慮して、制度設計がなされる。この場合に、アイヌ民族において、その権利を担うのに適した組織を結成し、個人認定手続による受益者の確定という困難な問題に直面することになる。

帰納的思考については、アイヌ文化振興法の制定の基盤になった「ウタリ対策のあり方に関する有識者懇談会」の報告書にも見られる。すなわち、報告書では、新しい施策の展開は、「関係者の間にある「先住権」をめぐる様々な要望に、今日我が国として、具体的に応える道である」と述べられているが、その基本的な発想は帰納的思考であるといえる。アイヌ文化振興法制定の源流には、北海道ウタリ協会が作成した「アイヌ民族に関する法律（案）」を基盤に「ウタリ問題懇話会」の報告を経て北海道知事のアイヌ新法制定の要望があったことが想起される。「ウタリ対策のあり方に関する有識者懇談会」の報告書は、先住民族の権利が国連の人権委員会の下に設置された作業部会で検討されていることを紹介し、先住民の定義問題、新たに規定されている集団的権利と既存の個人の人権との整合性、自決権の取扱い等で各国政府間の意見交換で厳しい対立があり、それを見守る必要があることを指摘しているのは、演繹的思考をとらなかった理由の一つの説明でもある。有識者懇談会が設置されてから、二年余の短期間で法律の制定に至ったのは、新たなアイヌ施策の対象を民族のアイデンティティの中核をなすアイヌ語を含むアイヌ文化の振興に絞ったことのほか、「先住権」という厳しい対立をはらんだ問題に踏み込むことを避けたことにある。アイヌ語を含むアイヌ文化伝承者が高齢化し、危機的な状況にあり、文化振興が急がれたことも、文化振興法の制定を促進した重要な要因である。

論者が指摘するように、演繹的思考と帰納的思考は、相互に排他的ではなく、帰納的思考に基づいて具体的施策を考えるに当たって、先住民族のコンセプトは導きの星として有用である[181]。過去に抑圧された少数者である先住民族にとって、先住民族の権利は多数派国民に要求する自らの主張の指針になるものである。先住民族政策の推進に当たって、人権論の意義とその限界を併せて考える必要がある。

人権論の意義を追求していくに当たっては、個人主義を原則にしつつも、カナダの例に見られる「交渉による解決」のような一般的な原則的権利やアイヌ民族の実情に見合った形で必要とされる権利は、集団的権利の性格を有していても、憲法上可能であるものも少なくないといえよう。「先住民族の権利に関する国際連合宣言」は、先住民政策の一般的国際指針として意義を有するが、前述のように、その前文で、「地域ごと及び国ごとに先住民族の状況が異なること並びに国および地域の特殊性並びに多様な歴史的及び文化的な背景の重要性が考慮されるべきであること」と規定しているのは、国ごとの先住民の置かれた状況や国の特殊性を考慮するという立場に立っているからである。また、個別規定では、国が先住民族に影響を及ぼす立法上または行政上の措置をとる場合には、事前に先住民族自身の代表機関を通じて誠実に協議する旨定めた第一九条の趣旨は、実際上アイヌ政策の推進に当たって実行されているといえよう。先住民族に集団的性格の権利を承認することは、同時に、先住民族の側にあっては、集団の権利を担うに相応しい自治組織をどう組織していくかという問題が重要である[182]。

(1) 美濃部達吉『憲法撮要〈改訂第五版〉』(有斐閣・一九三二年)(一九九九年復刻版)一七二頁。
(2) 阿部照哉「法の下の平等」芦部信喜編『憲法Ⅱ人権(1)』(有斐閣・一九七八年)二〇一頁。
(3) 美濃部・前掲書(注1)一六三頁。
(4) 佐々木惣一『日本憲法要論』(金刺芳流堂・一九三〇年)二五八〜二五九頁。
(5) 阿部・前掲論文(注2)二〇一頁。
(6) 美濃部・前掲書(注1)一七八頁。
(7) 宍戸常寿『憲法裁判権の動態』(弘文堂・二〇〇五年)三三二頁以下は、違憲立法審査権に関する学説を紹介してから、法治国家的な実質的審査権を肯定する説(市村光恵)にあっても、法律の留保を前提にするならば、「民刑事の裁判はもちろん行政裁判でも、法律の内容が憲法の内容に反して違憲であるという結論が導かれる余地は、もともとほとんど残されていない」ので、違憲立法審査権が認められたところで、広汎な活動の場が開けたというわけではないことを指摘している。
(8) 美濃部・前掲書(注1)五六八〜五六九頁。
(9) 佐々木・前掲書(注4)五二九頁。
(10) 『最高裁判所民事判例集』六巻九号七八三頁。
(11) 申惠丰『国際人権法〈第二版〉』(信山社・二〇一六年)「第二版はしがき」iii。
(12) 人権の国際的保障の仕組みについては、齊藤正彰「人権の国際的保障」中村睦男・佐々木雅寿・寺島壽一編『世界の人権保障』(三省堂・二〇一七年)二〇五頁以下参照。
(13) 申・前掲書(注11)二七頁。
(14) 齊藤・前掲論文(注12)二一一頁以下。国際的実施制度について、詳しくは、申・前掲書(注11)五三八頁以下参照。
(15) 申・前掲書(注11)三七頁。
(16) 自由権規約選択議定書を日本政府が批准していない点について、高野真澄「国際人権条約と日本国憲法」『憲法問題』二号(一九九一年)二五頁は、「国家主権へのこだわりが居住国を訴える権利を国民に与えることを躊躇させているともいえるもので、自国政府を被告政府とする個人の通報が多くを占めているヨーロッパ人権条約の実績と対比して道のりの遠さを感じさせる」という批判を加えている。芹田健太郎「人権と国際法」『ジュリスト』六八一号(一九七九年)二三頁。
(17) 申・前掲書(注11)五六二〜五六三頁。

(18) 同右書五三九頁。
(19) 同右書五五二頁は、この点について、個人通報制度においては「国内的な救済措置を尽くした通報のみが提出されうるのであって、この制度が締約国の司法権の独立を害するという主張は説得力をもたない」と反論している。
(20) 高林宏樹「日本における人権条約の国内実施」『国際人権』二三号(二〇一二年)一二四頁。同論文によると、その反面、条約委員会と締約国の負担の大きさが指摘されており、締約国については、政府報告の作成、条約委員会からの事前の質問、政府報告審査での対応は、関係省庁の協力により外務省が調整を行っているが、膨大な作業になっている。
(21) 高野雄一『憲法と条約』(東京大学出版会・一九六〇年)一五六頁。
(22) 中村睦男「現代国際社会と条約の国内法的効力」佐藤幸治・中村睦男・野中俊彦『ファンダメンタル憲法』(有斐閣・一九九四年)三二五頁。
(23) 宮澤俊義(芦部信喜補訂)『全訂日本国憲法』(日本評論社・一九七八年)八一六〜八一八頁。
(24) 横田耕一「人権の国際的保障をめぐる理論問題」憲法理論研究会編『人権理論の新展開』(敬文堂、一九九四年)一六五〜一六六頁、齊藤正彰『憲法と国際規律』(信山社・二〇一二年)八五頁。
(25) 齊藤正彰『国法体系における憲法と条約』(信山社・二〇〇二年)二六一頁以下、三六三頁以下、四二七頁以下、齊藤・前掲書(注24)八〇頁。
(26) 申・前掲書(注11)八七頁。
(27) 『第一九回国会参議院外務委員会会議録』第二二号(昭和二九年四月一六日)七頁。
(28) 『第三三回国会参議院予算委員会会議録』第四号(昭和三四年一一月一七日)一六頁。
(29) 佐藤幸治『日本国憲法論』(成文堂・二〇一一年)八九〜九〇頁。
(30) 『最高裁判所刑事判例集』一三巻一三号三二二五頁。
(31) 『第一〇回国会参議院外務委員会会議録』第一四号(昭和二六年六月一日)二頁。
(32) 高野真澄・前掲論文(注16)二三〜二四頁。
(33) 岩沢雄司『条約の国内適用可能性』(有斐閣・一九八五年)二一三〜二一四頁。
(34) 申・前掲書(注11)五一二頁。
(35) 『東京高等裁判所(刑事)判決時報』四四巻一〜一二号一一頁。

(36)『判例時報』一五九七号一一五頁。
(37)『判例時報』一八〇六号八四頁。
(38)『判例時報』二二三二号三四頁。
(39)『最高裁判所民事判例集』六二巻六号一三六七頁。
(40)准正とは、婚姻関係にない父母から生まれた子が嫡出子の身分を取得することをいう。
(41)森英明「判例解説」『法曹時報』六二巻七号(二〇一〇年)二六九～二七〇頁。
(42)高橋和之・岩沢雄司・早川眞一郎「〔鼎談〕国籍法違憲判決をめぐって」『ジュリスト』一三六六号(二〇〇八年)七三頁(岩沢雄司発言)。
(43)常本照樹「平等判例における違憲判断と救済方法の到達点」『論究ジュリスト』一号(二〇一二年)一〇五頁、齊藤・前掲書(注24)九三～九六頁。
(44)佐藤・前掲書(注29)一一九頁。
(45)伊藤正己「国際人権法と裁判所」『国際人権』一号(一九九〇年)一〇頁。
(46)伊藤・同右論文一一頁。
(47)浦田賢治「戦後理論史における憲法と条約」前掲誌(注16)一九頁。
(48)樋口陽一『憲法〈第三版〉』(創文社・二〇〇七年)一〇四頁。
(49)齊藤・前掲書(注25)四〇六頁。
(50)岩沢雄司「二風谷ダム判決の国際法上の意義」『国際人権』九号(一九九八年)五六頁、宮崎繁樹編『解説・国際人権規約』(日本評論社・一九九六年)二六四頁(苑原俊明)。
(51)宮崎編・同右書二六〇～二六一頁(苑原)。
(52)申・前掲書(注11)四二八頁。
(53)二風谷ダム事件判決に対する理解が学説で分かれている点については、齊藤・前掲書(注24)一〇八～一〇九頁参照。
(54)岩沢・前掲論文(注50)五六頁。
(55)常本照樹「民族的マイノリティの権利とアイデンティティ」岩波講座『現代の法14 自己決定権と法』(岩波書店・一九九八年)一九九頁注[24]。

(56) 中・前掲書(注11)五二七~五三〇頁。中は、直接適用を「条約規定を直接に司法判断の根拠とする」ものとし、間接適用の手法は、「直接的には国内法である憲法や法律を解釈・適用の対象としつつ、関連する条約規定の趣旨に鑑み、ありうる解釈の幅の中でできる限り条約適合的な解釈を採用するものである」という区別を行っている(同書五二七頁)。

(57) 中村睦男「新しい人権」と憲法一三条の幸福追求権」杉原泰雄先生古稀記念『二一世紀の立憲主義―近代憲法の歴史と課題』(勁草書房・二〇〇〇年)三一〇~三一一頁。

(58) 法学協会『註解日本国憲法上巻』(有斐閣・一九五三年)では、総頁数一五一三頁のうちわずか四頁に過ぎなかったのが、一九八〇年代になってから刊行された樋口陽一・佐藤幸治・中村睦男・浦部法穂『注釈日本国憲法上巻』(青林書院・一九八四年)では、総頁数一五一二頁のうち六〇頁に及んでいる。

(59) 法学協会・同右書三三九頁。

(60) 種谷春洋「生命・自由および幸福追求権」芦部編・前掲書(注2)一三三頁。

(61) 常本照樹「先住民族と裁判―二風谷ダム判決の一考察」『国際人権』九号(一九九八年)五二頁。

(62) 佐藤幸治『憲法〈第三版〉』(青林書院・一九九五年)四四八頁。本書の初版である佐藤幸治『憲法』(青林書院・一九八一年)では、「基幹的な人格的自律権」は記述されていない。

(63) 常本・前掲論文(注61)五三頁。

(64) 佐藤幸治『日本国憲法と先住民族であるアイヌの人びと』(北海道大学アイヌ・先住民研究センターブックレット第一号)(同センター・二〇一三年)四六頁。

(65) 法学協会・前掲書(注58)三四九頁。

(66) 宮澤俊義『日本国憲法』(日本評論新社・一九五五年)二一〇~二一一頁。その他、美濃部達吉(宮澤俊義補訂)『日本国憲法原論』(有斐閣・一九五二年)一四八頁、佐藤功『憲法』(ポケット注釈全書)(有斐閣・一九五五年)一一二頁など。

(67) 宮澤(芦部補訂)・前掲書(注23)二〇八~二〇九頁。

(68) 山川力『政治とアイヌ民族』(未来社・一九八九年)一四四頁。

(69) 橋本公亘『日本国憲法〈改訂版〉』(有斐閣・一九八八年)二〇三頁注[一]。

(70) 山川・前掲書(注68)一四〇頁。

(71) 阿部・前掲論文(注2)二二七頁。

(72)　小林直樹『〈新版〉憲法講義(上)』(東京大学出版会・一九八〇年)三三八頁。
(73)　江橋崇「先住民族の権利と日本国憲法」小林直樹先生古稀祝賀『憲法学の展望』(有斐閣・一九九一年)四七八頁。
(74)　中村睦男「アイヌ特別立法の成立とその展開」深瀬忠一教授退官記念『平和と国際協調の憲法学』(勁草書房・一九九〇年)三二五頁以下。
(75)　樋口陽一・佐藤幸治・中村睦男・浦部法穂『憲法Ⅰ』(注解法律学全集)(青林書院・一九九四年)三一八〜三一九頁(浦部法穂)。本書の実質的な初版といえる樋口ほか・前掲書(注58)三二五頁では、「民族差別は、とりわけ在日朝鮮人に対する関係で、とくに社会的には大きな問題を生じている」として、アイヌ民族に言及していなかった。
(76)　芦部信喜『憲法』(岩波書店・一九九三年)一一四頁。
(77)　芦部信喜『憲法学Ⅲ人権各論(1)〈増補版〉』(有斐閣・二〇〇〇年)五四頁。
(78)　市川正人『ケースメソッド憲法』(日本評論社、一九九八年)三二〜三四頁。
(79)　長谷部恭男『憲法〈第六版〉』(新世社、二〇一四年)一七三頁、長谷部恭男編『注釈日本国憲法(2)』(有斐閣・二〇一七年)一六七頁(川岸令和)。
(80)　佐藤・前掲書(注29)二〇一頁。
(81)　同右書一三九頁。
(82)　同右書一四〇頁。
(83)　その他、人権享有主体の問題として、アイヌ民族の人々を捉える学説として、辻村みよ子『憲法〈第五版〉』(日本評論社・二〇一六年)一一〇頁がある。
(84)　愛敬浩二「近代人権論と現代人権論」愛敬浩二編『講座人権論の再定位2―人権の主体』(法律文化社・二〇一〇年)五頁。また、本秀紀編『憲法講義』(日本評論社・二〇一五年)三〇九〜三一〇頁(大河内美紀)は、「特定の属性をもつ人々の人権?」という表題の下で、アイヌ民族の問題を取り上げ、特定の属性を持つ人々が現に権利を侵害されやすい状況にあり、配慮が必要な実態があるというような、先住民族のアイデンティティの尊重および多様な民族と文化の共生の尊重のための具体的施策は、平等の問題を越えて、先住民族の文化権のような特定の属性を持つ集団の「人権」について憲法上認めるべきか否かの問題になることを指摘している。
(85)　野中俊彦・中村睦男・高橋和之・高見勝利『憲法Ⅰ〈第五版〉』(有斐閣・二〇一二年)二九三頁(野中俊彦)、松井茂記『日本国憲法〈第三版〉』（有斐閣・二〇〇七年）三七九頁、大沢秀介『憲法入門〈第三版〉』（成文堂・二〇〇三年）一〇三頁、杉原泰雄編『新版体系憲法事典』（青林書院・二〇〇八年）四五五頁〔君塚正臣〕、木下智史・只野雅人編『新・コンメンタール憲法』（日本評論社・二〇一五年）一六〇頁〔木下智史〕など。

(86) 佐々木惣一『憲法学論文選（一）』（有斐閣・一九五六年）一一三頁以下、同『改訂日本国憲法論』（有斐閣・一九五二年）四二五～四二七頁。

(87) 法学協会・前掲書（注58）三四八～三四九頁、佐藤功・前掲書（注66）二一五頁、宮沢俊義『憲法Ⅱ〈新版〉』（有斐閣・一九七一年）二七一頁、橋本・前掲書（注69）二〇一頁など。

(88) 伊藤正己「法の下の平等」『公法研究』一八号（一九五八年）二四頁、同じく、同『憲法〈第三版〉』（弘文堂・一九九五年）二四九～二五〇頁

(89) 芦部・前掲書（注77）二三頁以下。

(90) 中村睦男『論点憲法教室』（有斐閣・一九九〇年）八二～八四頁。

(91) 芦部・前掲書（注77）二七頁。

(92) 野中ほか・前掲書（注85）二八二頁〔野中俊彦〕。

(93) 伊藤・前掲書（注88）二四二頁、芦部信喜（高橋和之補訂）『憲法〈第六版〉』（岩波書店・二〇一五年）一二八頁、辻村・前掲書（注83）二八五頁など。

(94) 伊藤・同右、内野正幸『憲法解釈の論点〈第四版〉』（日本評論社・二〇〇五年）五〇頁。

(95) 芦部（高橋補訂）・前掲書（注93）一二八～一二九頁。

(96) 阪本昌成「優先処遇と平等権」『公法研究』四五号（一九八三年）九八頁、横田耕一「平等原理の現代的展開――〝Affirmative Action〟の場合」小林直樹先生還暦記念『現代国家と憲法の原理』（有斐閣・一九八三年）六四三頁が先駆的な業績である。

(97) バッキー判決について、事案はカリフォルニア大学デイヴィス校医学部で、入学定員一〇〇名のうち一六名分が黒人など過去人種差別の対象になった歴史をもつ少数民族系アメリカ人のため別枠とするクオーター制をとった教授会の措置に対して、白人バッキーが合衆国憲法修正一四条の平等条項に反し違憲であるという訴訟を提起した。一九七八年の連邦最高裁判所判決は、バッキーの入学を認めたが、合憲と違憲の判断は分かれた。決定票を持ったパウエル裁判官は、本判決は優先的処遇を否

定するわけではないが、本件クオータ制は人種のみを理由に異なる取扱いをするものであって、そういう措置をとることがきわめて強い公の利益が認められないときは、修正一四条の保障する法の平等な保護に反するという判断を示している。以上、田中英夫編集代表『英米法辞典』（東京大学出版会・一九九一年）七一〇頁参照。

(98) 安西文雄「平等」樋口陽一編『講座憲法学3』（日本評論社・一九九四年）九三頁以下。

(99) 樋口ほか・前掲書（注75）三一四頁〔浦部法穂〕。

(100) 阪本昌成『憲法理論Ⅱ』（成文堂・一九九三年）二九五頁。

(101) 申・前掲書（注11）四〇三頁以下。

(102) 辻村みよ子『ポジティヴ・アクション』〔岩波新書〕（岩波書店・二〇一一年）一三五頁以下。

(103) 市川正人『ケースメソッド憲法〈第二版〉』（日本評論社・二〇〇九年）三七～三八頁は、「アイヌの人々の経済的自立、生活の格差の解消、差別の解消については課題が残されている」ことを指摘して、「アイヌの人々に対して特別の措置をとることは、特別扱いの限界について憲法一四条の関係で慎重な検討は必要ではあるが、憲法上望ましい」という立場に立っている。

(104) 芦部〔高橋補訂〕・前掲書（注93）一三四頁。

(105) 中村睦男「法の下の平等と「合理的差別」」『公法研究』四五号（一九八三年）四一頁。

(106) 北海道環境生活部『平成二五年度北海道アイヌ生活実態調査報告書』四七～四八頁。

(107) 本答申は、『ジュリスト』一一六七号（一九九九年）三七頁以下に掲載されている。

(108) 内野正幸「人権と社会常識のあいだ」同右誌三四頁は、「国民相互の人権を重視する答申の姿勢は、従来の憲法学的人権論への反省を示唆するものといえよう」と指摘している。

(109) 芦部〔高橋補訂〕・前掲書（注93）一一二頁。

(110) 高橋和之『立憲主義と日本国憲法〈第四版〉』（有斐閣・二〇一七年）一〇七頁以下。

(111) 『最高裁判所民事判例集』二七巻一一号一五三六頁。

(112) 『最高裁判所民事判例集』三五巻二号三〇〇頁。

(113) 『最高裁判所民事判例集』六〇巻三号七七三頁。

(114) 常本照樹「アイヌ新法の意義と先住民族の権利」『法律時報』六九巻九号（一九九七年）四頁。

(115) 佐藤・前掲書（注64）九頁。

(116)　苑原俊明「アイヌ民族の先住権の行方」『国際人権』二一号(二〇一〇年)六二～六三頁、同じく、小坂田裕子『先住民族と国際法―剥奪の歴史から権利の承認へ』(信山社・二〇一七年)七七頁以下参照。
(117)　江橋・前掲論文(注73)四七一頁以下。
(118)　江橋・同右論文四八三～四八五頁。
(119)　江橋・同右論文四八六頁。
(120)　杉原編・前掲書(注85)六二五頁(内野正幸)。
(121)　吉川和宏「先住権の保障―アボリジニとアイヌ民族」『東海法学』一四号(一九九五年)二二二頁。
(122)　同右。
(123)　同右論文二二四頁。
(124)　同右論文二二八頁。
(125)　同右論文二二九頁。
(126)　特に、常本照樹「先住民族の権利―アイヌ新法の制定」深瀬忠一ほか編『恒久世界平和のために』(勁草書房・一九九八年)九七九頁以下参照。
(127)　同右論文九九一頁以下。
(128)　同右論文九九四頁。
(129)　同右論文九九九頁。
(130)　憲法一三条からアイヌ民族に属する個人の文化享有権を認めた二風谷ダム事件札幌地裁平成九年三月二七日判決との関係について、常本は、二風谷判決は「憲法一三条に関して、「少数民族にとって、民族固有の文化は、多数民族に同化せず、その民族性を維持する本質的なものであるから、その民族に属する個人にとって、民族固有の文化を享有する権利は、自己の人格的生存に必要な権利ともいいうる重要なものであって、これを保障することは、個人を実質的に尊重することに当たる」としている点は、民族を直ちに権利主体としているわけではないが、論理において本稿における主張に通ずるものがあるように思われる」としている(同右論文一〇一一頁)。
(131)　常本照樹「「先住民族であることの認識」に基づく政策と憲法」高見勝利先生古稀記念『憲法の基底と憲法論』(信山社・二〇一五年)五四一頁。

(132) 同右論文五三八頁。
(133) 同右論文五四〇～五四一頁、五四六頁。
(134) 同右論文五四六頁。
(135) 市川・前掲書(注103)二四頁以下。
(136) 同右書三四～三五頁。
(137) 同右書三六頁。
(138) 同右書三八頁。
(139) 高作正博「多文化主義の権利論―「文化享有権」の可能性」『上智法学論集』四二巻一号(一九九八年)一七三頁以下。
(140) 同右論文一九二頁。
(141) 同右論文一九三頁。
(142) 同右論文一九六頁。
(143) 岡田信弘「古典的人権から第三世代の人権へ」『ジュリスト』九三七号(一九八九年)二七頁以下、同「第三世代の人権論」高見勝利編『人権論の新展開』(北海道大学図書刊行会・一九九九年)一五七頁以下。
(144) 岡田・同右「第三世代の人権論」一五七頁以下。
(145) 同右論文一七六頁。
(146) 同右論文一七七頁。
(147) 山元一『現代フランス憲法理論』(信山社・二〇一四年)一三～一四頁。
(148) 糠塚康江「欧州地域語・少数言語憲章と共和国」フランス憲法判例研究会編『フランスの憲法判例Ⅱ』(信山社・二〇一三年)四六頁。
(149) 横田耕一「「集団」の「人権」」『公法研究』六一号(一九九九年)四六頁以下。
(150) 同右論文六二頁。
(151) 同右論文六二～六三頁。
(152) 常本・前掲論文(注126)九九四頁。
(153) 横田・前掲論文(注149)六三頁。

(154) 同右論文六七頁。
(155) 同右論文六三頁。
(156) アイヌ民族が憲法改正を前提にした「民族自決権」を必ずしも要求しているわけではない。また、二〇〇八（平成二〇）年九月一七日に開かれた「アイヌ政策のあり方に関する有識者懇談会」における加藤忠北海道アイヌ協会理事長の発表要旨によると、同協会が一九八四（昭和五九）年に作成した「アイヌ民族に関する法律（案）」の中で要求した国会および地方議会での特別議席について、「参政権の特別付与は、海外の先行事例に倣い、アイヌ民族の意見が政治、行政に反映される方途として例示したもの」で、今後は、「それに対応するアイヌ民族自らの議会を整備することによって、進めていきたいと考えております」と述べている（第二回アイヌ政策のあり方に関する有識者懇談会 加藤理事長発表要旨」北海道アイヌ協会『アイヌ民族の概説―北海道アイヌ協会活動を含め』（二〇一六年）二一頁。
(157) 佐々木雅寿「人権の主体―「個人」と「集団」の関係を中心に」『公法研究』六七号〈二〇〇五年〉一一二頁以下。
(158) 同右論文一二九頁。
(159) 同右論文一二九～一三〇頁。
(160) 佐々木雅寿「カナダ憲法における多文化主義条項」『法学雑誌』五三巻四号（二〇〇七年）一二四頁。なお、カナダにおける先住権の研究業績として、河北洋介「カナダ憲法における先住民の権利に関する考察」『東北法学』二七号（二〇〇六年）四一頁以下、守谷賢輔「カナダにおける先住民の憲法上の権利―漁業権・土地権を素材に」『関西大学法学論集』五五巻三号（二〇〇五年）一六七頁以下、同「カナダ憲法における先住民の「土地権（aboriginal title）」に関する一考察」『関西大学法学論集』五七巻五号（二〇〇八年）六五頁以下、六号一四七頁以下、同「カナダ最高裁判決と先住民の自治」『関西大学法学論集』五九巻五号（二〇一〇年）四七頁以下、同「カナダ憲法上の「メティス（Métis）」の法的地位と権利」『福岡大学法学論叢』五六巻四号（二〇一二年）一頁以下、同「先住民の「土地権（aboriginal title）」および条約上の権利をめぐる近年のカナダ憲法判例の一つの動向」『関西大学法学論集』六二巻四・五号（二〇一三年）三二七頁以下、高木康一「カナダ憲法における多文化主義」『憲法問題』二三号（二〇一二年）九四七頁以下、菊地洋「多文化主義条項を持つ憲法の意義と可能性(1)(2)」『成城法学』八〇号（二〇一一年）一〇三頁以下、八一号（二〇一二年）五一頁以下など。
(161) 佐々木雅寿「先住民族の権利に対するアプローチの仕方―カナダ憲法を参考にして」北海道大学アイヌ・先住民研究センター編『アイヌ研究の現在と未来』（北海道大学出版会・二〇一〇年）一五四頁。

(162) 人権享有主体としての個人と集団の関係に関する学説史については、木下智史「戦後憲法学おける集団と個人」『憲法問題』一九号(二〇〇八年)七頁以下、同『人権総論の再検討』(日本評論社・二〇〇七年)一六五頁以下参照。

(163) Jean Rivero, Les libertés publiques, tome 2, 5e édition P.U.F, 1996, p. 393-394.

(164) 芦部・前掲書(注77)五三三頁。

(165) Rivero, op.cit., p. 410.

(166) 『最高裁判所民事判例集』四三巻一二号二〇五一頁。

(167) 樋口ほか・前掲書(注75)二一〇頁(中村睦男)。樋口陽一『憲法〈第三版〉』(創文社・二〇〇七年)二八六〜二八七頁によると、「団結権の保障は、なんらかの程度での団結強制の要素を含むが、団結する自由を否定するものとなってはならない」という点に着目し、最高裁判例が肯定的に紹介されている。これに対して、「団結権ももとをただせば個人たる労働者の権利にほかならない」のであり、「ひとたび労働組合が出来上がったならば、こんどはその組合が、個々の労働者の自由を制限し受忍を強制できるというのは、度がすぎる団体優位主義」として、個々の労働者の団結しない自由が団結権に優位すると解する見解も主張されている(奥平康弘『憲法Ⅲ』(有斐閣・一九九三年)二七七頁)。労働法の分野では、西谷敏が、団結しない自由(消極的団結権)を憲法上の権利とし、ユニオン・ショップを違憲とする立場を明確にしている(西谷敏『労働組合法〈第三版〉』(有斐閣・二〇一二年)五五頁)。西谷は、従来の労働基本権論が、集団主義と生存権理念重視になっていることを批判し、団結権の憲法上の原点を憲法一三条の「人間の尊厳」の理念に求めるという立場(西谷敏『労働法における個人と集団』〈有斐閣・一九九二年〉参照)に立っている。しかし、労働法の多数説は、判例と同様にユニオン・ショップ協定の制限的効力を認めている(和田肇「憲法と労働法」『法学教室』四一三号(二〇一五年)七頁)。

(168) スチュアート・ヘンリ「先住民の歴史と現状」窪田幸子・野林厚志編『「先住民」とはだれか?』(世界思想社・二〇〇九年)一八〜一九頁。そこでは、「先住民(族)」の指標として、先住性、被支配性、歴史の共有、自認の四項目が挙げられている。また、二風谷ダム事件札幌地裁判決が、先住民族の定義に当たって、「先住性、文化的独自性、被支配性、歴史的連続性」という要素を挙げているのは、国際的に認められつつあるものとして、学説から評価されている(本書第二章第三節五)。

(169) 樋口・前掲書(注167)一六〇〜一六一頁。

(170) 常本照樹「「先住民族の権利に関する国際連合宣言」の採択とその意義」北海道大学アイヌ・先住民研究センター編、前掲書(注161)一九六頁。

(171) 宮沢俊義『憲法Ⅱ〈新版〉』(有斐閣・一九七一年)二〇五頁。
(172) 同右書九七頁。
(173) 奥平・前掲書(注167)二四頁。
(174) 愛敬・前掲書(注84)一五～一七頁。
(175) 生存権の法的性格については、樋口ほか・前掲書(注75)一四二頁以下(中村睦男)。
(176) 最高裁昭和二三年九月二九日大法廷判決『最高裁判所刑事判例集』二巻一〇号一二三五頁。
(177) 最高裁昭和五七年七月七日大法廷判決『最高裁判所民事判例集』三六巻七号一二三五頁。
(178) これに対して、高橋和之「生存権の法的性格論を読み直す」『法科大学院論集』(明治大学)一二号(二〇一三年)一頁以下は、客観法と主観的権利を区別し、生存権は主観的権利ではないが、客観法として裁判規範性を認める見解を主張し、最高裁の食糧管理法違反事件判決と堀木訴訟判決ともに、主観的権利は認められないが、客観法として裁判規範性を認めていると解している。しかし、生存権の主観的権利性を否定することは、生存権の人権としての意味を弱めることになろう。
(179) 佐藤・前掲書(注29)一二三頁。
(180) 常本照樹「アイヌ文化振興法の意義とアイヌ民族政策の課題」北海道大学アイヌ・先住民研究センター編、前掲書(注161)二一八頁。
(181) 同右論文二二〇頁。
(182) アイヌ民族を代表する最大の組織は、公益社団法人北海道アイヌ協会であるが、同協会は、北海道に居住しているアイヌ民族を主な構成員としている。首都圏には、関東ウタリ会、東京アイヌ協会、ペウレ・ウタリの会、レラの会の四団体が現在存在している。

おわりに――アイヌ先住民法制の確立に向けて

第一章から第四章までにおいてアイヌ民族法制の動きを歴史的に叙述し、第五章ではアイヌ民族法制をめぐる憲法論を展開してきた。最後に、アイヌ民族を先住民族として位置づける先住民法制の確立に向けての動きを、次の三点についてまとめてみたい。

一　アイヌ文化振興法に残された課題

一九九七(平成九)年に制定されたアイヌ文化振興法は、アイヌ民族を少数民族として認めた初めての法律であり、独自性を有するアイヌ民族の文化の振興を図る国の責務に基づき、実施する施策の具体的内容を明らかにしている。アイヌ文化振興法において残された大きな問題は、アイヌを先住民族として認めることまでに至らず、アイヌ民族の先住性を法律の中に取り込めなかったことである。先住性が法律に取り込めなかった理由は、先住という事実から法律に規定する施策が導き出されないということであった。また、アイヌ文化振興法に規定されなかった問題として、「文化振興基金」がある。ウタリ対策有識者懇談会報告書は、アイヌの人々の自主性を尊重しその意向を十分に反映するために「アイヌ文化振興基金」が有効な手立てになり得ると考えたが、国会における審議では、基金の問題は将来の課題とされたのである。

アイヌ文化振興法に対して、梶山静六内閣官房長官は、「第一歩を印した」と述べており、また、アイヌ民族出身の国会議員として尽力した萱野茂議員も、「アイヌと和人の歴史的和解」の「第一歩」と説明している。このことは、アイヌ文化振興法がアイヌを先住民族として認める「第一歩」としての意義を有することを示すものである。アイヌ政策のあり方に関する有識者懇談会報告書(二〇〇九年七月)は、アイヌ文化振興法において、文化振興施策がアイヌの人々の先住性から導かれていないことを十分認識して、今後のアイヌ政策はアイヌが先住民族であるという立場に立つ必要があると述べているのは当然である。今後の立法措置の第一の課題は、アイヌが先住民族であることを法律によって認めることである。

二　先住民族に向けての国際連合機関の役割

1　日本政府と自由権規約委員会との「建設的対話」

アイヌを少数民族として認めるために、日本が一九七九(昭和五四)年に批准した自由権規約の果たした役割が大きい。自由権規約第二七条の少数民族にアイヌ民族が該当することを政府が認めるに至ったのは、日本政府と国連の機関である自由権規約委員会との「建設的対話」によるものである(1)。この間の経緯は、大部分既に説明しているが、改めてまとめると次のようになっている(2)。

一九八〇(昭和五五)年一〇月に国連に提出された第一回政府報告では、自由権規約第二七条で規定する意味での少数民族はわが国に存在しないとされていた。翌年の第一回政府報告審査では、自由権規約委員会の委員からアイヌ問題の存在が指摘された。その後、アイヌ問題が国民の関心を呼ぶようになった。政府は、第一回報告後の国内での議論と第一回政府報告審査を踏まえて検討した結果、一九八七(昭和六二)年一二月に提出された第二回政府報告では、「本条との関係で提起されたアイヌの人々の問題については、これらの人々は、独自の宗教及び言語を保存し、また独自の文化を保持していると認められる一方において、憲法の下での平等を保障された国民として上記権利の享有を否定されていない」という内容で、アイヌは少数民族ではないとする第一回政府報告は、修正されているが、アイヌ民族が少数民族に当たるか否かについては明確ではなかった。

日本政府がアイヌ民族を自由権規約第二七条のいう少数民族に当たることを明言したのは、一九九一(平成三)年一二月に提出された第三回政府報告においてである。すなわち、「本条との関係で提起されたアイヌの人々の問題については、これらの人々は、独自の宗教及び言語を有しまた文化の独自性を保持していること等から本条にいう少数民族であるとして差し支えない」という報告である。この結果、日本政府は、アイヌを少数民族として認めるようになったのである。

次いで、アイヌ民族を先住民族として認める動きである。二〇〇六(平成一八)年一二月に提出された第五回政府報告では、一九九七(平成九)年にアイヌ文化振興法が制定されたこと、財団法人アイヌ文化振興・研究推進機構に政府が補助金を交付してアイヌ文化振興関連施策を実施していることを述べている。これに対して、二〇〇八(平成二〇)年一〇月に出された自由権規約委員会の最終見解は、日本政府は、国内法によってアイヌの人々を「先住民族として明確に認め、彼らの文化遺産及び伝統的生活様式を保護し、保存し、促進し、彼らの土地の権利を認めるべきである」とし、さらに彼らの言語で、教育を受ける適切な機会を提供し、通常の教育課程にアイヌの人々の文化および歴史を含めるべきであると述べている。

ここで取り上げる二〇一二(平成二四)年四月提出の第六回政府報告では、最近のアイヌ政策の現状として、アイヌ民族を先住民族であることを求める二〇〇八(平成二〇)年の国会決議、二〇〇九(平成二一)年のアイヌ政策有識者懇談会報告を受けて、二〇一〇(平成二二)年より「アイヌ政策推進会議」(座長:内閣官房長官)が総合的かつ効果的なアイヌ政策の具体化に向けて検討を行っていることを述べている。土地に対する権利については、「アイヌの人々のみに適用される土地に対する権利を認める特別な法的措置は存在しない」ことを明らかにしている。第六回政府報告に対する自由権規約委員会の最終見解は、二〇一四(平成二六)年八月に出された。最終見解の勧告部分では、「締約国は、法制を改正し、アイヌ、琉球及び沖縄のコミュニティの伝統的な土地及び天然資源に対する権利を十分保障するためのさらなる措置をとるべきであり、それは、影響を受ける政策に事前に情報を得た上で自由に関与する権利を尊重しつつ行われるべきである。また、可能な限り、彼らの児童に対する彼ら自身の言葉での教育を促進すべきである」とされており、特に、土地および天然資源に対する権利の法制化が求められている。

2 「先住民族の権利に関する国際連合宣言」の意義

二〇〇七(平成一九)年に国連総会で採択された、先住民族の権利に関する国際連合宣言の制定に至る一連の審議のプロセスの中でのアイヌ民族の参加は、アイヌ民族にとって大きな意味を持っている。先住民族の権利宣言の起草作業が始まったのは、一九八五(昭和六〇)年、人権委員会の下にある、差別防止及び少数者保護小委員会の下部機関になる先住民作業部会においてである。一九八七(昭和六二)年八月にジュネーブで開かれた第五回先住民作業部会には、アイヌ民族代表が初めて参加し、北海道ウタリ協会の野村義一理事長が発言している。アイヌ民族代表は以後継続的に国連の関連会議に出席している。また、一九九一(平成三)年に先住民作業部会のダイス議長が、北海道ウタリ協会の招聘により来日して、アイヌ民族の現状を視察し、シンポジウムに参加したことも先住民族への権利に向けての大きな歩みになっている。

先住民族の権利に関する国際連合宣言は、国際人権条約のような条約とは異なり、法的拘束力を持つものではない。しかし、アイヌ政策有識者懇談会報告書が指摘するように、「法的拘束力はないものの、先住民族に係る政策のあり方の一般的な国際指針としての意義は大きく、十分に尊重されなければならない」ものである。「先住民族の権利」の中からは、今後国際慣習法として法的効力を有するものが生まれてくる可能性がある。また、国連宣言は、各国政府が立法や行政措置によって先住民政策を具体化する場合にその基準になるという、実際上大きな意義を有するものである。その際には、多岐にわたる権利の中で、各国は憲法上可能なものかどうか、立法政策として妥当性があるかどうかなどの問題の判断を行うことが必要である(3)。

三　裁判所の役割

議会の制定する法律や行政庁の行為が憲法に違反するか否かの判断を裁判所に委ねる違憲審査権は、現代の各国憲法の人権保障にとって重要な役割を果たしている(4)。日本国憲法の下においても、人権保障に対する裁判所の役割は次第に増大してきている。人権を侵害された市民ないし国民が少数者(マイノリティ)である場合には、多数決による民主的なプロセスで救済される可能性に限界があるだけに裁判所に期待するのは当然といえる。

本書で扱った問題についても、農地改革に際し、北海道旧土人保護法の下付地の適用除外を求めた農地買収無効確認請求事件に関する最高裁一九六二(昭和三七)年八月二一日判決、北海道旧土人保護法と憲法一四条に関し判断した札幌地裁一九七五(昭和五〇)年一二月二六日判決、二風谷ダム事件に関する札幌地裁一九九七(平成九)年三月二七日判決、アイヌ文化振興法による共有財産の返還手続の合憲性を争った札幌地裁二〇〇二(平成一四)年三月七日判決および札幌高裁二〇〇四(平成一六)年五月二七日判決が出されている。

このうち最も注目された判決は、札幌地裁二風谷ダム事件判決である。この判決は、下級審判決ではあるが、アイヌ民族を先住少数民族として位置づけるとともに、憲法一三条と自由権規約二七条の解釈から先住民族に属する個人の文化享有権を導き出した点において、法理論の確立にとっても、また、国民の関心を高める上にも、その貢献は大きなものがある。

札幌地裁一九七五(昭和五〇)年一二月二六日判決は、北海道旧土人保護法の合憲性に言及した唯一の裁判例であるが、本論では詳しく取り上げなかったので、ここで付言する。この判決は、憲法一四条の法の下の平等違反の問題を、第一に、「旧土人」という名称について、第二に、下付地の所有権の譲渡に北海道知事の許可を有するという二つの点で判断している。第一点については、「旧土人」という呼称は、「人種的範疇をもうけてその能力を一般的に著しく劣るものとしている点において蔑称としての響きがあり、人種的差別として憲法一四条に照らし問題がないわけではない」としている。第二点については、北海道旧土人保護法一条は「生活困窮に立ち至った経済的弱者に保護を与え、その生活の維持をはかろうとするものであり」、同法二条は「この目的の達成のために必要な制約を無償下付した土地に限定して加えているものにすぎず、特に同法二条二項の制限は右事務処理要領からみても極めて控えめな必要且つ合理的な最小限度の制限にすぎないのに、右法の実体が旧土人を無理矢理営農にしばりつけ人種的差別をするものとは認めがたい」としている。結論は、旧土人保護法には、多少の問題はあるが、憲法違反とまでいえないということである。

第五章で検討したように、憲法一四条一項後段で差別を禁止している事由として「人種」を挙げているにもかかわらず、アイヌに対する差別を憲法学説で問題にするようになったのは、一九八〇(昭和五五)年前後である。前記札幌地裁判決は、北海道旧土人保護法の合憲性を判断した意義のある判決であるが、判例集に掲載されたにもかかわらず、学説の反応がなかったことは当時の学界における問題関心の状況を示すものといえる。[5]

共有財産訴訟は、アイヌ文化振興法附則三条に基づく返還手続を、返還請求を行ったものが原告になり返還手続そのものを憲法違反であると主張して行政訴訟を提起して争った裁判であるが、そもそも共有財産の問題は、裁判で争うのに難しい事例である。札幌地裁判決は、返還するとの決定を受けた原告と返還しないとの決定を受けた原告の二つのグループに分け、前者に対しては、訴えの利益を認めず、訴えを却下し、後者に対しては、訴えの利益を認めつつ、憲法違反として返還手続そのものを無効ないし取消しを求める請求に対しては、抽象的な違憲審査になるとして、憲法判断は行わなかった。控訴審である札幌高裁も札幌地裁判決の結論を相当であるとして認め、控訴を棄却している。ただし、札幌高裁は、原告側からの新たな学者の意見書の提出を認め、証人尋問も行い、返還「公告」から漏れている共有財産の存在の可能性を認める判断を示した点に関し、原告側の担当弁護士が評価している。

憲法上の人権はもとより国際人権条約や国連宣言などの国際人権に違反する法律や行政措置の効力を争い、さらには国民同士間(私人間)での紛争に関し、マイノリティとしての立場にあるアイヌ民族が裁判所の判断を求める事例が今後とも見られることが推測される。

(1) 高林宏樹「日本における人権条約の国内実施」『国際人権』二三号(二〇一二年)一二一頁。

(2) 以下、各回の政府報告および自由権規約委員会の最終見解は外務省のウェブサイト http://www.mofa.go.jp/mofaj/gaiko/kiyaku/index.html(国際人権規約)で見ることができる。

(3) 安藤仁介『アイヌ・台湾・国際人権』(財団法人世界人権問題研究センター・二〇一一年)一三～一五頁は、国連宣言の問題点として、①先住民の自決権が既存国家からの分離・独立権を含むと解釈されかねないこと、②土地に関する権利について、自由かつ事前の同意なく剥奪された場合に要求される原状回復または公正な補償の要求が行き過ぎないこと、③国連憲章に反する活動や政治的統一を害する行為が起こらないこと、④団体としての先住民族の権利と先住民個々人の権利とが衝突する場合に、どちらが優先するのか明確ではないことを指摘している。

（4）中村睦男・佐々木雅寿・寺島壽一編著『世界の人権保障』（三省堂・二〇一七年）は、世界の主要国（アメリカ、イギリス、フランス、ドイツ、カナダ、中国、台湾、韓国、日本）の違憲審査権の現状と人権の実際、人権の国際的保障を概観している。

（5）『判例時報』八二二号一三八頁。

主要事項索引

カ　行

サ　行

タ　行

ナ　行

ハ　行

マ　行

ヤ・ラ　行

主要人名索引

ア　行

カ　行

サ　行

タ　行

ナ　行

ハ　行

マ　行

ヤ・ラ　行

ワ　行

〈著者紹介〉

中 村 睦 男（なかむら むつお）

1939 年 2 月　札幌市生まれ
1957 年 3 月　北海道立室蘭栄高校卒業
1961 年 3 月　北海道大学法学部卒業
1963 年 3 月　北海道大学大学院法学研究科修士課程修了
1963 年 4 月　北海道大学法学部助手
1965 年 10 月〜1967 年 9 月　ポワチエ大学留学（フランス政府給費生）
1970 年 7 月　北海道大学法学部助教授
1973 年 9 月　法学博士（北海道大学）
1974 年 7 月　北海道大学法学部教授
1988 年 12 月〜1990 年 12 月　北海道大学法学部長
1997 年 4 月〜1999 年 3 月　北海道大学副学長
2001 年 5 月〜2007 年 4 月　北海道大学総長
2007 年 9 月〜2010 年 3 月　北海学園大学法学研究科教授
2009 年 10 月　アイヌ文化振興・研究推進機構理事長
2015 年 10 月　北海道功労賞受賞

主な編著書

『社会権法理の形成』（有斐閣・1973 年）
『社会権の解釈』（有斐閣・1983 年）
『論点憲法教室』（有斐閣・1990 年）
『憲法 30 講〈新版〉』（青林書院・1999 年）

『生存権・教育権』［永井憲一と共著］（法律文化社・1985 年）
『議員立法の研究』［編著］（信山社・1993 年）
『ファンダメンタル憲法』［佐藤幸治・野中俊彦と共著］（有斐閣・1994 年）
『憲法裁判 50 年』［常本照樹と共著］（悠々社・1997 年）
『立法過程の研究』［前田英昭と共編著］（信山社・1997 年）
『憲法Ⅰ, Ⅱ, Ⅲ, Ⅳ』［樋口陽一・佐藤幸治・浦部法穂と共著］（青林書院・1994, 1997, 1998, 2004 年）
『憲法Ⅰ, Ⅱ〈第 5 版〉』［野中俊彦・高橋和之・高見勝利と共著］（有斐閣・2012 年）
『はじめての憲法学〈第 3 版〉』［編著］（三省堂・2015 年）
『世界の人権保障』［佐々木雅寿・寺島壽一と共編著］（三省堂・2017 年）

アイヌ民族法制と憲法

2018 年 2 月 25 日　第 1 刷発行

著　者　　中　村　睦　男

発行者　　櫻　井　義　秀

発行所　北海道大学出版会

札幌市北区北 9 条西 8 丁目 北海道大学構内(〒060-0809)

Tel. 011(747)2308・Fax. 011(736)8605・http://www.hup.gr.jp

アイワード

ISBN978-4-8329-6841-7